CB001204

Óperas e Outros Cantares

Coleção Debates
Dirigida por J. Guinsburg

Equipe de Realização – Edição de texto: Soluá S. de Almeida; Revisão: Lilian Miyoko Kumai; Diagramação: Sergio Kon; Produção: Ricardo W. Neves e Raquel Fernandes Abranches.

sergio casoy

ÓPERAS E OUTROS CANTARES

Dados Internacionais de Catalogação na Publicação (CIP)
(Câmara Brasileira do Livro, SP, Brasil)

Casoy, Sergio
Óperas e outros cantares / Sergio Casoy. – São Paulo: Perspectiva, 2006. – (Debates ; 305 / dirigida por J. Guinsburg)

Bibliografia.
ISBN 85-273-0756-1

1. Música – História e crítica 2. Ópera I. Guinsburg, J. II. Título. III. Série.

06-2563 CDD-781.6809

Índices para catálogo sistemático:

1. Música erudita : História e crítica 781.6809

Direitos reservados à
EDITORA PERSPECTIVA S.A.
Av. Brigadeiro Luís Antônio, 3025
01401-000 São Paulo SP Brasil
Telefax: (11) 3885-8388
www.editoraperspectiva.com.br
2006

Para Beba,
que partiu muito
antes do que devia.

Música, antes de mais nada.
PAUL VERLAINE

Ópera é quando um sujeito esfaqueado
nas costas, ao invés de sangrar, canta.
EDWARD GARDNER

Quero que o público me sinta vibrar
até em meus momentos de silêncio.
ENRICO CARUSO

SUMÁRIO

DA CAPO

Numa daquelas manhãs tipicamente paulistanas que começam meio cinzentas e que depois se enchem de luz e calor quando o sol chega sem avisar, eu tinha uma reunião agendada na Editora Perspectiva. Cumprido o compromisso, antes de sair de lá para ir tratar da vida, fui cumprimentar Jacó Guinsburg, o diretor-fundador da casa.

Ora, se você estiver com pressa ou tiver um horário fixo a cumprir, dar uma passadinha pela sala do Jacó pode ser um ato temerário, já que por detrás daquele aspecto bonachão se esconde um dos conversadores mais cultos e envolventes que conheço. É impossível escapulir dali rapidamente, pois uma hora de bate-papo com Jacó não parece durar mais de um minuto. Em sua presença, o relógio se torna um objeto completamente sem utilidade.

Não me lembro bem como nossa conversa começou. Só sei que, de repente, errávamos através de uma variedade enorme de assuntos que não demoraram a desaguar no teatro. E do teatro para a ópera, a mais evidente de todas as minhas fraquezas, foi um pulo. Meu interlocutor perguntou por detalhes da atividade que exerço, prazerosamente, como autor das crônicas publicadas nos programas que acompanham os espetáculos líricos encenados nos vários teatros brasileiros. E aí, à queima-roupa, veio a pergunta que fez nascer este livro:

"Casoy" – disse Jacó – "por que é que você não organiza parte desse material e o traz aqui para a Perspectiva para ver o que podemos fazer com ele?" e – como velho e experiente livreiro que é –, ao responder à minha indagação sobre se deveria organizar o material na ordem cronológica em que os textos foram escritos, ensinou: "Não se preocupe com as datas. Agrupe tudo por assuntos. O conjunto ficará melhor".

Dito e feito. Foi assim que surgiu este volume que você tem em suas mãos neste instante. *Operas e Outros Cantares* é antes de tudo o reflexo da minha grande paixão pela música lírica, uma relação assumida de amor que se aproxima de seu quadragésimo aniversário com a mesma intensidade do dia em que surgiu.

Além dos textos criados para os teatros, o livro contém alguns pequenos ensaios e um capítulo de redação mais livre, pensada para ser mais falada do que impressa, que engloba as ilustrações preparadas para os intervalos das heróicas transmissões ao vivo direto de Nova York, que durante um hoje saudoso período a Rádio Cultura FM de São Paulo apresentou sob o comando do Maestro Walter Lourenção, de quem fui freqüentemente convidado. Nos últimos dois capítulos, tive o atrevimento de abordar assuntos que são contíguos à ópera, embora não façam parte de seu universo.

Boa leitura!

PARTE I

ITÁLIA, SÉCULO XIX

Giuseppe Verdi fotografado em Paris, em 1855, aos 42 anos de idade. Foto: André Adolphe Disderi.

VERDI ENCONTRA SHAKESPEARE

[Life] is a tale
told by an idiot,
full of sound and fury,
signifying nothing[1].

WILLIAM SHAKESPEARE
Macbeth
Ato v, Cena 5

La vita!...
...che importa ?
È il racconto d'un povero idiota,
Vento e suono che nulla dinota.

FRANCESCO MARIA PIAVE,
Libreto para a ópera *Macbeth*
de Giuseppe Verdi, Ato IV, Cena 3

Durante o ano de 1846, enquanto buscava argumentos para novas óperas, Giuseppe Verdi deixou-se fascinar pela sangrenta narrativa da ambição pelo poder que Shakespeare faz em *Macbeth*. "Esta tragédia é uma das maiores criações do homem", escreveu, entusiasmado, o compositor.

Macbeth é a primeira obra de Shakespeare que Verdi transformou em ópera, e apesar de todas as dificuldades

1. [A vida] é um conto / Narrado por um idiota / Cheia de sons e fúria / Que nada significam.

inerentes a este processo de compressão, eliminando cenas e personagens, ele conseguiu manter-se extremamente fiel ao texto original.

Verdi venerava o bardo inglês: "É um de meus poetas favoritos, e eu tenho seus livros nas mãos desde a adolescência; leio e releio continuamente seus poemas". Nos anos seguintes, além do sofrido projeto *King Lear*, tantas vezes retomado e jamais terminado, ele buscará inspiração em temas shakesperianos para as derradeiras óperas de sua carreira, *Otello* (1887) e *Falstaff* (1893).

Este respeito pelo teatro de Shakespeare inspirou a Verdi um extremo cuidado ao longo de todo o processo de criação de *Macbeth*, tanto na escrita musical quanto na preocupação obsessiva com os menores detalhes da produção.

Munido da tradução italiana do texto de Shakespeare assinada pelo amigo Andrea Maffei, Verdi manobrou impiedosamente seu libretista Piave, transformando-o num mero escriba que executava docilmente suas severas instruções. Em uma carta, Verdi insiste na substituição de versos hendecassílabos por octossílabos[2], cujo ritmo lhe parece mais apropriado para a música por ele pensada. Em outra carta dirigida ao pobre libretista, criticando acidamente a verborragia de seus versos, anota ostensivamente em letras maiúsculas: "POCHE PAROLE...POCHE PAROLE... STILE CONCISO!"[3] Através de seu editor Tito Ricordi, manda um sarcástico recado ao figurinista Perroni, dispondo-se, se necessário, a estudar com ele um pouco de história da Escócia: a ópera se passa no período de 1040-1057, época em que a seda e o veludo eram desconhecidos naquele país. Portanto, todos os trajes de cena feitos desses tecidos, embora já prontos, devem ser substituídos. Escreve ao empresário Lanari, advertindo-o a não fazer economia nos gastos com o coro e com a maquinaria do palco, e dá instruções detalhadas sobre a divisão do coro em grupos

2. Hendecassílabo = verso com onze sílabas; Octossílabo = verso com oito sílabas.

3. "Poucas palavras...poucas palavras...Estilo conciso!"

na cena das bruxas, assim como sobre o uso da lanterna mágica na cena da aparição dos oito reis.

Contudo, a descrição mais pitoresca desse atarefado período verdiano talvez nos tenha sido legada pelo soprano Marianna Barbieri-Nini, que ao lado do barítono Felice Varesi deu vida ao primeiro casal Macbeth na estréia da ópera em 14 de março de 1847, no Teatro della Pergola em Florença. Muitos anos depois, assim escreveria Barbieri-Nini em suas memórias:

> Na noite do último ensaio geral, com o teatro cheio de convidados, Verdi fez com que os artistas vestissem seus trajes de cena; e quando ele insistia em alguma coisa, uma desgraça poderia acontecer com aqueles que o contradissessem. Quando estávamos vestidos e prontos, com a orquestra em posição e o coro já no palco, Verdi acenou para mim e Varesi, para que o seguíssemos até a coxia. Assim o fizemos, e ele explicou que queria que saíssemos com ele até o foyer, para mais um ensaio ao piano do maldito dueto.
>
> "Maestro", eu protestei, "nós já estamos com nossos trajes escoceses. Como poderemos?"
>
> "Ponham capas sobre eles".
>
> Varesi, irritado com este estranho pedido, ousou erguer sua voz: "Mas, pelo amor de Deus, nós já ensaiamos o dueto cento e cinqüenta vezes!"
>
> "Eu não diria isso se fosse você, pois dentro de meia hora, serão cento e cinqüenta e uma".
>
> Ele era um tirano que tinha de ser obedecido. Eu ainda me lembro do olhar sombrio que Varesi lançou sobre Verdi enquanto ele seguia o Maestro até o foyer. Com a mão apertando fortemente o punho da espada, parecia tão obstinado que poderia matar Verdi como mais tarde mataria Duncan. Mas até mesmo Varesi deu-se por vencido, e o centésimo-qüinquagésimo-primeiro ensaio teve lugar, enquanto dentro do teatro o público vociferava com impaciência.

Dentro da primeira das três fases em que os historiadores costumam dividir a produção verdiana – à qual pertencem trabalhos importantes como *Nabucco* (1842) e *Ernani* (1844) – o lugar destinado à obra-prima é ocupado por *Macbeth*. Sua partitura tem soluções de tal maturidade que não parecem ter sido concebidas por um compositor de apenas 34 anos. Em variados graus de evolução, encontramos muitas das características tipicamente verdianas que surgirão amiúde nas óperas futuras. Já está pronto, firme e maturado, por exemplo, o conceito do teatro de ópera que Verdi sempre trará consigo daí em diante. Vozes e orquestra a serviço do texto dramático; nenhuma nota à-toa ou fora de lugar, nenhum verso desnecessário, nada, enfim, que atrapalhe a fluência do drama e a veracidade da representação cujo meio de expressão é o canto.

Macbeth é uma ópera *senza amore*, sem romance, caso único em todas as óperas de Verdi. Em todas as outras há pelo menos um romance periférico, como em *Falstaff*. Dentre as milhares de palavras que constituem o libreto de *Macbeth*, o vocábulo *amore* é utilizado apenas três vezes[4], e em nenhuma delas para descrever a relação afetiva homem-mulher. Verdi pôde, portanto, concentrar seus esforços nos três personagens que para ele eram os mais importantes do drama: a sinistra Lady Macbeth, cuja ambição pelo trono a leva a manipular constantemente seu marido; Macbeth, o intrépido soldado a quem a sede de poder transforma em assassino; e o coro das bruxas, visto pelo autor como o elemento propulsor de toda a ópera, pois são suas profecias que terão a função de despertar os desejos inconscientes de Macbeth, tornando-o presa fácil das maquinações da esposa.

Livre do encargo de escrever música para um tenor romântico, Verdi pôde atribuir o principal papel masculino ao registro de barítono, voz correta dentro das convenções do século XIX para representar um general experiente e não tão jovem. É um respeitável antepassado de Rigoletto e de Simon Boccanegra. Lady Macbeth, por sua vez, é um soprano dramático, sem coloratura, cuja vocalidade encontra ecos na *Turandot* pucciniana.

4. No brinde de Lady Macbeth (Ato II, cena 3), no verso "folleggi e regni qui solo amor", apenas para rimar com "dolor"; na grande ária de Macbeth "Pietà, rispetto, amore" (Ato IV, cena 3), apenas para evidenciar a ausência deste sentimento na velhice; no Hino de Vitória no final da ópera (Ato IV, cena 4), no verso "ridato al nostro amor", quando Macduff exorta o povo a amar o novo rei.

Boas vozes sempre foram decisivas para o sucesso de uma nova ópera, e Verdi, trabalhando dentro da melhor tradição italiana, sabia perfeitamente disso. Mas, ao contrário de Donizetti, que só começava a compor depois de saber quem seriam seus intérpretes, para adequar sob medida a nova partitura às vozes disponíveis, Verdi, já na época de *Macbeth*, preferia, sempre que possível, idealizar as vozes para só depois procurar os cantores adequados. Assim, ainda no início da composição da ópera, já tinha decidido que o barítono Felice Varesi seria o protagonista, pois aquela era a voz que reunia as qualidades que ele considerava imprescindíveis para a caracterização vocal do general escocês.

Verdi via claro e enxergava longe. Seus conceitos acerca do teatro lírico estão firmemente expressos numa carta escrita em 1848 a Salvatore Cammarano, então responsável pela produção do primeiro *Macbeth* no Teatro San Carlo de Nápoles. O soprano Eugenia Tadolini havia sido contratado para interpretar Lady Macbeth:

> Foi dada à Tadolini a parte de Lady... a Tadolini tem qualidades demasiado grandes para fazer este papel ! Pode parecer um absurdo, mas não é. A Tadolini tem uma bela figura, bondosa, e eu queria que Lady Macbeth fosse feia e má. A Tadolini canta à perfeição, e eu queria que Lady não cantasse. A Tadolini tem uma voz clara, límpida, potente, e eu queria para Lady uma voz áspera, sufocada, escura. A voz da Tadolini tem algo de angelical, a voz de Lady tem que ser diabólica. Submeta estas reflexões à Empresa, à própria Tadolini e ao Maestro Mercadante, pois ele mais do que todos os outros aprovará estas minhas idéias.
>
> Note bem que os trechos principais da ópera são dois: o dueto entre Lady Macbeth e Macbeth e a Cena do Sonambulismo. Se estes trechos caírem, a ópera estará perdida; e estes trechos não devem absolutamente ser cantados; é necessário que sejam representados e declamados com uma voz bem escura e velada: sem isto não existirá efeito algum. A orquestra em surdina. A cena, extremamente escura.

Verdi evolui sem romper com as tradições. *Macbeth* é composta dentro da estrutura tradicional do códice rossiniano, que tão bem serviu a Bellini e a Donizetti, mas é perturbadoramente inovadora. Para compreendermos bem esta idéia, basta examinar o trecho mais famoso da ópera, a Cena do Sonambulismo. Quando *Macbeth* surge, uma das óperas mais representadas em toda a península é a *Lucia di Lammermoor* (1835), de Donizetti, cuja Cena da Loucura, repleta de coloratura, constitui o parâmetro oficial para passagens idênticas em outras óperas. Pois Verdi, ao criar a Cena do Sonambulismo de Lady Macbeth, que é na prática o equivalente a uma cena de loucura, ousa fazê-la, como acabamos de ler na carta a Cammarano, sem nenhum ornamento vocal, mais declamada do que cantada, com uma voz que ainda por cima deve ser feia! O interessante é que o público, na prática o grande juiz dos espetáculos líricos, recebeu esta cena com extraordinário entusiasmo, "com uma tempestade de aplausos", segundo a descrição de Marianna Barbieri-Nini. Na noite da estréia, Verdi foi chamado à ribalta 38 vezes, por um público que se recusava a deixar o teatro.

Dezoito anos depois, em 1865, Verdi foi convidado por Léon Escudier, seu editor francês, a rever *Macbeth* para apresentá-la em Paris. Embora a partitura permaneça basicamente a mesma de 1847, Verdi faz várias alterações das quais as mais importantes foram a substituição da cabaleta "Trionfai" de Lady Macbeth, no início do segundo ato, pela suntuosa ária "La luce langue"; a troca da cabaleta de Macbeth "Vada in fiamme", do final do terceiro ato, pelo dueto "Ora di morte e di vendetta", cantado pelo casal – em 1865, Verdi considerava as cabaletas fora de moda – e o final da ópera, em que a fuga descrevendo a batalha e a subseqüente cena de morte de Macbeth, com seu curto solilóquio, dão lugar ao hino de vitória "Macbetto ov'è", após Macbeth simplesmente cair morto – sem cantar nada – atingido pela espada vingadora de Macduff. Embora algumas produções misturem as duas versões, a mais comumente apresentada é a de 1865.

É curioso notar que uma obra da enorme estatura de *Macbeth* – e talvez seja justamente esta a explicação – tenha sido uma das óperas que menos freqüentaram o Theatro Municipal de São Paulo, aonde chegou muito tarde. Tivemos apenas duas produções antes da atual. A primeira em 1978, sob a regência do maestro Nino Bonavolontà, em que o sanguinário casal foi representado por Olívia Stapp e Gian Piero Mastromei. A segunda, há exatos vinte anos, foi montada em 1982, quando os maestros Tullio Colacioppo e Diogo Pacheco ocuparam sucessivamente o pódio, com os sopranos Mabel Veleris e Giuseppina Dalle Molle alternando-se como Lady Macbeth. Naquela ocasião, além do barítono Antonio Boyer, apresentou-se como Macbeth o grande cantor brasileiro Fernando Teixeira, de saudosa memória, que criou para este papel uma interpretação inesquecível.

Publicado no programa de Macbeth,
Theatro Municipal de São Paulo,
em julho de 2002

DON CARLO

Não gostei (perdoe minha blasfêmia) do Escorial. É uma pilha de mármore com coisas muito ricas em seu interior, algumas delas muito bonitas [...] mas o todo carece de bom gosto. É severo, terrível como o feroz soberano que o construiu.

VERDI,
trecho de uma carta,
após viajar pela Espanha em 1863.

A principal preocupação de Giuseppe Verdi durante o verão de 1863 nada tinha a ver com a música. Cada vez mais envolvido com a ampliação e melhoria de sua fazenda de Sant'Agata, aguardava, ansioso, a permissão das autoridades para captar águas do rio Ongina com sua nova bomba movida por um moderno motor a carvão de quatro cavalos de força, completando assim um ambicioso projeto de irrigação de suas terras.

Ao se aproximar dos cinqüenta anos, Verdi podia olhar satisfeito para trás. Os grandes conflitos de sua vida haviam sido superados. Seu nome era reconhecido internacionalmente como o maior compositor de música lírica da Itália, e ele ocupava uma cadeira no parlamento do Reino recém-formado.

Os direitos das 23 óperas que havia composto até então, além de assegurar-lhe uma vida sem preocupações financeiras, lhe permitiam, como bom filho de camponeses, aumentar sistematicamente seu patrimônio, comprando terras. Sua vida sentimental era equilibrada e serena. Amava e era amado por sua Giuseppina, mulher de inteligência e espírito que lhe era completamente dedicada, admirando-o como homem e como artista.

Não fazia muito que o casal Verdi havia regressado de uma longa viagem. Após a estréia de *La Forza del Destino* em São Petersburgo, em novembro de 1862, passaram por Paris a caminho de Madri, onde a nova ópera seria encenada em fevereiro, sob a supervisão pessoal do autor. Dali, voltaram a Paris, onde Verdi iria dirigir a remontagem de sua *Les Vêpres siciliennes* no Opéra. Mas uma discussão com os indolentes músicos da orquestra, que se recusavam a colaborar, ignorando de propósito as instruções de Verdi, fez com que ele se irritasse e deixasse a capital francesa antes mesmo do ensaio geral. Ansiava por voltar a seu refúgio no campo, onde podia levar a vida reservada que tanto prezava.

Sua relação com a comunidade da vizinha cidade de Busseto – em cujas proximidades nascera – era azeda, e com exceção dos membros do mundo musical que lá iam tratar de negócios, os Verdi praticamente não recebiam ninguém em casa. A vida social do casal só acontecia quando viajavam. Ofereciam seus jantares em Gênova, onde passavam o inverno, e em Paris, para onde iam com certa freqüência.

Mas enquanto Giuseppe percorria sem descanso suas terras, desfrutando da solidão que o fazia feliz, a pobre Giuseppina, sem amigas na vizinhança, morria de tédio. Por isso, ela ficou encantada quando Émile Perrin, o novo diretor do Opéra, ofereceu a Verdi um contrato para uma nova ópera, pois aceitá-lo significava voltar a Paris. As tentativas para fazer com que o fazendeiro voltasse a ser compositor foram feitas por meio de Léon Escudier, o editor das obras de Verdi na França. Verdi, entretanto, demorava a deixar-se seduzir. Em junho de 1865, Giuseppina escrevia a Escudier:

> Por um longo período, eu o tenho ouvido cantar "não quero escrever" em todas as tonalidades, e, francamente, estou entusiasmada com a idéia que ele volte a compor, pois embora eu ame muito o campo, 365 dias nele é demasiado! Nós nunca ficamos tanto tempo em meio a estes idiotas. Sinto-me cravando minhas garras como um animal selvagem, e se apodera de mim uma ânsia selvagem de fazer alvoroço, como para compensar minha perpétua imobilidade. É verdade, já não sou jovem, mas a vida intelectual não tem idade, e aqui, ela é inexistente! [...] Parece que a grande dificuldade em escrever para o Opéra é o libreto. Tenho fé na imaginação dos libretistas. Eu o conheço [Verdi]. Quando ele for capturado, todo o quadro mudará. Ele deixará suas árvores, sua construção, suas máquinas hidráulicas, suas espingardas etc. Como sempre, ele deixará que a paixão artística tome conta dele; ele devotará todo seu ser ao seu poema e à sua música, e espero que o mundo inteiro se enriqueça com isso.

No mês seguinte, Escudier veio a Sant'Agata, trazendo o libreto pronto de uma *Cleopatra* e o esboço de um *Don Carlos,* baseado em Schiller, ambos de autoria do poeta Joseph Méry em colaboração com Camille du Locle, genro de Perrin, a quem Verdi, durante as reuniões com Escudier, escreveu:

> *Cleopatra* não é assunto para mim. *Don Carlos* é um drama magnífico, possivelmente com uma pequena falta de espetaculosidade. Por outro lado, fazer Carlos V aparecer é uma idéia excelente, assim como a cena em Fontainebleau. Eu gostaria, como em Schiller, de uma pequena cena entre Filipe e o Inquisidor, esse último cego e muito velho (Escudier lhe dirá porque pessoalmente). Eu também gostaria de uma cena entre Filipe e Posa.

A sábia Giuseppina estava certa. A disputa entre o liberalismo e o pensamento dogmático proposta por Schiller em sua obra capturara a imaginação de Verdi, e ele não demorou a render-se.

Don Carlos começava a nascer. A natureza do protagonista no drama original – que nos traz à memória o *Werther* de Goethe –, cheio de contrastes, em cujo espírito o idealismo e a amizade se alternam com a depressão e o transporte amoroso que o faz perder os sentidos, exigiria de Verdi a criação de um tipo de personagem completamente novo em sua galeria de tenores. Para expressar em música todas as filigranas de sentimentos que a alma do atormentado Carlos percorre, Verdi intuiu a necessidade de amenizar o ímpeto meridional característico dos tenores apaixonados com toda uma paleta de meias-tintas de luz e sombra sonoras, criando uma espécie de Byron vocal.

Nada mais distante deste personagem, portanto, do que a personalidade histórica que o inspirou. Quando o verdadeiro Carlos nasceu, em 1545, seu pai, Filipe II, tinha apenas dezoito anos. A mãe, Maria de Portugal, a primeira das esposas de Filipe, tinha dezesseis, e morreu durante o parto. Carlos era uma espécie de psicopata que se divertia assando gatos vivos. Além de gago, manco e corcunda, sofria de epilepsia e era afeito a acessos incontroláveis de raiva. Com todos esses sofríveis atributos, o pai declarou-o inepto para a sucessão real. Carlos tentou revoltar-se contra Filipe, reunindo alguns adeptos para tomar o trono. Derrotado, foi aprisionado em uma torre. Consumido por uma estranha febre, tomava banhos gelados e expunha-se, molhado, ao vento frio, tentando amenizar o calor que sentia. Morreu aos 23 anos.

A transformação do abominável Carlos da vida real no herói romântico que conhecemos, deve-se à novela pseudo-histórica que o abade César Vichard de Saint-Réal publicou em 1672 sob o título de *Don Carlos, Nouvelle historique,* responsável, entre outros fatos, pela criação da lenda da paixão secreta de Carlos por Elisabeth, cuja descoberta fará o rei Filipe condenar o próprio filho à morte. Para justificar essa história de amor, Saint-Réal tratou de envelhecer o rei. Na realidade, Filipe tinha apenas 32 anos quando se casou com Elisabeth em 1559. Ela tinha treze, e Carlos, catorze. A novela de Saint-Réal serviu de matriz para os dramas *Don Carlos, Prince of Spain* (1676), de Thomas Otway e *Filippo II* de Vittorio Alfieri. É também o ponto de partida da peça *Don Carlos, Infant von Spanien* publicada por Friedrich Schiller em 1787, na qual se baseia a maior parte da ópera.

Reduzir a enorme – seis mil linhas de versos brancos – e difusa peça de Schiller para o formato de um libreto consistente foi um grande desafio para Méry e Du Locle, que não se sentiram nem um pouco constrangidos em fazer profundas alterações. Além de eliminar alguns personagens, e reduzir, na ópera, a importância que Rodrigo tinha na peça, modificaram o final. Em Schiller, Filipe entrega seu filho ao Inquisidor com as terríveis palavras "Kardinal, ich habe das Meinige getan. Tun Sie das Ihre" (Cardeal, eu cumpri meu dever. Cumpra o seu.). Na ópera, os libretistas adotaram um final surrealista, fazendo um misterioso monge – o provável fantasma do imperador Carlos V – carregar o príncipe consigo para dentro da tumba. Outros trechos da ópera, como todo o primeiro ato da versão original, passado em Fontainebleau, e a grande cena de conjunto do auto-de-fé, foram emprestados da peça teatral *Philippe II, roi d'Espagne* de Eugène Cormon, estreada em Paris, em 1846.

Formalizado o contrato, Giuseppina e Giuseppe foram a Paris, onde ficaram entre dezembro de 1865 e março do ano seguinte, período no qual ele compôs o primeiro ato. A música dos três atos seguintes foi escrita em meio à tranqüilidade de Sant'Agata. Quando Verdi voltou a Paris, em julho de 1866, faltava apenas o quinto ato.

A costumeira – e não por isso menos irritante – lentidão burocrática do Opéra de Paris atrasou a estréia prevista de janeiro para março de 1867, embora os ensaios tivessem começado em agosto. Numa carta a um amigo, Giuseppina, entre agastada e divertida, comentava que, naquele teatro, levava-se 24 horas de discussões somente para decidir se Faure (o primeiro Posa) ou a Sass (a primeira Elisabeth) deveriam levantar apenas um dedo ou toda a mão em determinada cena.

Um dos episódios mais pitorescos envolvendo a preparação de *Don Carlos* ocorreu quando o baixo Belval, contratado para a parte do Inquisidor, ficou desolado ao descobrir que seu papel era muito menor do que a de Obin, o criador do rei Filipe, e acusou Perrin de quebra de contrato, pois fora escriturado como *premier basse.* Perrin, irritado, respondeu que não tinha culpa se Verdi resolvera escrever uma ópera onde havia dois baixos principais, e que isso não desrespeitava o contrato de Belval. Muito ofendido, Belval não só se recusou a comparecer aos ensaios como também moveu uma ação contra a direção do teatro. O tribunal convocou o compositor Ambroise Thomas para atuar como perito, decidindo se a parte do Inquisidor caracterizava ou não um *premier basse.* Mas Verdi, furioso, recusou-se a permitir que sua partitura fosse examinada antes da estréia, ameaçando retirar a ópera caso isso acontecesse. Não se sabe como a ação terminou. Mas Belval foi mandado embora e o papel foi ocupado por David, outro baixo da produção, que ficou muito feliz ao ser promovido de simples fantasma de Carlos V ao posto de Grande Inquisidor.

Em seu formato original, *Don Carlos* é uma *grand-opéra*, o tipo de espetáculo suntuoso que na ocasião era praxe do Opéra de Paris, com cinco atos e balé obrigatório, e portanto de grande duração. No primeiro ensaio geral, mediu-se em três horas e quarenta minutos o tempo de música, dezessete minutos a mais do que a longa *L'Africaine* de Meyerbeer. Isto trouxe um problema inesperado a Verdi. Faltando apenas duas semanas para a estréia, a direção do teatro, simplesmente, pediu que ele eliminasse cerca de quinze minutos de música pelos motivos que o correspondente da *Gazzetta Musicale de Milano* comentou na edição de 3 de março:

> Tendo começado às sete da noite, o espetáculo terminou depois da meia-noite. É verdade que os intervalos demoraram mais que o habitual; mas mesmo que seu tempo fosse o menor possível, a ópera teria durado, no mínimo, um quarto de hora a mais do que deveria. Em Paris, a duração das óperas é fixa, e a regra não

pode ser quebrada. O espetáculo não pode passar da meia-noite, porque o último trem para os subúrbios e distritos afastados parte às 12:35. Para a conveniência daqueles que vivem nos subúrbios ou nos arredores de Paris, o espetáculo tem de ser reduzido para não ultrapassar a meia-noite. Tampouco pode-se subir as cortinas antes [das 7:00], já que ninguém ousaria fazer com que os freqüentadores de ópera apressassem seu jantar! Todas essas exigências servis, para não dizer francamente escravagistas, induziram, ou pior, forçaram [Verdi] a reduzir a duração da música em um quarto de hora.

Relutante, Verdi dobrou-se às razões da bilheteria, embora soubesse que com exceção do balé – que era sagrado para os parisienses – não havia nenhuma passagem que, ao ser removida, não trouxesse dano à partitura.

Don Carlos estreou em 11 de março de 1867 e teve 43 apresentações naquela temporada. Depois de 1869, desapareceu por completo do Ópera até a segunda metade do século XX. A crítica dividiu-se. Théophile Gautier e Ernest Reyer adoraram. O jovem Bizet, que esperava encontrar outro *Trovatore* em *Don Carlos*, sai frustrado do teatro e escreveu a um amigo: "Verdi não é mais um italiano. Ele quer escrever como Wagner". Enquanto isso, o sumo Rossini, numa carta a Ricordi, pedia ao editor para dizer a Verdi, em seu nome, "que se ele voltasse a escrever para Paris, deveria cobrar muito caro, por ser o único autor capaz de compor *grand-opéra* na atualidade".

Traduzida para o italiano por Achille de Lauziéres e rebatizada de *Don Carlo*, sem o *s* final, a ópera estreou primeiro em Londres e depois em Roma, onde os maestros, sem dar a mínima atenção às recomendações do autor – o qual exigia que a ópera fosse encenada exatamente como em Paris –, efetuaram cortes a seu bel-prazer. Com o tempo, tanto o balé como o ato de Fontainebleau foram sendo removidos das sucessivas montagens. Muito irritado a princípio, mas percebendo que era inútil nadar contra a corrente, Verdi resolveu ele próprio rever *Don Carlo*, afirmando filosoficamente que "já que minhas pernas têm de ser cortadas, prefiro eu mesmo afiar e manejar a faca".

Verdi revisou seu *Don Carlos* – ou seu *Don Carlo* – durante aproximadamente vinte anos. Em seu livro *The Operas of Verdi*, o estudioso Julian Budden detalha minuciosamente esse processo. Ao longo dos anos, resultaram cinco edições publicadas:

1. A versão original de 1866, em francês, antes dos cortes efetuados para a estréia, em cinco atos com balé. Foi apresentada pela primeira vez, em sua totalidade, apenas em junho de 1973 numa transmissão radiofônica da BBC;

2. A versão de estréia em 1867, em francês, com cinco atos e balé;

3. A versão de Nápoles de 1872, em italiano, com cinco atos e balé, com acréscimos no dueto Filippo-Posa do segundo ato, cujos versos foram escritos por Antonio Ghislanzoni, e o corte de dois movimentos no dueto Carlo-Elisabetta no quinto ato;

4. A versão de 1884, em italiano, com quatro atos, sem balé. Nessa versão, da qual foi removido o ato de Fontainebleau, a ária do tenor *Io la vidi*, com o texto e o recitativo prévio alterados, foi transportada para o novo primeiro ato (antigo segundo) no Mosteiro de San Giusto. Os novos versos são de Ângelo Zanardini. Esta versão estreou no Teatro Alla Scala de Milão em 10 de janeiro de 1884 com o tenor Francesco Tamagno no papel-título;

5. A versão de Modena de 1886, em italiano, com cinco atos, sem balé. Esta versão reúne a anterior de quatro atos, de 1884, com o ato original de Fontainebleau, restaurando a ária do tenor em sua posição original.

Para a primeira montagem da ópera no Theatro Municipal desde 1926 – ocasião em que se apresentaram os nomes históricos de Nazzareno de Angelis, Francesco Merli, Bianca Scacciati e Carlo Galeffi – escolheu-se a versão de 1884, em quatro atos, que foi, durante muitos anos, a mais comumente encenada.

Publicado, de forma condensada, no programa
de Don Carlo, *Theatro Municipal de São Paulo,*
em agosto de 2004

FALSTAFF

Num certo dia de outubro de 1889, acompanhado de Alessandro Dina, seu advogado, Verdi dirigiu-se discretamente ao escritório do tabelião Stefano Allochio para assinar a escritura de compra de um terreno de três mil metros quadrados, situado no lado noroeste de Milão, depois da Porta Magenta. Ali seria construída a Casa di Riposo per Musicisti, asilo idealizado por Verdi para abrigar artistas empobrecidos, sem condições de sustento na velhice. É na capela da Casa que hoje repousam os restos mortais do compositor e de Giuseppina, sua esposa. Verdi confiou o projeto e a construção do edifício ao arquiteto Camillo Boito.

Mas Camillo não era o único membro da família Boito com quem Verdi estava desenvolvendo um projeto secreto. Em junho daquele ano, o compositor havia se encontrado em Milão com o irmão do arquiteto, Arrigo. Homem de grande cultura, Arrigo Boito, além de compositor, era crítico musical e poeta, tendo já trabalhado com

Verdi como libretista na criação da, até então, última ópera do maestro, *Otello*, estreada dois anos antes, em 1887. Em seu encontro, os dois amigos conversaram longamente sobre a possibilidade de escrever uma nova ópera, desta vez uma comédia, tendo como figura principal o gordo cavaleiro John Falstaff, o jocoso personagem shakespeariano das *Alegres Comadres de Windsor*. Desde 1849, época da *Luisa Miller*, Verdi vinha flertando com essa idéia, que voltava à sua mente de tempos em tempos. Em 1868, um jornal milanês chegou a publicar um rumor segundo o qual Verdi estaria compondo um *Falstaff* com libreto de Antonio Ghislanzoni, o poeta da *Aida*. Ghislanzoni logo se encarregou de desmentir a afirmação, mas é provável que o assunto tivesse sido debatido entre eles e algo dessa conversa vazado para a imprensa.

Arrigo Boito, entusiasmado com o grande sucesso internacional do *Otello*, não via a hora de repetir o feito, unindo mais uma vez, para a imortalidade – merecidamente –, seu nome aos de Shakespeare e de Verdi.

Também o compositor, por sua vez, havia muitos anos, acalentava a idéia de escrever uma ópera cômica. Este desejo era o resultado da combinação de vários fatores. Antes de tudo, redimir o fracasso de sua única comédia anterior, *Un Giorno di Regno*, recebida com vaias ao estrear no Teatro Alla Scala cinqüenta anos antes. Além disso, embora já tivessem se passado dez anos, Verdi não havia totalmente digerido um artigo publicado pelo jornal da Casa Ricordi, a *Gazzeta Musicale di Milano*, em 1879, resenhando um livro de memórias do escultor Giovanni Dupré. No trecho reproduzido pelo jornal, o escultor afirmava que Rossini lhe teria dito havia muito tempo que:

> Verdi é um maestro que tem um caráter melancolicamente sério; tem um colorido fosco e triste, que brota, abundante e espontâneo, e é apreciadíssimo justamente por isso, e eu o estimo muitíssimo, mas não há dúvida alguma que jamais fará uma ópera semi-séria como a *Linda di Chamounix*, e muito menos *buffa* como *L'Elisir d'Amore*.

A resposta de Verdi não se fez esperar. Ofendido, escreveu a Giulio Ricordi, editor exclusivo de suas partituras, dizendo que ele não deveria ficar nem um pouco preocupado. Se chegasse a escrever uma ópera *buffa*, cujo argumento ideal ele vinha procurando havia mais de vinte anos, teria o cuidado de assinar o contrato com outra firma. Assim, os Ricordi, que tinham tanta certeza do fracasso a ponto de anunciá-lo antecipadamente, seriam preservados, e o autor trataria de arruinar outro editor. Custou muito trabalho a Ricordi consertar o estrago, mas Verdi guardou a mágoa.

Na verdade, ele era dotado de um fino senso de humor que nem todos estavam em condições de perceber, filtrado por uma sutil ironia, às vezes utilizada de forma rápida demais para ser assimilada.

Tomemos o exemplo do Conde de Luna, ardendo de amor ao pé da escada de Leonora no primeiro ato de *Il Trovatore*. Quando ela se atira em seus braços por engano, após ouvir a voz de Manrico ao longe, o Conde, apesar de ser o vilão da história, percebe que esse comportamento não é adequado para um nobre e pergunta a si mesmo "Che far?" ("o que é que eu faço agora?") – numa frase que dura apenas um segundo, perfeitamente descartável, e que nada mais é do que uma *private joke* do autor nessa primeira ópera que escreveu por sua conta, sem necessidade de cumprir nenhum contrato.

No final de *Un Ballo in Maschera*, Riccardo é apunhalado enquanto dança uma mazurca. Pois alguém já notou que em meio à grande confusão que se segue – Amélia desesperada, o coro tentando linchar o assassino aos gritos de "morte, infâmia", e o pobre Riccardo nas últimas, sangrando no chão – a orquestra *sul palco*, numa grande demonstração de profissionalismo, continua impassivelmente a tocar a sua mazurca e só a interrompe quando Riccardo já iniciou sua ária final?

Exemplos mais evidentes do domínio do universo *buffo* por Verdi aparecem em duas óperas importantes. O primeiro ato do *Rigoletto*, desde seu início até a entrada de

Monterone, é pura ópera cômica, com toda a vivacidade e a seqüência veloz de situações presentes na festa do *Don Giovanni* de Mozart. Em *La Forza del Destino*, o mercador Trabuco, cujo modelo evidente é Isacco, o vendedor ambulante da *Gazza Ladra* rossiniana, é um típico personagem comprimário da ópera cômica italiana. E frei Melitone, no qual Verdi descarrega de forma bem-humorada todo seu proverbial anticlericalismo, é, por outro lado, um novo tipo de personagem de comédia, às vezes sério, às vezes engraçado, que antecipa certos aspectos do *Falstaff* e servirá de modelo para o Sacristão da *Tosca*. Como de costume, Verdi colecionava experimentos e os amadurecia e armazenava em sua memória para uso posterior.

Logo depois do encontro inicial entre Boito e Verdi em Milão, o velho compositor foi veranear com sua esposa em Montecatini. O libretista, sem perder tempo, preparou rapidamente um esboço do *Falstaff* e o enviou para a estação de águas. Verdi o recebeu exatamente no momento em que acabava de reler a tradução italiana das peças de Shakespeare *The Merry Wives of Windsor*, *Henry* IV e *Henry* V. No futuro, como Boito viria a anotar no frontispício da primeira edição da ópera, apenas a primeira delas e algumas poucas passagens da segunda serviriam de base ao libreto definitivo.

Completamente seduzido pela idéia, Verdi queria, entretanto, ter sua consciência tranqüila. E, antes de aceitar, advertiu Boito, que estava compondo sua interminável ópera *Nerone*, dos perigos que corria ao abraçar a empresa do gordo cavaleiro:

> Você, ao esboçar *Falstaff*, chegou a pensar na enorme cifra dos meus anos? Sei muito bem que você responderá exagerando o estado de minha saúde, bom, ótimo, robusto...e assim seja: apesar disso, você há de convir comigo que poderei ser tachado de temerário, ao assumir tão grande encargo. E se não suportasse a fadiga? E se não chegasse a terminar a música? Então você teria desperdiçado tempo e cansaço inutilmente! Eu não o desejaria nem por todo o ouro do mundo. Esta idéia se me configura insuportável; e tanto mais insuportável se você, escrevendo o *Falstaff*, tivesse, não digo de abandonar, mas distrair sua mente do *Nerone*, ou retardar a

época de sua produção. Eu seria acusado por esse atraso, e os raios da malignidade pública cairiam sobre minhas costas. Ora, como superar estes obstáculos?... Tem você algum bom motivo para contrapor aos meus? [...] se você encontrar apenas um que me seja favorável, e eu a maneira de retirar uns dez anos de minhas costas, então... Que alegria! Poder dizer ao público: "Nós ainda estamos aqui! Venham ver-nos!"

Como se vê, Verdi implorava por ser convencido, e Boito não se fez de rogado, escrevendo-lhe uma carta cujo final dizia:

> Por toda a sua vida, o senhor sempre desejou um belo tema de ópera cômica, e isto é um indício de que a veia da arte nobremente alegre existe virtualmente dentro de seu cérebro; o instinto é bom conselheiro. Existe apenas uma maneira melhor que terminar (sua carreira) com *Otello*; é terminar vitoriosamente com *Falstaff*. Depois de ter feito ressoar todos os gritos e lamentos do coração humano, terminar com uma explosão imensa de hilaridade! Seria de deixar todos pasmos!

Totalmente persuadido, Verdi respondeu, pedindo sigilo total:

> Caro Boito, amém; e assim seja! Façamos então o *Falstaff*! Não pensemos por enquanto nos obstáculos, na idade e nas doenças! Também eu desejo conservar o mais profundo ***SEGREDO***: palavra que eu também sublinho três vezes, para dizer-lhe que ninguém deve saber de nada!

Verdi iniciou a composição imediatamente. Há uma rica documentação epistolar que nos permite acompanhar praticamente passo a passo a gestação da obra, como por exemplo uma carta em que o compositor diz a Boito estar se divertindo muito compondo uma *fuga buffa*, que seria usada no final da ópera, sobre a famosa frase "Tutto nel mondo è burla". Mas o entusiasmo inicial de Verdi viria a arrefecer alguns meses depois, e a velocidade de composição diminuiria. Sua idade avançada – em 1889, ele tinha 77 anos – não lhe permitia trabalhar seguidamente como antes. Além disso, sua disposição para o trabalho foi afetada pelas notícias da morte de dois de seus mais íntimos amigos. Em novembro de 1890, faleceram Giuseppe Piroli, colega de Verdi desde os bancos escolares, e Emmanuele Muzio, seu único discípulo e companheiro dos primeiros anos de composição. Não bastasse essa dupla perda, chegaram a Verdi péssimas informações sobre a saúde de Franco Faccio, seu maestro favorito, cuja demência se agravava de forma rápida e irreversível. Faccio, diretor musical do Scala, sofria as conseqüências de uma sífilis em estado avançado, que acabaria por vitimá-lo em julho de 1891.

Todos esses eventos levaram Verdi a um estado de profunda depressão, impedindo-o de compor um só compasso durante muito tempo. Nesse período, Boito não deixou de estimulá-lo, com cautela e carinho, através de suas cartas e visitas. No total, entre idas e vindas, *Falstaff* levou três anos e meio para ficar pronta. Todos davam por garantido que a estréia se daria no Teatro Alla Scala, e a Casa Ricordi já mobilizava sua poderosa máquina de divulgação para criar a expectativa necessária em meio ao público. Embora aprovasse a contratação do maestro Edoardo Mascheroni para o posto do finado Faccio, Verdi ficou desgostoso com o novo empresário do Scala, um certo Luigi Piontelli, a quem considerava medíocre e incompetente. Numa carta a Ricordi, disse ter escrito *Falstaff* para seu próprio prazer, sem pensar em nenhum teatro específico, e, nessas condições, ele achava melhor estrear a nova ópera no pequeno Teatro Carcano de Milão, ou, melhor ainda – e parece que falava a sério –, em sua fazenda de Santa Ágata.

Ricordi, que deve ter ficado da mesma cor que do papel ao ler a carta, precisou usar de toda a sua diplomacia e da ajuda de Boito para convencer o genioso compositor a aceitar o Teatro Alla Scala, assegurando a Verdi poder absoluto e a palavra final em todas as decisões. Superado o impasse, a estréia foi finalmente marcada para o início de fevereiro de 1893.

Mesmo antes de completar a partitura, Verdi já estava, como de costume, tratando obsessivamente de todos os aspectos da produção. Parecia ter rejuvenescido trinta anos. Escolher os cantores corretos era uma de suas grandes preocupações, já que, conforme escreveu a Giulio Ricordi em junho de 1892,

> os ensaios, tanto com piano quanto da produção deverão ser longos, porque não será fácil representar a ópera da maneira que me satisfaça. Devo ser muito exigente [...] todos nós ganharemos muito com isso.
>
> A música não é difícil, mas deve ser cantada de forma diferente das óperas cômicas modernas e das velhas óperas *buffas*. Eu não a quero cantada, por exemplo, como a *Carmen*, e também não como *Don Pasquale* ou *Crispino*. É um estudo muito particular e requer tempo. Falando genericamente, nossos cantores só conseguem cantar com voz plena; eles não têm elasticidade vocal ou silabação clara e fácil, e lhes falta *accento* verbal e musical, além de controle de respiração...

Depois de rejeitar Gemma Bellincioni, Emma Calvé e Luisa Tetrazzini para o papel-chave de Alice Ford, Verdi decidiu-se finalmente por Emma Zilli, não sem observar que ele próprio ajudaria o soprano na correção de certos defeitos. Para Mrs. Quickly, o autor escolheu o *mezzo-soprano* Giuseppina Pasqua, que definiu como "cantora inteligente", e Virginia Guerrini, também *mezzo*, para o papel de Meg; o barítono Antonio Pini-Corsi, famoso intérprete de *Don Pasquale*, seria Ford, e o jovem casal de enamorados teria o soprano Adelina Stehle como Nannetta e o tenor Edoardo Garbin, seu noivo na vida real, como Fenton, adicionando, assim, uma maior veracidade ao romance entre os dois jovens personagens. Embora tivesse preferido Garbin ao famoso Angelo Masini, para evitar a presença de um *divo* que poderia se tornar incontrolável, Verdi considerava, entretanto, Garbin como o intérprete mais fraco da produção, preguiçoso e antimusical.

Para o personagem-título, Verdi assinalou desde o início o nome de Victor Maurel, o marselhês que era o primeiro barítono do Alla Scala, criador do papel de Iago em *Otello*. A fama, porém, havia subido à cabeça de Maurel, e ele fez exigências exorbitantes, que incluíam enormes cachês e remuneração extraordinária para estar presente aos ensaios, além do direito contratual de participar das primeiras apresentações de *Falstaff* em várias cidades européias. Furioso, Verdi escreveu a Ricordi dizendo preferir suspender toda a produção a ver qualquer empresário, mesmo que fosse Piontelli, arruinado por uma ópera sua, já que a bilheteria não cobriria os custos. Assim, fazia questão que Ricordi publicasse em seu jornal a insensatez das propostas de Maurel e sua resposta.

Assustado, o barítono percebeu que havia ido longe demais. Com o rabo entre as pernas, foi correndo a Santa Ágata, onde levou um puxão de orelhas do velho patriarca, e acabou por assinar um contrato razoável[5].

Ao mesmo tempo, outros detalhes ocupavam a mente de Verdi. Suas cartas estão recheadas de recomendações para tudo e para todos. A Boito pediu que mandasse buscar em Londres os figurinos utilizados pelo teatro inglês para a encenação das *Alegres Comadres*; aos pintores de cenários recomendou conter seu virtuosismo, e preocupar-se somente em servir ao drama; aos iluminadores lembrou que a cena do Parque de Windsor, embora imersa na escuridão, não deveria ocultar o rosto dos cantores. Tomando de empréstimo uma frase muito apropriada de Shakespeare, descreveu o pobre estado da orquestra do Teatro Alla Scala com um seco "há algo de podre no Reino da Dinamarca". Depois disso, enviou instruções precisas sobre os instrumentos que desejava. A orquestra deveria ter, no mínimo,

5. Quem quiser ter uma idéia da interpretação de Victor Maurel em *Falstaff*, assim como do tamanho de seu ego, deve ouvir a gravação da *arietta* "Quand'ero paggio", registrada em 1907 pelo selo Fonotipia. Nesse disco, Maurel canta o trecho duas vezes em italiano e uma em francês; entre cada uma delas, ouvem-se os entusiasmados aplausos da ruidosa claque que o barítono levou especialmente ao estúdio para participar da gravação. Maurel, cujo primeiro papel importante foi o do Cacique na estréia de *Il Guarany* de Carlos Gomes, ficou muito famoso graças ao *Falstaff*, mas não soube administrar seu patrimônio e morreu na miséria em Nova York em 1923.

quatro harpas. Além disso, deveria dispor de uma flauta afinada em ré bemol para o Monólogo da Honra; um oboé que tivesse boas notas graves para acompanhar a cena de Quickly no segundo ato; um genuíno *corno da caccia*, sem válvulas, em lá bemol grave, para o prelúdio da cena da Floresta de Windsor; um clarone em lá para as litanias da mesma cena.

Após meses de exaustivos ensaios supervisionados pessoalmente por Verdi, *Falstaff* estreou a 9 de fevereiro de 1893. Na platéia, onde jornalistas de todo o mundo se misturavam a altas personalidades, estavam o poeta Giosuè Carducci, o dramaturgo Giuseppe Giacosa, o compositor Pietro Mascagni e também Giacomo Puccini, apenas oito dias depois da triunfante estréia de sua *Manon Lescaut* em Turim. Dois trechos foram bisados: o quarteto feminino Alice, Meg, Quickly e Nannetta, do primeiro ato e a breve *arietta* de Falstaff, "Quand'ero paggio".

O triunfo foi indescritível. Ao final do espetáculo, os aplausos duraram quase uma hora. Mas o público ovacionava Giuseppe Verdi, e não seu *Falstaff*. Não era a obra-prima, cuja grandeza poucos espectadores haviam captado, que estava sendo aplaudida ali. Era a proeza, a façanha de quem, aos 79 anos, a havia composto. Pouco importava se a maioria dos presentes não tivesse ainda os ouvidos preparados para aquele novo estilo musical. Era o fenômeno que contava. Homenageavam a resistência e a habilidade do venerando Pai da Pátria, com suas barbas brancas, ícone vivo da glória italiana diante do mundo. Verdi ainda compunha e tudo estava bem, no melhor dos mundos possíveis.

A dificuldade em assimilar *Falstaff* tem sua razão de ser. É uma obra repleta de paradoxos. Nela, as idéias musicais se sucedem num turbilhão, encadeadas umas nas outras, com tal velocidade de transformação que é difícil memorizar seus temas com facilidade. Ninguém sai do teatro após assistir ao seu primeiro *Falstaff* assobiando algum de seus trechos. É esse o principal motivo pelo qual essa última ópera de Verdi, de estatura intelectual tão imensa quanto seu personagem principal, jamais gozou da popularidade que desfrutam *Aida* ou *La Traviata.*

Em *Falstaff*, estão presentes todas as qualidades de Verdi, cuidadosamente buriladas ao longo dos anos, assim como estão excluídos todos os seus defeitos. Sua linguagem musical é luminosa e feliz, transbordando de jovialidade e de juventude, mas só poderia ter sido concebida por um autor seguro e experiente, com dezenas de anos de convívio íntimo e cotidiano com a música, e principalmente dono de grande sabedoria, como apenas um octogenário pode ser. Numa época em que, como bem notou Jorge Coli, as óperas de Wagner tratam as vozes como instrumentos de orquestra, Verdi, no *Falstaff*, trata seus instrumentos como personagens, fazendo-os cantar e dialogar. A música nasce diretamente das palavras do libreto, e os motivos orquestrais derivam, na maioria das vezes, daquilo que as vozes cantaram. E o canto flui, contínuo e flexível, abandonando completamente as formas fixas como árias ou cavatinas. Os cantores se expressam num estilo quase declamado, já presente em certas passagens do *Otello.* Conforme a necessidade dramática, as declamações se transformam em breves canções, monólogos ou ariosos, sem nenhuma relação com as regras do passado. Assim, Verdi cria, na velhice, um estilo de comédia lírica completamente novo, revolucionário, que se esperaria fosse obra de algum jovem compositor imbuído de ideais. A influência desse novo estilo se manifestará com freqüência no século XX; seu exemplo mais evidente é o *Gianni Schicchi* pucciniano. Este talvez seja o maior de todos os paradoxos aludidos: para o estabelecimento de uma nova linguagem vocal, fluida, livre e moderna, Verdi regressa aos primórdios da ópera, aos princípios do *recitar cantando* estabelecidos pela Camerata Fiorentina.

São Paulo assistiu apenas a seis produções de *Falstaff* em sua história. A primeira delas, no mesmo ano de 1893, no Teatro São José, teve como protagonista o legendário barítono napolitano Antonio Scotti. Uma montagem excepcional foi a de 1951, em que Miss Quickly foi vivida pela fabulosa Fedora Barbieri, recentemente desaparecida; no papel principal, alternaram-se os dois maiores barítonos italianos daquela época, Gino Bechi e Tito Gobbi. Naquela ocasião, Ford foi o nosso Paulo Fortes, que viria a cantar o papel principal em 1963, quando a ópera foi encenada pela última vez no Theatro Municipal. Nosso último *Falstaff*, em 1996, foi feito em forma de concerto, aproveitando a visita do barítono Renato Bruson.

Muitos anos após a estréia, quando se preparava para reger o *Falstaff*, o maestro Arturo Toscanini estava examinando a partitura autógrafa. De dentro dela caiu uma folha de papel, em que Verdi havia escrito:

> Le ultime note del *Falstaff* – Tutto è finito! Cammina per la tua via, finchè tu puoi...Divertente tipo di briccone; eternamente vero, sotto maschera diversa, in ogni tempo, in ogni luogo !!! Va... va...Caminna, camminna...Addio !!![6]

Ao despedir-se melancolicamente de Falstaff, Verdi dava adeus também à sua arte. Seu longo caminho havia chegado ao fim.

Publicado no programa de Falstaff,
Theatro Municipal de São Paulo,
em maio de 2003

6. As últimas notas do *Falstaff* - está tudo acabado! Caminha pela tua estrada enquanto puderes...Tipo divertido de patife; eternamente verdadeiro, sob diversas máscaras, em todos os tempos, em todos os lugares !!! Vai...vai...Caminha, caminha...Adeus !!!

AS HEROÍNAS DE VERDI

Nos 54 anos que vão desde a estréia de *Oberto, Conte di San Bonifacio* (1839) até *Falstaff* (1893), Giuseppe Verdi revoluciona as estruturas composicionais da ópera italiana. Ao final de sua carreira, terá aplainado o caminho da linguagem do teatro lírico para os compositores da passagem do século.

Partindo da tradição recebida de Bellini e Donizetti, sempre respeitando a melodia e o canto, Verdi age gradativamente no sentido de flexibilizar as antigas formas fixas de composição em função de uma maior veracidade teatral. A tradicional *scena* tripartite, feita de recitativo, ária e cabaleta vai sendo gradualmente abandonada em troca de formas mais livres.

Também as vozes, no teatro verdiano, terão de se adaptar aos personagens, para expressar melhor o drama segundo a concepção particular do autor. Na segunda metade do século XIX, as vozes se especializam mais, e fica nítida a divisão tanto dos tenores como dos sopranos em subcategorias como *leggero, lirico, lirico-spinto* e *drammatico*, entre outras.

A obra de Verdi tem personagens femininos marcantes, confiados ao registro de soprano. Mulheres fiéis que morrem injustiçadas como Luisa Miller e Desdemona; guerreiras como Giovanna D'Arco e Abigaille do *Nabucco*; mulheres capazes de grandes sacrifícios por amor, como Gulnara em *Il Corsaro* e Aida, e criaturas capazes de sufocar seus sentimentos em nome da honra como Amelia em *Un Ballo in Maschera* e Elisabetta em *Don Carlo*, são alguns dos nomes que povoam o vasto universo feminino verdiano.

Para este concerto, a professora Isabel Maresca escolheu quatro destas heroínas, representadas por quatro tipos diferentes de soprano.

Gilda, a filha do bufão em *Rigoletto* (1851), é uma jovem recém-saída da adolescência e enamorada pela primeira vez; para ela, Verdi utiliza um soprano *leggero* ou *lirico-leggero*, que usa sua habilidade para a coloratura não como mera exibição canora, mas como forma de expressar seu amor juvenil.

Attila (1846) é uma das óperas da fase inicial, nacionalista, de Verdi. Sua heroína, a guerreira italiana Odabella, descendente vocal da Norma de Bellini, da Maria de Rudenz donizettiana e da Abigaille do próprio Verdi, é um *soprano drammatico d'agilità*, voz usada na primeira metade do século XIX em papéis mais pesados do que os designados ao *leggero*, mas com agilidade suficiente para a coloratura.

Por outro lado, um soprano lírico puro, com a elegância e a suavidade própria para o *cantabile*, impregnado de lirismo, é a voz apropriada para o personagem de Amélia, a filha do doge, no *Simon Boccanegra* (1857).

Uma das grandes contribuições de *Il Trovatore* (1853) foi ter definido com absoluta clareza os contornos da tessitura do soprano *lirico-spinto*, para o papel de Leonora. Este tipo de voz incorpora todas as qualidades do soprano lírico, mas deve também ter força suficiente para fazer-se ouvir por meio de passagens corais e orquestrais mais densas, e terá grande aplicação tanto nas óperas posteriores de Verdi como nas dos autores que surgem mais tarde, como Ponchielli, Carlos Gomes e Puccini.

Publicado no programa do Concerto Lírico
As Heroínas de Verdi, *Theatro São Pedro,*
em 3 de maio de 2001

CONFLITOS ENTRE PAIS E FILHOS NAS ÓPERAS DE VERDI

A pequena cidade de Busseto fica na província italiana de Parma. Sua forte tradição artística e cultural remonta à Idade Média, quando foi capital do chamado *Stato Pallavicino*, assim denominado por adotar o nome da família que o governou por mais de quinhentos anos.

No século XIX – assim como hoje – a música tinha enorme importância no cotidiano da cidade. Era então motivo de apaixonadas discussões que eventualmente redundavam em pancadaria quando partidários de sopranos rivais se defrontavam, ou quando os moradores se dividiam em partidos antagônicos para apoiar passionalmente diferentes candidatos a postos como o de organista de uma igreja ou professor de música em alguma de suas instituições.

Em 1816, um grupo de entusiasmados cidadãos fundou a Sociedade Filarmônica para formar a orquestra da cidade. Seu grande incentivador e presidente era um dos mais ricos homens de negócios de Busseto, o atacadista de secos e molhados Antonio Barezzi. Além de comerciante muito bem sucedido, Barezzi tocava vários instrumentos, e, embora amador, era um músico excelente, que não poupava esforços nem despesas para que a Filarmônica se transformasse numa orquestra respeitada por sua qualidade, o que de fato acabou acontecendo. A sede oficial da Filarmônica era a própria casa da família Barezzi, onde os 38 músicos que constituíam a orquestra se reuniam regularmente para ensaiar.

Mecenas praticante, Barezzi assumiu os encargos financeiros dos estudos musicais de um menino que era filho de um de seus clientes, um taverneiro de uma localidade rural nas cercanias de Busseto chamada Le Roncole. O garoto, apelidado de Peppino[7], tinha um pendor extraordinário para a música, e desde os nove anos de idade tocava órgão nas missas dominicais de sua comunidade. Os anos se passaram, e a relação de amizade e respeito mútuo entre os dois se estreitou como se fossem pai e filho. Além de tomar parte ativa na Filarmônica e escrever algumas composições, o jovem passou a lecionar música aos filhos de Barezzi. Ao completar dezoito anos, seu protetor trouxe-o para viver em sua própria casa enquanto aguardava a época de ir para Milão completar seus estudos. E foi então que, durante as aulas de piano, o jovem professor e a linda filha de Barezzi, Margherita, se apaixonaram perdidamente. Casaram-se em 4 de março de 1836, pouco tempo depois de ele ter obtido um emprego estável como professor de música contratado pela municipalidade. Naquela manhã, ao deixar a Capela do Oratório da Santíssima Trindade, após a cerimônia religiosa, Margherita, que completava 22 anos nessa mesma data, passou a ser saudada por seus concidadãos como a senhora Giuseppe Verdi. Seu jovem marido era apenas um ano mais velho do que ela.

7. Zézinho, em português.

Embora Barezzi e muitos outros moradores de Busseto não tivessem dúvidas quanto ao grande potencial de Verdi como compositor – afinal, ele vinha escrevendo cantatas e sinfonias para a Filarmônica desde os quinze anos de idade – eles não poderiam imaginar que, com os anos, seu estimado Peppino iria se transformar no autor de óperas mais importante de toda a história da música italiana.

Não é apenas o fluxo constante de inspiração, fonte criadora de temas de grande riqueza melódica, que confere a Verdi um lugar todo especial no panteão dos compositores de música lírica. Afinal, muitos outros operistas italianos eram igualmente dotados dessa facilidade de criar melodias inesquecíveis. O que torna Verdi enorme é o fato de, sem romper com as tradições italianas, tê-las modificado gradativamente, em busca de uma maior veracidade teatral, fazendo inseparáveis o texto e a música. Sem jamais ter tido a preocupação de criar uma nova escola teórica, Verdi, ao longo dos 54 anos em que se dedicou a compor para o teatro de ópera, transformou-o por completo. Suas primeiras óperas seguem o mesmo modelo herdado de Rossini e adotado por Bellini e Donizetti, seus antecessores imediatos. Estão ainda presas a formas fixas – uma ária aqui, um dueto lá, números de conjunto – os chamados números fechados. Com o passar dos anos, ele escreve óperas em que estas formas vão se dissolvendo, se fundindo, enquanto a melodia flui continuamente em função da necessidade teatral. No Verdi maduro, o canto serve o teatro, e a música é completamente livre. Não há uma nota ou uma palavra desnecessária ou fora do lugar. Uma das grandes conseqüências da busca constante desta veracidade teatral é a subdivisão dos tipos vocais, que surgem naturalmente a partir das tentativas de adaptação do instrumento vocal dos cantores disponíveis às partituras que o autor cria. Surgem vários tipos de sopranos e de tenores, com pesos e extensões vocais diferentes, para satisfazer diferentes necessidades dramáticas. Otello, o general mouro de meia-idade que assassina sua esposa por ciúmes infundados, tem sua escrita vocal completamente diversa da de Radames[8], o jovem oficial egípcio apaixonado pela escrava Aida, embora ambos sejam tenores. Exemplos como esses se multiplicam por meio da obra de Verdi, e sua influência se fará sentir até o século XX.

Os primeiros tempos do novo casal foram muito felizes. Nada deixava entrever a sucessão de tragédias pessoais que logo se abateria sobre eles, e cujo impacto quase fez com que Verdi abandonasse a carreira de compositor após a estréia de sua segunda ópera.

Voltando a Busseto após uma curta lua-de-mel em Milão, Verdi, que precisava ganhar dinheiro, entrou numa roda-viva de atividades. Além de seu emprego, regia concertos, escrevia música para a igreja e para concertos na cidade, ensinava música aos membros da Sociedade Filarmônica e dava aulas particulares. Nas horas de folga, trabalhava na composição de uma ópera chamada *Rocester*[9], encomendada pelo Teatro Filodrammatico de Milão, cujo contrato acabou sendo cancelado.

Em 26 de maio de 1837, Margherita deu a luz à primeira filha do casal, Virginia. Enquanto isso, Verdi lutava desesperadamente para firmar seu nome como compositor. Nos primeiros meses de 1838, após uma rápida ida a Milão, conseguiu finalmente ver sua primeira obra publi-

8. Otello e Radames são os principais personagens masculinos das óperas *Otello* (1887) e *Aida* (1870). Otello é um tenor dramático, e Radames um tenor lírico-spinto, de voz um pouco mais leve do que o anterior.

9. *Rocester* jamais foi concluída. Há um certo mistério envolvendo sua história, que tem sido motivo de infinitas discussões entre os estudiosos de Verdi, sem nenhuma conclusão definitiva. Alguns afirmam que o material de *Rocester* acabou sendo utilizado em *Oberto, Conte di San Bonifácio* (1839), a primeira ópera de Verdi a ser efetivamente produzida. Outros dizem que antes Verdi trabalhou em outra ópera, *Lord Hamilton*, que se transformou em *Oberto*. e que *Rocester* simplesmente se perdeu. E há uma terceira corrente que sustenta que *Lord Hamilton* mudou de nome, no meio do caminho, para *Rocester*, e acabou se transformando em *Oberto*.

cada: o álbum *Sei Romanze* (Seis Romanças), compostas sobre textos de vários poetas.

Em 11 de julho, a família aumentou: nasceu o segundo filho do casal, Icílio Romano[10]. Mas agosto reservava ao jovem casal uma tristeza tão grande quanto a alegria que julho trouxera. A pequenina Virginia, com apenas dezesseis meses, morreu repentinamente.

Com a ajuda financeira do sogro, aproveitando a chegada de seu período de férias, Verdi decidiu levar a desolada Margherita para passar algum tempo com ele em Milão, deixando o bebê aos cuidados da família. Assim, mudando de ambiente, ela poderia espairecer e recuperar-se do duro golpe. Ao mesmo tempo, Giuseppe procuraria fazer contatos que pudessem impulsionar sua carreira de operista. As promessas obtidas foram tão animadoras que levaram o casal a tomar a importante decisão de abandonar a segurança da pequena Busseto e mudar-se definitivamente para Milão.

Estabeleceram-se em fevereiro de 1839 e, logo em seguida, Verdi viu realizar-se o maior de seus sonhos. Bartolomeo Merelli, o todo poderoso empresário do Alla Scala, então o teatro de ópera mais importante da Itália, assinou com ele um contrato para sua primeira ópera, *Oberto, Conte di San Bonifacio*, que Verdi havia terminado em Busseto e não conseguira ainda encenar.

Ele mergulhou de corpo e alma na empreitada e, como viria a fazer no futuro, sempre que estivesse preparando uma nova estréia, cuidaria pessoalmente de todos os detalhes da produção. Não tinha tempo para mais nada. Foi quando a desgraça visitou mais uma vez a casa dos Verdi.

O bebê Icílio adoeceu gravemente, sem que os médicos milaneses conseguissem identificar a causa, e fazendo

10. Verdi deu a seus filhos o nome dos personagens principais da peça teatral *Virginia*, do dramaturgo italiano Vittorio Alfieri. Ambientada na Roma antiga, a peça tinha um caráter liberal e patriótico. A escolha dos nomes equivalia a uma aberta declaração das convicções políticas de Margherita e Giuseppe Verdi, o qual, além disso, causou sensação na pequena Busseto quando passou a usar uma barba *alla Mazzini*, imitando o líder carbonário que conspirava pela unificação da Itália.

com que os Verdi, cuja situação financeira era precária, contraíssem novos empréstimos para custear o tratamento. Mas foi tudo em vão. Após três semanas de luta, o bebê de dezoito meses exalou seu último suspiro. Era o dia 22 de outubro de 1839. Faltava menos de um mês para a estréia de *Oberto*, marcada para 17 de novembro. Margherita, embora com o coração partido pelas recentes perdas, não deixou de comparecer. Compreendia que seu lugar era ao lado do marido, sabia o quanto seu apoio era importante, e tudo fez para sustentá-lo.

O relativo sucesso atingido por *Oberto* proporcionou a Verdi um novo contrato para mais três óperas, a primeira das quais deveria ser uma *opera buffa*, uma comédia, a ser encenada em setembro de 1840. Seu título era *Un Giorno di Regno*, que poderíamos traduzir como *Um Dia de Reinado*. Verdi arregaçou as mangas e começou a compor, enquanto Margherita velava por ele dia e noite.

No meio do trabalho, uma forte inflamação de garganta fez com que Verdi ficasse acamado muitos dias[11]. Nesse período, vencia o aluguel do apartamento que ocupavam. Verdi, enfraquecido pela doença, ficou descontrolado ao ver negado o pedido de adiantamento que enviara ao empresário. A humilhação o consumia. Uma tarde, sem dizer nada, a doce Margherita embrulhou suas poucas jóias em um lenço, saiu de casa e as penhorou, obtendo os cinqüenta escudos necessários para o pagamento. Entregou tudo ao marido sem pronunciar sequer uma palavra para não envergonhá-lo.

Este foi o último ato de bondade de Margherita. Algumas semanas depois ela caiu seriamente doente. Atacada por uma encefalite, agonizou por seis dias e não resistiu. Verdi, desesperado, avisou Barezzi, que conseguiu chegar

11. Tudo leva a crer que a origem da enfermidade era psicossomática. Durante os anos iniciais de sua carreira, quando trabalhava sob forte pressão dos prazos contratuais, há freqüentes relatos de dores de garganta, dores de estômago e desarranjos intestinais que acometiam Verdi durante o trabalho de composição, mantendo-o acamado por dias. Com a subseqüente tranqüilidade financeira, e a não necessidade de cumprir prazos rígidos de entrega, este tipo de enfermidade desapareceu.

a Milão apenas para abraçar a filha agonizante. Margherita morreu a 18 de junho de 1840. Barezzi anotou em seu diário:

> De uma terrível doença, talvez desconhecida pelos médicos, morreu em Milão, ao meio-dia do dia da festa de *Corpus Domini*, nos braços do pai, minha querida filha Margherita, na flor da idade, e no seu momento mais feliz, porque ela era a fiel companheira do excelente jovem Giuseppe Verdi, *maestro di musica*. Imploro paz para sua alma pura, embora chore por essa trágica perda.

Enlouquecido de dor, Verdi voltou a Busseto com o sogro, e escreveu a Merelli, pedindo que o dispensasse da ópera. O empresário, porém, não podia fazê-lo, pois cenários e roupas estavam em andamento e a temporada já havia sido anunciada. Por força de contrato, Verdi viu-se forçado a retornar e, embora destruído por dentro, completar a comédia.

A estréia de *Un Giorno di Regno* foi desastrosa, e hoje se sabe que tal fato se deu muito mais por culpa dos cantores mal preparados do que pela qualidade da partitura, que, se não é brilhante – nem poderia sê-lo, tendo em vista as condições psicológicas do autor – tampouco é medíocre. Nos dias de hoje, uma análise fria demonstra que ela é melhor do que muita coisa escrita na época por outros autores. Mas a vaia foi tamanha que o teatro retirou a ópera de cartaz logo depois do primeiro dia. Única remanescente de toda sua desgraça pessoal, a autoconfiança de Verdi como compositor acabava de transformar-se em fumaça. Deixou de acreditar em si próprio. Sem família, sem amigos, sem dinheiro, profundamente deprimido, jurou nunca mais escrever uma só nota. Mergulhou num inferno astral do qual levaria mais de seis meses para libertar-se.

A história da retomada de sua carreira é muito conhecida, e consta de todas as suas biografias. Vagando sem destino nos arredores do Teatro Alla Scala em janeiro de 1841, Verdi encontrou-se com Merelli, cujo faro empresarial havia percebido o grande potencial reprimido do gênio verdiano.

O empresário praticamente o forçou a levar consigo o libreto de uma ópera de tema bíblico, fingindo não ouvir os protestos e as alegações do músico, que dizia ter perdido a faculdade de compor. Ao ler o libreto, processou-se no íntimo de Verdi uma espécie de catarse, que o obrigou a trabalhar e se traduziu imediatamente na vibrante partitura da ópera que hoje conhecemos como *Nabucco*. Estreando em março de 1842, essa história dos hebreus escravizados pela Babilônia de Nabucodonosor acabou se transformando num dos mais fortes símbolos da luta pelo *Risorgimento*, o movimento de unificação da península italiana num só país. Verdi ficou instantaneamente famoso e voltou à ativa, com sua auto-estima totalmente recuperada. Muitos anos depois, ele escreveria: "Pode-se dizer que foi com *Nabucco* que minha carreira artística realmente teve início".

Durante aquele que foi o período mais negro de sua vida, ele permaneceu em Milão, completamente só. Abandonou o apartamento em que vivera feliz ao lado da saudosa Margherita e, levando na bagagem uma enorme depressão, mudou-se para um quartinho triste e solitário no qual permanecia encerrado dias inteiros. Enquanto seus fantasmas o visitavam, perguntas do tipo "será que se eu estivesse mais atento a meus filhos em vez de estar trabalhando sem parar eles teriam sobrevivido?" devem ter-lhe cruzado a mente inúmeras vezes. Não poderia haver cenário mais perfeito do que esse para o surgimento de um grande complexo de culpa, cujos indícios serão muito claros em sua obra posterior. Embora viesse a casar-se novamente, estabelecendo uma relação duradoura e feliz com o soprano Giuseppina Streponi, Verdi não teve mais filhos que lhe permitissem canalizar o afeto paterno que ele acreditava dever a Virginia e a Icílio. Latente, o sentimento de culpa permaneceu no subconsciente do autor durante muitos anos, manifestando-se pontualmente como uma espécie de confissão disfarçada, expressa em música, cada vez que Verdi, ao compor uma ópera, se defrontasse com uma cena em que pais e filhos interagissem.

É importante relevar que esta não era uma atitude programática, consciente, do autor. A existência de tais contrastes não era, para Verdi, o condicionante principal para a escolha de um novo argumento; a força da mensagem e as situações dramáticas, na verdade, é que o eram. Mas é indiscutível que, com freqüência, ele optou por temas que, quando transformados em óperas, tivessem a possibilidade de carregar em seu bojo cenas entre pais e filhos, as quais tinham sempre o condão de estimular ao máximo a inspiração criativa verdiana, constituindo-se, via de regra, nos melhores momentos – dramáticos e musicais – das óperas que os contém.

Isto acontece já no próprio *Nabucco*. Nabucco (Nabucodonosor), o feroz rei da Babilônia, acaba de conquistar Israel. Ele tem duas filhas, Fenena, que se converteu à religião mosaica, e a guerreira Abigaile, que lutou ferozmente ao lado do pai na guerra e é, na verdade, adotiva. Quando Nabucco desafia Jeová, é castigado por um raio, perdendo a razão. Sedenta de poder, Abigaile usurpa o trono do pai e consegue enganá-lo, fazendo-o assinar um decreto que condena todos os hebreus à morte. Nabucco, num vislumbre de lucidez, percebe ter condenado também Fenena, e exige o cancelamento da ordem. Chama Abigaile de escrava, e lhe mostra um antigo documento que atesta sua verdadeira origem. Abigaile destrói o documento e manda encarcerar o pai. Verdi encontrou aqui uma situação – transformada no magnífico dueto do terceiro ato – em que se fala da rejeição de uma filha pelo pai. Abigaile nada mais quer do que ser reconhecida pelo pai em termos iguais aos da filha legítima Fenena. Sua violência é um grito surdo de socorro. Uma vez rejeitada, trata de ocupar o lugar da irmã, mandando matá-la.

Em dezessete das 25 óperas que Verdi escreveu a partir do *Nabucco*, o argumento aborda relações conflituosas entre pais e filhos. Nelas, a manifestação do complexo de culpa se faz, em maior ou menor intensidade, sempre através do mesmo mecanismo: *são as ações dos pais, conscientes ou inconscientes, voluntárias ou não, que levam, invariavel-*

mente, seus filhos à desgraça e, muitas vezes, à morte. Vamos examinar alguns exemplos.

Na ópera *I Due Foscari* (1844), inspirada em personalidades históricas reais, os dois Foscari são Francesco, doge de Veneza em 1457, e seu filho Jacopo. Ante a recusa do doge Foscari em renunciar ao cargo, seus inimigos políticos conspiram contra o filho, e conseguem exilá-lo de Veneza para sempre.

Em *Giovanna d'Arco* (1845), baseada na peça de Schiller, o pastor Giacomo está convencido de que sua filha Joana d'Arc – cujo nome, na ópera, é Giovanna –, tem parte com o demônio, que a torna invencível nas batalhas e, além disso, é amante do rei da França. Movido pela melhor das boas intenções, querendo salvar a alma da filha, Giacomo a atraiçoa, entregando-a aos ingleses inimigos para que ela seja queimada na fogueira. Felizmente, Giacomo percebe seu engano a tempo, e liberta Giovanna das correntes inglesas para que ela possa conduzir os franceses à vitória na última batalha. Gravemente ferida no combate, ela morre nos braços do pai inconsolável.

Já em *Alzira* (1845), passada no Peru colonial, o chefe inca Ataliba, inflexível, ordena que sua filha Alzira se case com o governador espanhol Gusmano para manter a paz com os invasores, embora ela ame na verdade o índio Zamoro.

I Masnadieri (Os Bandoleiros), de 1847, é um caso particular, em que o pai tem uma culpa apenas aparente. Ambientada na Alemanha do início do século XVIII, o argumento conta a história do jovem Carlo, o filho mais velho do conde Massimiliano di Moor. Enfadado, Carlo deixou o castelo paterno e juntou-se a um bando de estudantes desordeiros, cometendo alguns excessos. Arrependido, escreveu ao pai pedindo que o perdoasse e o recebesse de novo em casa. Ante a negativa de Massimiliano, proibindo-o para sempre de voltar, Carlo acede ao pedido de seus amigos, tornando-se o chefe de um bando de ferozes e sanguinários assaltantes em que eles se transformam, enveredando por um caminho sem volta. Na verdade, quem respondeu a carta foi Francesco, o irmão mais novo de Carlo e vilão da história. Desejando para si o título de conde, Francesco aprisionou o próprio pai e falsificou a resposta escrita. No final, Carlo consegue chegar a tempo de salvar a vida do pai, antes de ser enforcado por seus crimes.

Luisa Miller, de 1849, é uma ópera importantíssima porque assinala a transição de Verdi da primeira fase de sua carreira, nacionalista, para a fase central, a do melodrama romântico. Em *Luisa*, são dois os pais cujas ações definem a tragédia dos filhos. Numa aldeia do Tirol, feudo do conde Walter, no início do século XVII, vive, numa humilde cabana, o velho soldado reformado Miller, viúvo, em companhia de sua linda filha Luisa. Rodolfo, o filho do conde, se apaixona por Luisa e é correspondido. Ao saber que o filho pretende se casar com uma camponesa, o conde Walter fica furioso e engendra um plano sinistro. Manda prender Miller e faz com que Wurm, um de seus homens de confiança, chantageie a pobre Luisa. Em troca da liberdade do pai, ela deverá escrever uma carta declarando amor a ele, Wurm, e na qual afirmará ainda que jamais amou Rodolfo. Para salvar o pai, Luisa cede, e o conde faz chegar a carta às mãos de seu filho. Cego de ciúmes, Rodolfo vai à cabana de Luisa. Pede-lhe que confirme o conteúdo da carta. Ante a afirmativa dela – Luisa não quer pôr em risco novamente a vida do pai –, Rodolfo, disfarçadamente, joga o conteúdo de um frasco de veneno dentro da jarra de água que está em cima da mesa. Pede à Luisa que lhe sirva um copo, e comentando que a água está amarga, faz com que ela também a prove. Quando Rodolfo diz à jovem que ambos irão morrer, ela lhe conta toda a verdade. Miller entra na sala, ao mesmo tempo em que chegam o conde Walter e seus sequazes, apenas para assistir a Luisa e Rodolfo morrerem um nos braços do outro.

A primeira ópera da nova fase é *Stiffelio* (1850), ambientada na Alemanha do início do século XIX. Stiffelio é um pastor protestante cuja igreja sofre perseguição religiosa e encontra, finalmente, abrigo no castelo do conde Stankar, um antigo oficial do exército, da mesma religião.

Stiffelio se casa com Lina, a filha de Stankar. Corajoso, Stiffelio viaja constantemente em missões de evangelização. Durante uma de suas ausências prolongadas, Lina se torna amante de Raffaele, um nobre que freqüenta o castelo. Curiosamente, é Stankar que vinga a honra da família, expondo publicamente a vergonha de sua filha ao matar Raffaele num duelo. Stiffelio pede o divórcio a Lina, mas acaba a perdoando no final.

A trilogia romântica, constituída pelas óperas *Rigoletto* (1851), *Il Trovatore* (1853) e *La Traviata* (1853), registra algumas das melhores cenas entre pais e filhos de toda a obra verdiana.

Rigoletto, o corcunda que é o bobo da corte da Mântua de meados do século XVI, é um dos personagens de maior complexidade psicológica da literatura operística italiana. A única criatura a quem ama é sua filha Gilda, de dezesseis anos, que ele mantém praticamente escondida em casa e que nem desconfia da verdadeira profissão do pai. Além de odiar o duque, seu patrão, que é um jovem devasso e amoral, conquistador inveterado, Rigoletto odeia os cortesãos porque são cortesãos, e a humanidade em geral, porque os outros não são disformes como ele. Quando o duque seduz Gilda e a desvirgina, Rigoletto resolve vingar-se. Contrata um assassino profissional, que deve lhe entregar o corpo do sedutor dentro de um saco. Mas Gilda, apaixonada, se sacrifica tomando o lugar do duque, e quando Rigoletto abre o saco para ver o cadáver de seu soberano, encontra a própria filha agonizante. É interessante observar que embora dilacerado pela dor, Rigoletto não acha que a morte da filha tenha acontecido por sua causa, pois agiu certo ao – tentar – se vingar. Isto é denunciado por um verso do libreto, que Rigoletto canta no dueto final:

> Dio tremendo, ella stessa fu colta
> Dallo stral di mia GIUSTA vendetta[12]

12. Deus tremendo, ela própria foi atingida / pela flecha de minha JUSTA vingança.

Il Trovatore é a primeira ópera que Verdi escreveu por conta própria, sem necessidade de cumprir um contrato. Deixou para vendê-la depois de pronta. Tinha finalmente atingido sua independência financeira, começava a comprar suas propriedades rurais e podia se dar ao luxo de compor sem pressa. *Il Trovatore* se passa na Espanha da Idade Média, durante uma guerra civil. Não existe nenhum pai na história. O espaço correspondente é ocupado pela cigana Azucena, a mãe do trovador Manrico. Quando muito jovem, Azucena viu sua mãe ser conduzida à fogueira pelos soldados do conde de Luna, acusada de feitiçaria. Antes de morrer queimada, a velha cigana gritou para a filha: "Vingue-me!". Furtivamente, Azucena raptou um dos dois filhos do conde, ainda um bebê, para atirá-lo ao fogo e vingar a mãe. Mas, aturdida por tanto horror, acabou sacrificando seu próprio filho por engano. É por isso que a visão de uma fogueira sempre lhe provoca um estranho transe, no qual ela narra coisas aparentemente sem sentido. Sem cumprir a palavra dada à mãe, e desesperada por ter matado o próprio filho – e esse é o grande segredo da ópera, só revelado na última linha do libreto –, Azucena criou o filho do conde como se fosse seu. Ele é Manrico, o trovador, inimigo político do atual conde de Luna, filho do velho conde e, portanto, irmão do rival. Além disso, ambos disputam o amor da bela Leonora, que ama Manrico. Quando o conde, cujos homens prenderam Azucena, descobre que ela é a mãe de Manrico, usa-a para atrair e prender seu inimigo. Mãe e filho são colocados no calabouço. O conde manda que Manrico seja levado ao pátio da fortaleza para ser decapitado, não sem antes arrastar Azucena, que até então dormia, para a janela, forçando-a a assistir ao sacrifício do rival. O final é de arrepiar, com Azucena, completamente enlouquecida, gritando para o conde: "Ele era teu irmão!", e a seguir: "Estás vingada, oh mãe!". Assim, o desejo obsessivo de vingar a mãe durante toda a ópera acaba por fazer de Azucena o instrumento de destruição do único ser que ela ama, seu filho adotivo.

Em *La Traviata*, que poderíamos traduzir como *A Transviada* ou *A Decaída*, o velho Giorgio Germont vem visitar Violetta, a amante de seu filho Alfredo. A irmã de Alfredo está noiva de um jovem de excelente família, a qual se recusa a dar permissão para o casamento enquanto Alfredo estiver vivendo com uma mulher de fama duvidosa, já que Violetta, no passado recente, fora uma das mais famosas cortesãs de Paris. Embora impressionado com a dignidade de Violetta e pela extensão de seu amor, Germont exige que ela se afaste de Alfredo para sempre. Assim, para preservar o casamento da filha, Germont priva o filho do grande amor de sua vida. De nada adianta, quando, no final da ópera, pai e filho vêm pedir perdão a Violetta, pois ela morre de tuberculose assim que os dois chegam, deixando Alfredo desesperado e o velho Germont consumido de remorsos. O que torna esse argumento interessante, sob a óptica da relação pai e filho, é o fato de que, na *Traviata*, Verdi desenha com clareza a figura do pai manipulador, que age intencional e friamente em busca dos objetivos que considera certos ou necessários, sem se importar com o estrago feito na vida do filho. Não é mais movido por paixão, ódio, loucura ou religião, e sim por raciocínio e cálculo.

Tal situação irá se repetir, com a famosa *Aida*, estreada em 1871. A personagem que empresta seu nome à ópera é uma princesa etíope cativa, transformada em escrava de Amneris, a filha do faraó do Egito. Amneris é apaixonada pelo jovem general egípcio Radames, o qual, por sua vez – senão não seria ópera – ama Aida. Radames vence uma nova guerra contra a Etiópia e, ao regressar da batalha, traz um contingente de prisioneiros entre os quais, disfarçado de simples oficial, está Amonasro, pai de Aida e rei dos etíopes. Percebendo que Radames ama Aida, Amonasro trata de manipular a filha, ameaçando-a até com o fantasma da própria mãe, para que ela convença seu apaixonado a revelar a localização secreta das tropas egípcias. Aida, dividida entre o amor e o dever patriótico-familiar – típico dilema do romantismo, herdado ainda do período barroco-clássico –, consegue extrair de Radames o segredo militar. Mas são descobertos, e Radames é preso e condenado a ser emparedado vivo. Aida, para quem a vida sem seu amado não tem sentido, enfia-se furtivamente na sepultura. Ambos morrem ao mesmo tempo.

Uma variação do dilema acima mencionado, no qual o herói se vê dividido entre o dever familiar e a causa que abraçou, está refletido em *I Vespri Siciliani* (As Vésperas Sicilianas, 1855). Em 1282, a Sicília se encontra sob ocupação francesa, e é governada com mão de ferro pelo temível Guido da Monforte. O jovem Arrigo, um dos líderes da insurreição armada que os sicilianos preparam secretamente contra o invasor francês, é preso e conduzido até Monforte, a quem odeia. Fica boquiaberto quando o governador lhe conta que ele é, na verdade, seu filho, fruto de um romance passageiro com a mãe de Arrigo, uma siciliana. A revelação desperta sentimentos contraditórios no jovem, que salva a vida do pai num atentado que acontece durante um baile à fantasia, impedindo seus companheiros conspiradores de agir. Sem poder explicar o motivo, Arrigo é considerado por todos os seus amigos como traidor da causa.

Em *La Forza del Destino* (1862), passada na Espanha do século XVIII, a pequena intervenção do pai, um mero coadjuvante que morre nos primeiros momentos da ópera, é suficiente para causar uma série de infelicidades que duram a ópera toda, para, no final, levar a filha e o filho à morte. Tudo acontece quando Leonora, a filha do Marquês de Calatrava, está prestes a fugir com Don Alvaro para casar-se com ele. Surpreendidos na última hora pelo pai da moça, interrompem a fuga e Alvaro se rende, atirando sua pistola ao chão. Ao cair, a arma dispara por acidente, vitimando o velho marquês. Leonora torna-se eremita em um convento, Alvaro muda de nome e foge, e Don Carlo, o irmão de Leonora, jura vingança contra o casal e passa os cinco anos que a ópera dura perseguindo os dois. Ao final, Carlo apunhala a própria irmã e é morto por Alvaro num duelo. É a força do destino.

Mesmo quando os pais já morreram e não aparecem fisicamente na ópera, eles têm a faculdade de comandar a vida dos filhos. Em *Ernani* (1844), o protagonista rebela-se contra o rei da Espanha e torna-se bandoleiro para vingar a morte de seu pai, causada pelo soberano; em *Attila* (1846), a situação é semelhante: para vingar seu pai, morto pelo rei dos hunos, Odabella finge apaixonar-se por ele e se torna sua noiva, só para poder apunhalá-lo.

Em nenhuma outra de suas óperas, porém, o complexo de culpa verdiano que viemos analisando se manifestou de maneira tão explícita quanto em *Macbeth* (1847), o primeiro encontro do nosso compositor com a obra de Shakespeare. Curiosamente, não existe, nessa ópera, nenhuma cena que contraponha pais a filhos. Há apenas uma evocação, que se transforma no momento mais comovente da partitura. Na Escócia de 1040, o trono foi tomado pelo sanguinário Macbeth. Um grupo de nobres, entre os quais está Macduff, trata de resistir ao usurpador. Como vingança, Macbeth manda seus sicários assassinarem a esposa e os filhos de Macduff quando este estava fora, incendiando seu castelo a seguir. Ora, Macduff é um personagem absolutamente secundário, com uma participação na ópera muito menor do que na peça original. Entretanto Verdi, que pilotou seu libretista Francesco Maria Piave passo a passo na construção de *Macbeth*, inseriu, no último ato, uma ária para Macduff, que logo se tornou a passagem mais conhecida da ópera e uma das romanças mais belas e pungentes que já foram escritas. É um lamento, dentro da melhor tradição italiana, mostrando como a sensibilidade de Verdi foi profundamente tocada, pois ele se identificou imediatamente com Macduff. O paralelo é evidente: ambos perderam os filhos e a esposa sem nada poder fazer para salvá-los. Vejamos os versos do recitativo que conduz à ária :

O figli, o figli miei! Da quel tiranno
Tutti uccisi voi foste, e insiem com voi
La madre sventurata!...Ah fra gli artigli
Di quel tigre io lasciai la madre e figli![13]

E as primeiras linhas da ária propriamente dita:

Ah, la paterna mano
Non vi fu scudo, o cari,
Dai perfidi sicari,
Che a morte vi ferir!
E me fuggiasco, oculto
Voi chiamavate invano
Coll'ultimo singulto,
Coll'ultimo respir[14].

Estas notas não estariam completas se não aludíssemos, por um instante, à difícil relação que Giuseppe Verdi manteve com seu pai Carlo em certos momentos de sua vida adulta. Embora não fosse rico, Carlo descendia de uma família camponesa muito antiga na região. Ele era muito conhecido e respeitado em sua comunidade, e tinha hábitos muito arraigados nas tradições daquela fração da região de Parma, onde tinha passado a vida inteira. Quando, ao redor de 1850, o filho Giuseppe começou a fazer algum dinheiro com a música e comprou o núcleo inicial do que se tornaria, com o tempo, a imensa propriedade rural de Sant'Agata, seus pais logo se mudaram para lá, e Carlo passou a administrar o patrimônio do filho. Mas Carlo exagerou. Em sua cabeça, considerava-se o patriarca da família, merecedor de todo respeito e concordância muda do filho, que deveria, pela tradição, endossar todas as suas atitudes. Andou se vangloriando pela aldeia e assumindo

13. Oh filhos, meus filhos! Por aquele tirano/Vós fostes assassinados, e junto a vós/ a mãe desventurada!...Ah, entre as garras/Daquele tigre eu deixei a mãe e os filhos!

14. Ah, a mão paterna / Não vos protegeu, oh queridos / Dos pérfidos sicários / Que vos feriram mortalmente! / E a mim, fugitivo, oculto / Vós chamastes em vão / Com o último suspiro, / com a última respiração.

certos compromissos em nome do filho, atitude com a qual Giuseppe, que prezava antes de tudo a discrição e a privacidade, não concordava. A situação se complicou, e evoluiu para uma contenda tão grande que os dois deixaram de se falar, passando a se comunicar somente por meio de um advogado. Numa atitude inédita para os parâmetros da região, Verdi decidiu separar-se comercialmente do pai. Uma instrução de Verdi, numa carta ao advogado, ilustra bem o ocorrido: "Diante do mundo, Carlo Verdi deve ser uma coisa e Giuseppe Verdi uma outra, totalmente diferente".

Ao final, chegaram a um acordo financeiro detalhado, redigido pelo advogado, no qual Verdi devolvia ao pai certa quantia de dinheiro que o velho lhe havia emprestado alguns anos antes, mas deduzia dela diferenças encontradas na venda de queijo e vinho de sua fazenda, assim como as contas da farmácia e da taverna que o pai havia deixado de pagar. Esta atitude custou a Verdi ácidos comentários por parte de seus conterrâneos, que achavam que ele havia faltado com o respeito devido ao pai. No futuro, como nunca haviam deixado de se amar, Carlo e Giuseppe fizeram as pazes.

É muito provável que esta rixa tenha voltado à mente de Verdi quando ele estava compondo Don Carlo, que estreou no Teatro da Ópera de Paris em 1867. Coincidência ou não, a verdade é que essa ópera contém uma cena muito forte de confronto, quando o príncipe Don Carlo, filho do rei Filipe II da Espanha, desafia a autoridade real desembainhando sua espada diante do pai, na presença de toda a corte e do povo reunido numa praça pública, na tentativa de forçar o rei a confiar-lhe o governo do país de Flandres. Por ironia do destino, poucas semanas antes da estréia, quando Verdi estava em Paris, cuidando compulsivamente, como de costume, de todos os aspectos da produção e não podendo, portanto, se ausentar, recebeu a triste notícia de que seu pai havia falecido em Busseto.

Em fevereiro de 1893, oito meses antes de completar oitenta anos, Verdi surpreendeu o mundo estreando *Falstaff*, a última de suas óperas, no mesmo Teatro Alla Scala onde iniciara sua carreira. *Falstaff* é uma obra de arte. A alta qualidade de sua música vocal e instrumental, aliada à excelência de sua orquestração, repleta de momentos puramente camerísticos, tornam-na uma obra sem paralelo na história da ópera italiana. Sua partitura é a soma de todos os conhecimentos musicais acumulados por alguém que se entregou totalmente à arte de compor por mais de seis décadas e, no entanto, a música soa jovem e feliz, pois a sensibilidade luminosa do autor é ainda maior do que sua técnica colossal.

É no final de *Falstaff*, como se fosse um fecho simbólico de sua obra, que encontramos a última das cenas entre pai e filha de Verdi. Assim como em tantas outras suas óperas – *Simon Boccanegra* (1857), *Nabucco*, *Giovanna d'Arco*, *Luisa Miller*, *Stiffelio*, *Rigoletto* e *Aida* –, também em *Falstaff* o pai, Ford, é um barítono e a filha, Nannetta, um soprano.

Passada na Inglaterra, durante o reinado de Henrique IV, a ópera se baseia em *As Alegres Comadres de Windsor* de Shakespeare. Apesar de Nannetta e o jovem Fenton se amarem – passam a ópera inteira trocando beijinhos escondidos – papai Ford decretou que ela se case com o velho Dr. Caius, que tem mais do que o dobro de sua idade.

Aproveitando um momento em que todos os membros do elenco, disfarçados de elfos, ninfas, demônios e duendes, pregam uma peça à meia-noite no pobre Falstaff, Nannetta e Fenton enganam Ford e recebem dele a benção nupcial, para só depois revelarem suas verdadeiras identidades ao remover suas máscaras. Ao perceber o estratagema, e constatar que o amor dos dois jovens não tem remédio, Ford se resigna filosoficamente e canta:

> Chi schivare non può la propria noia
> L'accetti di buon grado,
> Facciamo il parentado
> E che il ciel vi dia gioia[15]

15. Quem não pode evitar os próprios aborrecimentos / Que os aceite de bom grado / Façamos o matrimônio / E que o Céu vos dê alegria.

Pela primeira vez desde o fracasso de *Un Giorno di Regno* – e desta vez com um sucesso indescritível – Verdi voltou à comédia. E pela primeira vez desde então, a atitude do pai, em vez de trazer desgraças à filha, sela sua felicidade, pois o amor paterno, compassivo, triunfou sobre o orgulho.

Verdi vencera a longa batalha. Com seus conflitos internos aplacados pela idade e pela sabedoria, o longo ciclo de seu sentimento de culpa havia chegado ao fim. Ao encerrar sua longa carreira de compositor, o grande velho de barbas brancas, personificação da Itália e de sua música, estava em paz consigo mesmo.

A CRIAÇÃO DE *NORMA*

De todas as criações bellinianas, Norma
é aquela que, ao lado da mais rica plenitude
das melodias, une ao mais íntimo
ardor a verdade mais profunda.

RICHARD WAGNER

Em uma das noites de abril de 1828, durante as encenações de sua ópera *Bianca e Fernando* no Teatro Carlo Felice de Gênova, Vincenzo Bellini visitou a marquesa Lomellini em seu camarote e foi apresentado a Giuditta Cantù Turina.

Foi como atirar palha ao fogo. Vincenzo, aos 27 anos, não soube – nem quis – resistir às apaixonadas promessas daqueles olhos faiscantes, grandes e profundos, tão negros quanto os cabelos de sua dona. Ela era apenas dois anos mais nova do que Vincenzo, e aos dezesseis havia se casado sem amor com um riquíssimo comerciante de sedas com o qual não tivera filhos.

Giuditta e Vincenzo iniciaram um tórrido caso de amor. A ela, Bellini dedicou a partitura de *La Straniera*, estreada em 1829. E a seu lado, em puro idílio, sob o clima ameno do Lago de Como, encontrou inspiração suficiente para compor *La Sonnambula*. O estrondoso sucesso que este novo melodrama alcançou ao estrear no Teatro Carcano de Milão, em março de 1831, inscreveu o nome de seu autor no panteão dos grandes compositores italianos, além de abrir-lhe as últimas portas para o convívio com a alta sociedade milanesa.

Filosoficamente complacente, o excêntrico Ferdinando Turina, marido de Giuditta, sabia de tudo o que se passava entre Vincenzo e sua esposa. Entretanto, fez questão absoluta de convidar o compositor para completar o grupo que se hospedaria em sua propriedade rural de Casalbuttano, nas vizinhanças de Cremona, para passar o verão de 1831.

Bellini podia viajar tranqüilo, pois já tinha trabalho assegurado para a volta das férias. Assinara um vultoso contrato, comprometendo-se a compor uma nova ópera para a inauguração da temporada do Teatro Alla Scala de Milão, fixada – como ainda acontece hoje – para 26 de dezembro, dia de Santo Stefano, e já naquela época um dos eventos mais importantes do mundo lírico europeu. Essa escolha nos dá a medida exata do prestígio que Bellini granjeara entre os milaneses. No contrato, ele se comprometia a escrever música que respeitasse as características vocais dos membros da companhia de cantores escolhidos pelo teatro: o baixo Vincenzo Negrini, o tenor Domenico Donzelli, o soprano Giulia Grisi, e como prima-dona, o famoso soprano Giuditta Pasta, que embora tivesse triunfado em Paris, Londres, Viena e Milão – fora a criadora de *La Sonnambula* no Teatro Carcano – ainda não cantara no Scala.

Antes de partir em veraneio, Bellini pediu a seu libretista, Felice Romani, que pesquisasse possíveis argumentos para a nova obra.

Romani e Bellini eram amigos íntimos. Tinham sido apresentados pelo compositor Savério Mercadante em 1827, assim que Bellini se mudara para Milão em busca de novas oportunidades para seu talento. Embora tivesse vivido algum tempo em Nápoles após deixar sua Sicília natal, Bellini era ainda ingênuo, de modos um tanto rústicos, e seu trato social deixava um pouco a desejar. Foi Romani, homem de profunda cultura, que chamou para si a tarefa de orientar o jovem Bellini e introduzi-lo na sociedade milanesa. A partir de *Il Pirata*, estreada ainda em 1827 no Scala de Milão, escreveram sete óperas em conjunto.

Felice Romani foi o libretista mais importante de sua época. Poeta inspirado, excelente profissional, procurava manter-se sempre atualizado. Acompanhava atentamente a vida teatral de Paris, fonte inesgotável de argumentos para óperas, recebendo com regularidade, naqueles anos em que os direitos autorais não existiam, os textos das novas peças que surgiam na capital francesa. Entre elas, Romani não hesitou em escolher uma tragédia recém-estreada, *Norma ou L'Infanticide*, de autoria do respeitado dramaturgo Alexandre Soumet, cujo nome os estudiosos de ópera conhecem por ter sido co-libretista de *La Siège de Corinthe* de Rossini.

Ambientada entre os druidas da Gália transalpina à época da invasão de Julio César, a *Norma* de Soumet narra o romance proibido entre a sacerdotisa do título e um oficial romano que depois a abandona por outra. Para vingar-se, Norma mata os filhos que tivera com o romano, e, enlouquecida de remorso, se suicida atirando-se do alto de uma montanha. De roupagem ainda neoclássica, mas com conteúdo já romântico, a tragédia transformou-se numa das favoritas das platéias parisienses desde sua estréia no Théâtre Royal de l'Odéon, em abril de 1831, com Madame Georges, famosa atriz, no papel-título.

Várias resenhas vêem na habilidade de Soumet em entretecer três núcleos temáticos, que eram familiares aos espectadores de então, o principal motivo para a excelente acolhida da peça. O primeiro deles – a mãe que assassina os próprios filhos como vingança por uma traição amorosa – tinha raízes na clássica tragédia grega de Eurípides, *Medéia*, cuja história foi várias vezes adaptada e transformou-se no argumento de duas óperas francesas chamadas *Médée*, compostas respectivamente por Marc-Antoine Charpentier (1693) e Luigi Cherubini (1797).

Depois, vinha o tema da sacerdotisa consagrada que rompe seus votos por um amor secreto e proibido, popularizado a partir de 1807, quando a ópera *La Vestale*, de Gasparo Spontini, estreou em Paris. Segundo seu libretista Etienne de Jouy, o argumento também provinha de uma fonte clássica, pois se baseava num evento ocorrido em 269 a.C., no templo da deusa Vesta em Roma. À época do surgimento de *Norma*, a estima do público por Julia, a heroína de *La Vestale*, continuava intacta enquanto a ópera atingia a marca das duzentas representações só em Paris.

Em terceiro lugar, tão caro aos franceses daquele período, havia o motivo temático de entorno celta, descrevendo os antigos ritos praticados nas profundezas das sagradas florestas dos druidas. Basta examinar o décimo livro do romance épico *Les Martyrs* (1809), de François-Renée de Chateubriand, para encontrarmos, além da descrição das plantas e dos espíritos mágicos que povoam os bosques gauleses, a pequena história da sacerdotisa druida Velléda, que depois de se apaixonar por um romano, corta a própria garganta com sua foice de ouro. Como se vê, a Norma de Soumet nasceu com tripla personalidade, influenciada ao mesmo tempo por Medéia, Julia e Velléda.

Ao receber a sugestão de Romani, Bellini apaixonou-se instantaneamente pela *Norma*, e concordou com o argumento. Enquanto o compositor ia passando os meses estivos em doce ócio ao lado de sua Giuditta, o poeta, que havia permanecido em Milão, arregaçou as mangas e pôs mãos à obra. Esforçando-se para adaptar o argumento ao gosto do público italiano, Romani não utilizou apenas o texto francês, mas combinou-o com outras fontes, principalmente os libretos com assuntos correlatos que ele mesmo havia escrito para as óperas *Medea in Corinto*, de

Giovanni Simone Mayr (1813) e *La Sacerdotessa d'Irminsul*, musicada por Giovanni Pacini em 1817.

Bellini regressou sozinho a Milão em fins de agosto de 1831. No dia 31, teve a primeira das inúmeras reuniões que faria com Romani até que *Norma* ficasse definitivamente pronta.

A elaboração de *Norma* foi feita passo a passo, com inúmeras negociações entre os dois autores. Como bem observou William Weaver, um dos mais respeitados estudiosos daquele período,

> Bellini era um romântico, mas não amava as violentas tensões do romantismo. Por outro lado, em sua intimidade, Romani era um classicista (embora quando requerido, pudesse produzir libretos românticos, inclusive violentos, como o de *Lucrezia Borgia*). Mas a veia do compositor parecia coincidir com a mais profunda natureza de Romani, e os dois provavelmente uniram seus esforços para amenizar a tragédia de Soumet.

A transformação em ópera introduziu muitas modificações na trama original, como a eliminação de todos os elementos fantásticos do drama francês e a sensível ampliação da parte de Adalgisa, para permitir um maior destaque à intérprete Giulia Grisi.

Uma importante decisão conjunta foi a de não terminar a ópera com uma cena de loucura. Hipersensível a comparações, Bellini não queria nada em *Norma* que pudesse lembrar o final aclamadíssimo de *Anna Bolena*, ópera que, também com libreto de Romani e interpretada pela mesma Pasta, fora responsável pela consagração definitiva de Gaetano Donizetti ao estrear na temporada do Teatro Carcano no ano anterior.

Foi Romani o idealizador do novo final. Fazendo o instinto materno de Norma mais forte que seu desejo de vingança, o poeta poupou os filhos da sacerdotisa e eliminou a causa de sua loucura original. Em seu lugar, ele conduziu Norma, já de consciência aplacada, ao supremo e solene sacrifício da morte na fogueira, ao qual se juntou um arrependido Pollione. Este novo final, eternizando a união dos amantes pela morte purificadora, seria muitas vezes retomado ao longo da história da ópera romântica, em obras como *Poliuto* de Donizetti, *Aida* de Verdi e *O Crepúsculo dos Deuses* de Wagner, para chegar depois ao verismo com *Andrea Chénier* de Giordano.

Cônscios da importância da ocasião, libretista e compositor não mediram esforços para criar as melhores condições, tanto dramáticas quanto musicais, para que Giuditta Pasta pudesse utilizar sua vasta gama de recursos interpretativos na criação de Norma no palco do Scala.

A Norma que emerge do libreto é muito mais humanizada do que a semideusa enlouquecida do original francês. Embora nascida e criada entre druidas numa floresta gaulesa, a Norma da ópera é italianíssima em suas atitudes, presa das mesmas violentas paixões meridionais que os futuros operistas do verismo viriam a descrever tão bem. Dentro dela alternam-se sentimentos contraditórios que acabarão por levá-la corajosamente à catarse do generoso auto-sacrifício final. Os contrastes de amor e ódio, melancolia e alegria feroz, instinto maternal e desejo de vingança são magnificamente descritos por um Bellini que atingiu sua plenitude como compositor. Suas melodias inspiradas e sublimes, de grande carga emocional, são desprovidas de artifícios e de retórica vazia, e nos falam diretamente ao coração. Não há música mais italiana do que essa.

Bellini levou pouco mais de três meses para terminar a partitura. Os ensaios começaram em meados de dezembro e avançaram muito mais lentamente do que se esperava. Embora já familiarizados com outras óperas do autor, os cantores principais, pertencentes a uma geração ainda formada no classicismo, encontravam certas dificuldades técnicas e expressivas no novo tipo de canto romântico idealizado por Bellini. Vários trechos musicais, com conseqüentes alterações no libreto, tiveram de ser refeitos para contornar os problemas que iam surgindo. "Casta Diva", a ária de entrada de Norma, que se tornaria o trecho mais famoso da ópera, foi reescrita oito vezes até que Giuditta Pasta a considerasse adequada à sua voz e ao seu temperamento. A última das versões ficou pronta pouco antes da estréia e nela, a pedido do soprano, a ária baixava um tom inteiro, passando do Sol maior original para Fá maior, e assim foi apresentada pela primeira vez ao público. De tanto estudar "Casta Diva" por insistência de Bellini, Pasta, que a princípio não suportava a ária, acabou por gostar muito dela, e no dia da estréia mandou ao maestro uma lanterna e um buquê de flores de pano acompanhados de um bilhete onde dizia que ambos os objetos, o primeiro de noite e o segundo de dia, "foram as mudas testemunhas de meus estudos de *Norma*, e também do desejo que nutro de ser digna de vossa estima".

A noite da estréia não transcorreu tão bem quanto se esperava. O público do Scala acolheu *Norma* com certa frieza na primeira noite, e Bellini, que tinha uma tendência a interpretar todas as adversidades como grandes desgraças e enxergava conspirações contra ele em todos os lugares, regressou do teatro mortificado, e escreveu imediatamente a seu bom amigo Florimo:

> Escrevo-te sob a impressão da dor, de uma dor que não posso exprimir, mas que só tu podes compreender. Venho do Scala, primeira apresentação da *Norma*. Tu não acreditarias... Fiasco!!! fiasco!!! Solene fiasco!!! Para dizer a verdade, o público foi severo, parecia ter vindo para julgar-me, e com precipitação (creio), quis que minha pobre *Norma* sofresse o mesmo destino da Druidesa. Não pude reconhecer aqueles queridos milaneses que acolheram com entusiasmo, com rostos alegres e júbilo no coração, *Il Pirata*, *La Straniera* e *La Sonnambula*; e a quem pensava em apresentar uma digna irmã na *Norma*! Mas, desgraçadamente, não foi assim, enganei-me, errei; meus prognósticos mostraram-se falhos, frustraram-se minhas esperanças. Em meio a toda essa vergonha, digo somente a ti, com o coração na boca (se a paixão não me engana) que a introdução, a entrada e a cavatina de Norma, o dueto entre as duas mulheres, o terceto que se segue, final do primeiro ato; depois o outro dueto das duas mulheres e o final inteiro do segundo ato, que começa com o "Hino de Guerra", são tais trechos de música, e eu gosto tanto deles (modéstia), que te confesso, eu seria feliz se pudesse escrever similares em toda minha vida artística.

Muito se discutiu sobre as causas do fracasso. Houve quem afirmasse que se exigiu demasiado dos cantores durante os ensaios, e eles teriam chegado à noite de 26 de dezembro de 1831 muito cansados e nervosos.

Bellini, por sua vez, com sua eterna mania de perseguição, não tardou a identificar uma torpe conspiração orquestrada pela enciumada condessa Samoyloff, a quem abandonara depois de um curtíssimo romance. Atual amante de Giovanni Pacini, a condessa teria pago uma claque para que o possível sucesso de *Norma* não empanasse o de *Il Corsaro*, que Pacini se preparava para estrear no Teatro Carcano. Mas a história não parece digna de crédito, e se tal claque realmente existiu, seu mentor foi com toda certeza o duque de Litta, o administrador do Carcano, rival do Teatro Alla Scala.

Além disso, o público estranhou o final do primeiro ato. Era de praxe encerrá-lo com o chamado *finale grande*, com todos os solistas e coro lotando o palco e somando-se aos esforços da orquestra na realização de um *concertato* majestoso e vibrante. Terminando o ato com um terceto que visava sobretudo a atender razões dramáticas, Bellini e Romani romperam pela primeira vez com uma tradição imutável que remontava à ópera *Orazi e Curiazi* (1797) de Cimarosa, definitivamente consolidada pelo sumo Rossini a partir da *Semiramide*, em 1823.

Mas não foi preciso muito tempo para que Bellini percebesse que se angustiara sem razão. Após quatro ou cinco récitas, o público se deu conta que tinha diante de si uma obra-prima, e acolheu *Norma* com crescente entusiasmo. Só naquela temporada, foi apresentada 39 vezes. Vejamos o testemunho de Gaetano Donizetti, cujas óperas também faziam parte da programação daquele ano:

> *Norma* teve uma acolhida um pouco fria, ou para dizer a verdade, hostil, por parte de um numeroso público na primeira noite em que foi apresentada no Alla Scala. Nas últimas quatro noites, porém, uma imensa multidão toma de assalto camarotes, galerias, poltronas, a platéia; e enche a vastíssima sala de modo inacreditável.

Quando comparado com a quantidade de sopranos que associaram seus nomes às heroínas de outras grandes óperas italianas como *La Traviata, Tosca* ou *Madama Butterfly*, o número de cantoras que ligamos à *Norma* é diminuto, devido às terríveis dificuldades que o papel da sacerdotisa impõe. Lilly Lehmann, a famosa cantora alemã do final do século XIX, afirmou uma vez, com toda a autoridade que lhe conferia o fato de ter sido um dos poucos sopranos da história a viver os dois papéis, que preferia cantar três Isoldas a uma só Norma.

Uma intérprete ideal, além da resistência física exigida pela grande duração dessa ópera, na qual poucas são as cenas em que a protagonista não intervém, deve ao mesmo tempo dispor de agilidade suficiente para executar as passagens de coloratura e os portamentos previstos e ser dona de grande potência vocal, distribuída nos três registros, pois o papel de Norma é, ao mesmo tempo, muito grave e muito agudo, e demanda grande energia. Como argutamente observou o crítico italiano Elvio Giudici, "...a parte de Norma nasce do tronco neoclássico (sinônimo de Rossini e de sua intérprete ideal, Isabella Colbran) para depois estender seus ramos e folhagens românticas na exigência de acentuar, com autoridade imperiosa o setor central da voz".

Grandes nomes se destacaram como Norma no século XX. Cláudia Muzio e Rosa Ponselle nos anos 20, Gina Cigna nos anos 30 e Zinka Milanov na década de 40. Os anos de 1950 assistiriam à chegada da maior Norma do século, Maria Callas, cuja visão cênica e vocal da personagem era tão intensa que criou sérias dificuldades para as intérpretes posteriores, em função das inevitáveis comparações que os melômanos amam fazer. Na era pós-Callas, notabilizaramse no papel Joan Sutherland e Montserrat Caballé.

O fato de Norma ser o personagem mais importante da ópera não torna comprimário o papel de Adalgisa. A jovem sacerdotisa, por quem o volúvel Pollione se apaixona, rivaliza com Norma em termos de intensidade vocal e dramática, com uma extensão vocal que não é pequena.

Os leitores habituados às gravações da ópera existentes no mercado já terão se perguntado por que, sendo no mínimo quinze anos mais nova do que Norma, Adalgisa tem a voz mais escura do que a dela, com o registro vocal de meio-soprano, quando as convenções do romantismo exigiriam justamente o contrário. A resposta é simples: a obra não foi concebida assim. Adalgisa também nasceu soprano, embora mais leve do que Norma, justamente para estabelecer a comparação à qual o público estava acostumado. Bellini, como vimos, escreveu a parte para Giulia Grisi, cuja voz clara e suave era do tipo que na época se associava às personagens ditas "ingênuas".

Para entendermos melhor como era a Adalgisa original, basta lembrar que Giulia Grisi foi também a primeira intérprete de Elvira em *I Puritani* do próprio Bellini e de Norina, no *Don Pasquale* donizettiano. Mas as meio-sopranos tomaram de assalto o papel de Adalgisa poucos anos depois, e como uma vez firmada a tradição fica muito difícil contrariá-la, raríssimas foram as ocasiões no século XX que se ouviu Adalgisa em seu registro genuíno.

Ao preparar a primeira *Norma* do Teatro Amazonas, o maestro Marcelo De Jesus tomou a corajosa iniciativa de desafiar as tradições. Além de retomar vários cortes habitualmente feitos na partitura e executá-la na tonalidade original, De Jesus restituirá a Adalgisa a voz de soprano. Assim, o público da Casa de Ópera de Manaus será provavelmente o primeiro do Brasil a ouvir as delicadas sonoridades e contrastes do dueto feminino "Mira o Norma" da maneira exata como Vincenzo Bellini o concebeu há 173 anos atrás.

Festival de Ópera 2004,
Teatro Amazonas em Manaus

A ÓPERA DOS ENTENDIDOS

Escrevi Il Guarany *para os brasileiros,* Salvator Rosa *para os italianos e a* Fosca *para os entendidos.*

Frase atribuida a CARLOS GOMES

O Peri de Carlos Gomes foi provavelmente o primeiro índio guarani da História a falar, ou melhor, a cantar em italiano. Isto não impediu – pelo contrário, até ajudou – que a história musicada de suas peripécias e de seu romance com a suave Ceci, narrada em *Il Guarany*, a primeira ópera de Gomes escrita na Itália, fosse recebida com entusiasmo pelo público do Teatro Alla Scala de Milão em sua estréia em 19 de março de 1870.

Triunfante no templo máximo da ópera milanesa, Carlos Gomes resolveu enfiar a partitura na bagagem e matar as saudades do Brasil, de onde havia partido em dezembro de

1863 em busca de fama e fortuna sem jamais ter regressado. Queria e iria apresentar oficialmente seu Peri ao público do seu país. Mesmo antes de estrear no Teatro Lírico do Rio de Janeiro em 2 de dezembro de 1870, *Il Guarany*, precedido pelo eco dos aplausos que vinham da Europa, já havia reservado seu lugar perene no coração dos brasileiros.

Após uma enxurrada de comemorações e homenagens sem fim, como atesta uma carta a seu amigo Carlo D'Ormeville, um dos libretistas de *Il Guarany*, contando que "perderam a cabeça!...os abraços, os beijos, beijões, apertos de mão de deixá-la dolorida, flores, presentes, bailes, soirées, serenatas, meu Deus, só faltou fazer uma Semana Santa em minha honra...", Carlos Gomes percebeu que estava na hora de parar de festejar e voltar à Itália, para continuar na batalha de consolidação de sua carreira, que embora promissora, necessitava de mais óperas de sucesso para se firmar definitivamente.

De volta a Milão em abril de 1871, Carlos Gomes divide seu tempo entre namorar Adelina Peri, a professora de piano que ele conhecera ao visitar o Conservatório de Milão em 1864, e procurar um bom libreto para a próxima ópera. Com Adelina, casou-se rapidamente, em dezembro daquele mesmo ano, quando não era mais possível esconder sua gravidez. Já a ópera, que se chamaria *Fosca*, levou dois anos para ficar pronta, mas deu a ele muito mais alegrias que a vida de casado, culpa do próprio gênio difícil do compositor.

No momento em que regressou à Itália, Carlos Gomes deveria, por força de contrato assinado com a Casa Editora Lucca - que já publicara *Il Guarany* -, concluir uma ópera sobre libreto do mesmo D'Ormeville, cujo título era *Os Mosqueteiros*. Querendo eliminar a aura de exotismo que o envolvia desde o sucesso de sua ópera indígena e que se acentuava por causa da cor escura de sua pele, Gomes havia concordado com o argumento na esperança de que um enredo bem sucedido, de ambientação européia, tivesse o condão de fazer com que os italianos passassem a aceitá-lo como um ser comum, igual a todos os outros habitantes de

Milão. Mas o nosso autor não conseguia encontrar inspiração nem em Gabriella, a principal personagem feminina de *Os Mosqueteiros*, nem na trama semi-séria ambientada em Versalhes, recheada de mosqueteiros que, em vez de flechas e bacamartes, empunhavam floretes esguios e esgrimiam coreograficamente, enquanto jovens coquetes e sedutoras desfilavam pelos corredores do palácio. Gomes estava mais para paixões desenfreadas e atos de heroísmo do que para rapapés e rococós. Se examinarmos os fragmentos da partitura manuscrita que sobreviveram e hoje se encontram no Museu Histórico Nacional do Rio de Janeiro, poderemos constatar a extrema dificuldade que ele teve em abandonar o ambiente da selva brasileira do *Guarany* para entrar nos refinados jardins dos reis franceses.

Como faria tantas vezes no futuro, Carlos Gomes rompeu o contrato unilateralmente, sem nenhuma explicação. Informou à Casa Lucca que não mais comporia a ópera, e ponto final. O caso foi terminar nos tribunais. Não conhecemos os detalhes do acerto final entre compositor e editor, mas é muito provável que ambos tenham concordado com a substituição do argumento por algum outro que estimulasse a fantasia criativa do autor, fato no qual a origem de *Fosca* residiria.

Seja como for, a verdade é que Carlos Gomes se apaixonou pela novela *La Feste delle Marie, Storia Veneta del Secolo X*, publicada em 1869 pelo marquês Luigi Capranica, escritor cuja especialidade eram romances históricos passados na bota italiana, e resolveu transformá-la em ópera, batizando-a com o nome da principal personagem feminina, Fosca, a mulher-pirata. Nessa história forte de truculentos corsários, envolvendo raptos de noivas à porta da igreja, embate de vontades e disputa do mesmo homem por duas mulheres, Gomes encontrou toda a inspiração que lhe faltara no trabalho que abandonara inconcluso. Havia possibilidade de grandes momentos teatrais, e de música arrojada e moderna para sublinhá-los. Além disso, o entorno nada tinha de exótico quando se pensa no público a quem a ópera então se destinava. A história se passava em Veneza, a mesma Veneza que, com seu fascínio, fora pano de fundo para *Otello* de Rossini, *Lucrezia Borgia* e *Marino Faliero* de Donizetti, *Il Bravo* de Mercadante e *I Due Foscari* de Verdi, e que apenas três anos depois de *Fosca* hospedaria *La Gioconda* composta por Amilcare Ponchielli, o professor do Conservatório de Milão que foi amigo e vizinho de Carlos Gomes.

Para elaborar o libreto da *Fosca*, nosso compositor convidou o poeta Antonio Ghislanzoni. Ghislanzoni havia nascido e morava na região do lago de Lecco, nas proximidades de Milão, o mesmo lugar onde Carlos Gomes alugaria uma casa e poucos anos depois, iria edificar sua suntuosa Villa Brasília. Ghislanzoni, que chegara, durante algum tempo a cantar profissionalmente como barítono, era o libretista da moda, autor do texto da *Aida* verdiana, o mais famoso dos 85 libretos que escreveu.

A linguagem musical que Carlos Gomes emprega na *Fosca* é ousada, e absolutamente nova. Hoje, musicólogos internacionalmente respeitados, entre os quais cito o inglês Julian Budden, são unânimes em reconhecer que a partitura da *Fosca* representa o real elemento de ligação entre Verdi e a nova escola verista que, a partir de 1890, com sua forte lufada renovadora, varreria a estagnação em que a ópera italiana mergulhara na última década. Não é a *Gioconda*, como afirmaram teimosamente os italianos por tantos anos - seja por bairrismo ou por desconhecimento -, a ponte de transição da ópera italiana para a modernidade. Uma análise fria nos mostra que esse papel coube à *Fosca*, três anos mais velha que *Gioconda*, pois já continha todos os elementos que tornaram a ópera de Ponchielli merecidamente famosa.

Em seu livro *Carlos Gomes: A Força Indômita*, fonte inestimável e bem-documentada da maioria das informações alinhavadas neste artigo, o musicólogo Marcus Góes, o maior especialista mundial em Carlos Gomes, inseriu todo um capítulo chamado "A *Fosca* e *La Gioconda*", onde além de comparar passo a passo as duas partituras evidenciando as semelhanças, demonstra detalhadamente como Ponchielli se inspirou a fundo em Carlos Gomes. Hoje, sabemos até que Carlos Gomes auxiliou Ponchielli na revisão da partitura da *Gioconda*.

Num outro capítulo, Marcus Góes nos mostra quais são as inovações de caráter musical introduzidas pelo revolucionário compositor campineiro. Deixemos que fale o próprio Góes:

> Sobre este intrincado enredo, tão ao gosto da época, por conter todos os ingredientes da moda em doses elevadíssimas, CG elaboraria uma música totalmente nova para a ópera italiana de até então, com várias características particulares, entre as quais se destacariam longas frases nas regiões grave e central da voz, com repentinos e violentos saltos à região aguda ou grave, um tecido orquestral mais espesso e fragmentado, o uso constante do *Leitmotiv* (motivo condutor) como elemento psicológico atuante e não como simples comentário ou ornamento, um *recitar cantando* que antecipa modos veristas, abundância de cromatismo, longas escalas cromáticas ascendentes e descendentes, adequação perfeita da palavra à música, propriedade da música à situação dramática, ausência de virtuosismo vocal gratuito. Na *Fosca*, CG utilizaria, inclusive, um recurso absolutamente novo na ópera italiana da época: faria com que certos temas recorrentes surgissem de outros anteriores, com variações, mudanças tonais e permutações geniais. Tudo isso antes da *Gioconda* de Ponchielli, criada três anos depois e da *Carmen* de Bizet, que veria a luz em 1875.

Em outra parte de *Carlos Gomes: A Força Indômita*, Marcus Góes comenta a unicidade musical da obra:

> [...] não será nos *Leitmotive* e na propriedade e beleza das frases melódicas que irá residir toda a importância da esplêndida obra musical. A *Fosca* é um todo harmônico e uniforme, quer estilisticamente, quer quanto à escritura em si. Não se trata de uma colcha de retalhos. Os compositores da época, Verdi à frente, procuravam uma "tinta geral" que se jogasse por cima da obra e que lhe desse organicidade e uniformidade. [...] CG fez da *Fosca* uma obra de notável integridade. Quem vê essa ópera no palco e escuta, atentamente, toda a sua partitura, nota, claramente, um fio psicológico conduzindo e ligando todas as cenas. Foi o que levou Mário de Andrade, entusiasmado, a ver nela 'música sobre fundo de água,

como deveria ser um drama entre corsários e vênetos'. Esse delírio aquático do poeta não ajuda muito, no entanto, a que se compreenda bem que a organicidade da *Fosca* está antes de mais nada na unidade estilística que nela se apresenta. CG usa, nos momentos certos, um vasto arsenal de recursos composicionais [citados acima] que irão garantir à obra aquela "tinta geral".

Fosca subiu à cena pela primeira vez na noite de 16 de fevereiro de 1873, no Teatro Alla Scala. Com todos os atributos descritos, deveria ser um enorme sucesso. Não foi. Agüentou apenas sete récitas, depois saiu de cartaz. Até hoje não são muito claros os motivos dessa morna recepção, já que críticos importantes, entre os quais Filippo Filippi, do jornal *La Perseveranza*, teceram elogios muito bem fundamentados à partitura.

Alguns dizem que a ópera foi mal recebida por que o soprano austríaco Gabrielle Krauss, embora experiente e aclamada como intérprete excepcional das óperas de Meyerbeer, não estava à vontade com a nova vocalidade inventada por Carlos Gomes para a parte de Fosca. Era uma estilista de canto, não uma pré-verista, e o esforço despendido para adaptar-se àquela nova linha de canto acabou fazendo com que ela chegasse rouca à estréia. Além disso, Gabrielle não tinha nem de longe o físico adequado para representar o papel daquela corsária assustadora, loucamente agitada por suas próprias paixões. Era baixinha e gordinha, e – produto da velha escola de palco alemã – sua movimentação cênica era pouco mais que inexistente. Mas esse argumento por si só não se sustenta, porque a contrabalançar as dificuldades do soprano, no elenco figuravam grandes artistas em grande forma. Na parte de Paolo, o excelente tenor Carlo Bulterini, destinado a tornar-se um intérprete histórico das óperas de Gomes. Como Gajolo, apresentava-se um dos baixos italianos mais importantes da cena lírica de então, Ormondo Maini, que apenas um ano depois, seria escolhido por Giuseppe Verdi para a primeira apresentação da *Messa de Requiem*. Cambro foi um jovem barítono nascido em Marselha que já havia criado o papel do Cacique em *Il Guarany*, e a quem o futuro destinava um lugar especial na mitologia dos cantores famosos. Era Victor Maurel, mais adiante o primeiro intérprete de Iago e Falstaff, personagens-chave nas duas últimas óperas de Verdi.

Na verdade, tem sido entendimento comum dos estudiosos que o público milanês não recebeu a *Fosca* como ela merecia simplesmente porque a obra estreou no lugar errado na hora errada.

Havia uma verdadeira guerra em curso no mundo lírico-musical da Milão de 1873. Exatamente dez anos antes, um grupo de jovens intelectuais que se auto-atribuíam o rótulo de progressistas, resolveu tornar público seu repúdio à arte – leia-se ópera – tradicional, cujo ícone maior era Verdi, para eles símbolo de uma época superada pela unificação italiana. Este grupo, conhecido como *scapigliatura milanese*, expressão que poderíamos traduzir livremente como "os despenteados de Milão", pois andar despenteado representava revoltar-se contra as convenções, tinha em suas hostes nomes que seriam muito importantes nas décadas seguintes, quando passariam a andar perfeitamente penteados e barbeados. Eram, entre outros, Franco Faccio, Arrigo Boito, Emilio Praga. Com o fracasso da ópera *Amleto* de Faccio em 1865 e da primeira das quatro versões do *Mefistofele* de Boito em 1868, o grupo perdeu muito da sua força, mas nem um pouco de sua teimosia. Passaram a acreditar piamente, ao propor a discussão entre a "arte do futuro" e a "arte do passado", que os caminhos de Richard Wagner representavam a solução única e absoluta para o futuro da música. Tal postura gerou imediatamente uma violenta reação da grande maioria do público milanês, que considerava Verdi seu patrimônio pessoal e amava ir ao teatro de ópera para assistir *La Traviata*, *La Forza del Destino*, *Don Carlo* e *Aida*.

A polêmica começara a adquirir grandes dimensões em 1871, quando *Lohengrin* - que, diga-se de passagem, segue um modelo totalmente italiano –, ao ser encenada em Bolonha, tornou-se a primeira ópera wagneriana montada na Itália. Dois anos depois, em 1873, os *scapigliati* conseguiram, com suas manobras, algo que parecia impossível: através da Casa Lucca, detentora, na Itália, dos direitos das óperas de Wagner, *Lohengrin* iria ser replicada no Teatro Alla Scala poucas semanas após a estréia de *Fosca*, sob o nariz dos milaneses. Os tradicionalistas ficaram furiosos. Era como se Bolonha, liderada por Wagner, tivesse invadido Milão e atacado Verdi.

Este foi o azar de Carlos Gomes, apanhado de surpresa no meio da briga dos outros. Tinha cometido um pecado mortal ao construir sua partitura usando a técnica dos motivos condutores. Apesar de belíssimos – principalmente aqueles associados à protagonista, que Mário de Andrade batizou de *Fosca Sinistra, Fosca Implorante, Fosca Raivosa e Fosca Clemente* – o uso dos *Leitmotive* foi o suficiente para que o ingênuo campineiro, apesar de toda a sua alma ítalo-verdiana, fosse sumariamente tachado de "wagneriano", expressão que equivalia, em certos círculos, a um pesado impropério, além de condenar seu portador a uma rejeição total sem direito a perdão. De nada adiantou a Gomes ter escrito uma ópera que soa tão italiana a ponto de ele próprio tê-la classificado como *melodramma*.

O problema verdadeiro é que, embora o linguajar musical da *Fosca* fosse italiano, era um italiano tão moderno que não havia sido ainda ouvido. Ninguém entendeu que Carlos Gomes, ao usar os motivos condutores, procurava instintivamente um novo caminho evolutivo para a música do palco lírico italiano, modificando suas tradições, mas sem romper com elas. Sempre que ouço a *Fosca*, fica muito claro para mim que, sem seu exemplo, a *Tosca* de Puccini, recheada de temas recorrentes, *Leitmotive* e reminiscências, jamais teria nascido. E Puccini, considerado italianíssimo, jamais foi chamado de wagneriano. Segundo Marcus Góes, importantes musicólogos italianos contemporâneos liderados por Marcello Conati, embora tardiamente, fazem justiça ao reconhecer cabalmente que "*Fosca* é a tentativa mais bem-sucedida de combinar modos italianos com a música além dos Alpes."

Como se não bastasse o sucedido, *Lohengrin* e Wagner causaram à *Fosca* um prejuízo adicional. A Casa Lucca, representante italiana das partituras do compositor alemão, percebeu logo que o resto da Itália reagia de maneira diferente de Milão. A polêmica gerou uma curiosidade enorme, fazendo com que a música wagneriana despertasse grande interesse em outras cidades italianas. Os Lucca, que nesse meio tempo devem ter ficado sabendo que Carlos Gomes andava flertando com a Editora Ricordi, sua principal concorrente, simplesmente engavetaram a *Fosca* e concentraram todos seus esforços na produção daquela e de outras óperas de Wagner.

Cinco anos depois, *Fosca* teve sua revanche. Após várias revisões, voltou triunfante ao palco do Alla Scala em 7 de fevereiro de 1878. Agora, o soprano Amalia Fossa, perfeita para o papel de Fosca, contracenava com o Paolo de Francesco Tamagno, o futuro criador do Otello verdiano. Carlos Gomes em pessoa foi o diretor cênico. As onze récitas iniciais asseguraram à *Fosca* seu merecido lugar no panteão de honra das óperas italianas do século XIX.

Em 1997, *Fosca* regressou à sua cidade natal, quando o soprano brasileiro Leila Guimarães apresentou um concerto com trechos da ópera na Scuola Civica Musicale de Milão. Ainda naquele ano, no mês de novembro, a ópera foi encenada na íntegra no Teatro da Ópera Nacional de Sófia, capital da Bulgária, sob a regência do Maestro Luiz Fernando Malheiro. Uma das récitas foi gravada e está disponível em CD.

Apesar de a tradição popular atribuir a ele sua autoria, nenhum documento nos permite afirmar com segurança que Carlos Gomes tivesse pronunciado a frase que abre estas anotações. Isso não a torna, entretanto, menos verdadeira: com sua coragem melódica, com sua riqueza temática, com o fascínio de seu canto, *Fosca* é, realmente, uma ópera para entendidos.

Publicado, de forma condensada,
no programa do X Festival de Ópera de Manaus,
2006

O VÔO DO CONDOR

Daí para a frente, Condor *seria obra*
esquecida, raramente encenada, mesmo
no Brasil.Permanece esquecida, ela tão
representativa da atualidade de Carlos Gomes,
em que pesem seu curioso hibridismo e uma
esparsa inconsistência.O público, a crítica e
diretores de teatro assim o decretaram.
Pior para eles.

MARCUS GÓES,
em *Carlos Gomes: A Força Indômita*

Pergunta: O que uma guerra de mercado travada entre dois editores milaneses tem a ver com uma ópera escrita por um brasileiro, sobre um texto em italiano, ambientada no Usbequistão?

Resposta: Tudo, se estivermos falando de *Condor*, a oitava ópera de Carlos Gomes, estreada no Teatro Alla Scala de Milão em 21 de fevereiro de 1891.

Afinal, *Condor* jamais teria tido oportunidade de nascer se as Casas Ricordi e Sonzogno não estivessem se engalfinhando. Vejamos como isso aconteceu.

Fundada em 1808, Ricordi viu crescer sua importância no mundo da edição musical a partir de 1825, quando comprou todo o arquivo musical do Teatro Alla Scala, estabelecendo a partir daí seu domínio sobre o mundo italiano dos empresários teatrais. A Casa Ricordi se expandiu ao longo de todo o século XIX, tornando-se a editora exclusiva das óperas de Rossini, Bellini, Donizetti e Verdi.

Em 1842, a Ricordi passou a publicar o importante jornal *Gazzetta Musicale di Milano*, instrumento fundamental para a consolidação de um império em constante crescimento, governado a partir do edifício que levava o nome da família na Via Filodrammatici, grudado ao Teatro Alla Scala, sobre o qual os Ricordi exerciam controle absoluto.

Em 1888, num golpe ousado, compraram a editora Lucca, sua concorrente por 63 anos. Monopólio à vista, os sonhos dourados da Casa Ricordi teriam se tornado realidade se ela não tivesse se defrontado com a empedernida teimosia de Edoardo Sonzogno, que geria o complexo empresarial fundado por seu avô em 1804.

Além de comandar uma das mais importantes editoras de livros do país, Edoardo publicava várias revistas e era responsável pelo jornal mais difundido da Itália de então, *Il Secolo*, um diário radical de idéias republicanas.

Em 1874, tendo se convencido do grande potencial do mercado editorial de música, Edoardo resolve participar do negócio. Para isso, terá de bater de frente com Ricordi. Funda, então, a Casa Musicale Sonzogno, iniciando imediatamente a publicação de duas revistas, *Il Teatro Illustrato* e *La Musica Popolare.*

Cônscio de que o dinheiro de verdade estava na comercialização das partituras de ópera, sempre em demanda pelos teatros líricos, e em suas reduções para canto e piano, consumidas avidamente pelos diletantes e estudantes de canto, Sonzogno tratou de desenvolver uma estratégia ampla, dividida em duas frentes, que lhe permitisse pôr as mãos em uma fatia daquele gordo mercado.

No momento em que Sonzogno funda a Casa Musicale, a geração de novos intelectuais – notadamente a chamada *scapigliatura* milanesa – está perplexa com os rumos que a nação recém-constituída tomou e frustrada com a incapacidade governamental de promover as modificações sociais prometidas. Os valores que animaram o *Risorgimento* desapareceram depois da unificação da Itália e nada surgiu em seu lugar. O romantismo declina. É um momento de perda de ilusões, de busca de novos caminhos, no qual a arte, principalmente a ópera, passa a buscar renovação na produção estrangeira, importando modelos franceses e alemães. Sonzogno avalia corretamente a situação e, com rapidez, celebra contratos para representar, na Itália, importantes autores franceses como Thomas, Auber, Halévy, Delibes e Bizet, cuja *Carmen*, estreada no Teatro Bellini de Nápoles em 1879, com libreto vertido para o italiano, atinge um sucesso tão extraordinário que permite à editora consolidar uma posição de destaque no panorama nacional.

Como os grandes operistas italianos pertencem a Ricordi, Sonzogno cria uma alternativa ousada e inteligente. Se não há compositores italianos à disposição, é preciso fabricá-los. Surge assim o Concurso Sonzogno para novos autores, que deverão concorrer com óperas em um ato, mais fáceis e mais baratas de produzir.

Com isso, além de revelar novos talentos, servia-se também ao interesse dos produtores, que ao montar óperas tradicionais com muitos personagens e várias trocas de cenários como *La Gioconda*, *Simon Boccanegra* ou *La Forza del Destino*, viam cada vez com maior preocupação o aumento crescente de custos que muitas vezes não eram sequer cobertos pela bilheteria.

A segunda edição do concurso, em 1890, estava destinada a mudar, de modo dramático, a história da ópera italiana. Venceu-a um jovem maestro provinciano de Livorno, de apenas 26 anos, chamado Pietro Mascagni. Com sua *Cavalleria Rusticana*, de música italianíssima e argumento simples, elementar na descrição dos sentimentos e paixões mais primitivos do ser humano, Mascagni inventou oficialmente o verismo na ópera. O vento de renovação que percorreu o teatro lírico europeu a partir da *Cavalleria* foi tão violento quanto a explosão emocional que essa ópera retrata, e restituiu aos italianos o orgulho pela música autenticamente peninsular. Após estrear no Teatro Costanzi de Roma em 17 de maio de 1890, *Cavalleria* percorreu toda a Itália como um rastilho de pólvora. Conta-se que, em certa noite, foi encenada em cerca de sessenta teatros ao mesmo tempo. Em seus primeiros dois anos, deu a volta ao mundo.

O Teatro Alla Scala de Milão foi, na Itália, a única casa importante de ópera a manter-se inicialmente afastada da *Cavalleria*. Não interessava a Giulio Ricordi, que mandava e desmandava no teatro, ensombrecer a imagem de seu protegido Puccini com o brilho de Mascagni, que pertencia aos Sonzogno. Mas a pressão do público milanês foi forte, e a direção do Scala viu-se obrigada a negociar com o inimigo. E nesse momento, sentindo-se fortalecido, Sonzogno jogou sua cartada decisiva: *Cavalleria* só subiria ao palco do Scala se lhe fosse confiada toda a temporada de 1891. Não haveria negociação em separado, o que implicava no afastamento temporário dos Ricordi. Por incrível que pareça, Sonzogno ganhou a parada. Na prática, Donizetti e Verdi ficavam de fora da programação do teatro mais importante da Itália.

Para não dar muito na vista, a gestão da temporada foi confiada à empresa dos irmãos Enrico e Cesare Corti, notórias figuras do mundo musical milanês, conhecidos como "irmãos siameses". Na prática, eram simples testas-de-ferro de Sonzogno, a cujo catálogo todas as óperas escolhidas deveriam pertencer. Por várias razões, não foi possível produzir nada além de *Le Cid* de Massenet, *Lio-*

nella, do grego Spyros Samaras, além, é claro, da ópera de Mascagni que motivara toda aquela celeuma. Era pouco para Milão. Seriam necessários, no mínimo, quatro títulos. Era preciso ter uma ópera nova, uma estréia absoluta para chamar a atenção sobre a temporada e assegurar a venda de assinaturas.

É nesse ponto que entra na história o nosso Carlos Gomes, chamado às pressas pelos siameses para colocar sua inspiração a serviço da empresa. O campineiro foi contratado a toque de caixa para criar a ópera que viria a ser o *Condor*.

Em seu livro *A Força Indômita*, o pesquisador e musicólogo Marcus Góes, grande especialista na vida e na obra de Gomes, nos ensina, com sua clareza habitual, como tudo aconteceu:

> Carlos Gomes foi escolhido para compor uma ópera para a temporada, porque não tinha contrato em vigor com os Ricordi, porque era o mais competente dos compositores disponíveis que não tinham contrato com aqueles editores, porque estava ali à mão, porque não custaria caríssimo e porque os empresários precisavam de completar o cartelão da temporada com uma ópera que não fosse editada pela Casa Ricordi.

E mais adiante:

> O "velho" Gomes tinha tudo para levar a empreitada a bom termo, no tempo previsto. Nenhum compositor vivo na Itália, fora Verdi, era possuidor de tão magnífico acervo e de tão reconhecida capacidade como musicista e como compositor. A escolha de Carlos Gomes, para atender a um grande editor, compondo uma ópera destinada à importantíssima temporada do Teatro Alla Scala, é um certificado de que, artisticamente, Carlos Gomes não era o "pobre" Carlos Gomes de que falam seus biógrafos. [...] Era, até aquela data, depois de Verdi, o maior compositor vivo de óperas italianas.

Provavelmente pego de surpresa, Gomes não teve muito tempo para pesquisar um argumento ideal. Parece ter recebido o libreto já pronto, em cima da hora, sem muita folga para discuti-lo. De um romantismo derramado, com direito à morte por amor do protagonista no final, *Condor* conta a história da paixão impossível entre o personagem-título, um chefe nômade com características de beduíno, e Odalea, rainha de Samarcanda.

Argumentos envolvendo jovens pertencentes a diferentes raças (Ceci/Peri, Ilara/Américo) ou a categorias sociais diferentes (Isabella/Salvator Rosa, Fosca/Paolo) e as complicações amorosas que decorrem dessas desigualdades eram território conhecido e seguro para Carlos Gomes, capazes de estimular sua fantasia criativa. Como operista excelente que era, percebeu logo as boas oportunidades musicais encerradas na narrativa. Assim, nosso compositor aceitou o argumento, e segundo os historiadores, começou a compor entre abril e maio de 1890.

É uma pena que uma partitura moderna, ousada e de grande beleza como é a do *Condor* tenha por base um libreto medíocre, cujo autor, Mario Canti, é um ilustre desconhecido, sem nenhuma outra referência que não seja ter escrito este poema. O mistério que cerca seu nome é tanto que alguns até aventam a hipótese de ter sido apenas um pseudônimo não revelado. Não dispomos, tampouco, de nenhuma pista sobre quais teriam sido as fontes literárias – se é que existiram – utilizadas para a realização do libreto.

A favor de Canti, podemos dizer que ele situou sua narrativa num território real e respeitou o fato histórico. Samarcanda, hoje a segunda cidade do Usbequistão, na Ásia Central, foi fundada há exatos 2535 anos, e testemunhou a passagem de grandes conquistadores como Alexandre o Grande e Gengis Khan. No século XIV, Tamerlão, muçulmano devoto, fez de Samarcanda a capital de seu vasto império, que se estendia desde Delhi até Anatólia. A cidade passou a ser conhecida como a *pérola do mundo islâmico do leste*. Durante o século XVII, no qual a ópera se passa, era governada pela confederação dos usbeques, maometanos, o que torna historicamente correta a presença de personagens como os ulemás e o Mufti, e da mesquita de

Omar no cenário do segundo ato, embora, numa cochilada, Canti tenha transportado para Samarcanda a famosa mesquita de Jerusalém.

Em termos literários, o libreto é um festival de chavões já ultrapassados para a época, e repleto de plágios que o autor mal se preocupou em disfarçar. A cena inicial de Adin com as favoritas do palácio é fortemente calcada na cena do jardim do convento do *Don Carlo* verdiano, quando o pajem Tebaldo canta junto com as damas do séqüito da rainha Elisabetta. A declaração de amor de Condor, "Era del Gran Perdono il sacro Di", nada mais é do que uma tradução adaptada do dueto Nadir-Zurga "Au fond du temple saint", de *Os Pescadores de Pérolas* de Bizet, enquanto Zuleida, a mãe de Condor, *mezzo-soprano*, é uma esmaecida cópia de Azucena de *Il Trovatore*.

Assim como o cônsul Sharpless da *Butterfly*, Mario Canti também não deve ter estudado ornitologia. Se tivesse, não teria batizado seu protagonista com o nome de Condor, procurando com isso conferir a ele um perfil heróico, feroz e altaneiro como o do grande pássaro homônimo, que infelizmente só habita a América do Norte e os Andes. Não há, até o presente momento, nenhum registro de qualquer condor que tenha sobrevoado as planícies e os desertos da Ásia Central.

Nada disso, porém, parece ter perturbado o compositor em seu caminho criativo. Mais competente do que genial, Carlos Gomes parecia dispor, entretanto, de uma fonte incessante de inspiração melódica. Além disso, espírito aberto à inovação, à experimentação de novos caminhos, ele completa em *Condor* uma trajetória de modernidade harmônica iniciada na *Fosca*. Hoje, autores importantes como Marcus Góes e Julian Budden atribuem claramente a Carlos Gomes a posição de "elo perdido" entre Verdi e o verismo, elucidando uma verdade que os italianos se recusaram a admitir por décadas.

Embora o argumento não seja verista – e nem poderia ser, tendo em vista toda a formação romântica de

Gomes – a música de *Condor* já o é, e denota sinais muito claros do ambiente em que a chamada *giovane scuola italiana* se desenvolveu.

Gomes faz da continuidade musical um instrumento para assegurar a continuidade dramática, abandonando a estrutura rígida das árias, que agora se dissolvem em outras formas sem fratura aparente. É um procedimento que fora utilizado por Verdi apenas dois anos antes em seu *Otello*, e após passar por *Condor* será absorvido por Puccini e seus contemporâneos. A nova ópera de Carlos Gomes é bem mais compacta, com cerca de uma hora a menos do que suas composições anteriores. Nela, o compositor utiliza – como farão os veristas subseqüentes – frases musicais curtas que se completam rapidamente e que vão se renovando.

Assim como Bellini já havia feito em *Norma*, Verdi em *La Traviata* e *Don Carlo*, assim como Puccini fará com freqüência em *La Bohème*, *Tosca* e *Madama Butterfly*, Carlos Gomes, no *Condor*, faz farta utilização dos chamados temas recorrentes, que são pequenas passagens musicais associadas a situações dramáticas que se repetem. Wagner, no *Anel do Nibelungo*, levará essa técnica ao extremo, criando toda uma arquitetura que os estudiosos chamaram de *leitmotive*. No *Condor*, assim como nas outras óperas italianas que acabamos de citar, os temas recorrentes têm a função fundamental de estabelecer reminiscências, lembranças que associam uma situação já vivida pelo personagem com seu momento atual.

Em sua obra específica sobre *Condor*, o maestro Marcos da Cunha Virmond nota que, nessa ópera, "a síntese do discurso orquestral como elemento do discurso vocal é patente – e até existe uma certa preponderância do primeiro sobre o segundo". Virmond identifica vários temas recorrentes: A Sina de Condor, Odalea Apaixonada, Condor Desafiador, Condor Apaixonado, A Ira de Alá e Odalea Conquistada.

Para abrir caminho através da densa massa orquestral típica daqueles anos e da difícil escrita vocal gomesiana, as vozes de Odalea e de Condor têm de ser, necessariamente, vozes veristas. Odalea é, de preferência, um soprano dramático – no mínimo um lírico-spinto de grande volume – como são Tosca e Santuzza da *Cavalleria*. O registro correto de Condor é o de um tenor com as mesmas características, o mesmo que utilizaríamos para Andrea Chénier, Canio em *I Pagliacci* ou Dick Johnson na *Fanciulla del West*.

A composição não levou mais de cinco meses. Em outubro de 1890 estava pronta. Estreou em fevereiro seguinte, logo após a *Cavalleria* ter sido repetida 23 vezes no Scala. *Condor* teve dez récitas, que não continuaram porque o tenor Giovanni Battista de Negri, que cantava a parte do protagonista, adoeceu. O público recebeu a ópera com reservas, meio ressabiado com uma obra que tinha um pé no passado romântico e outro num discurso musical moderno. As críticas se dividiram entre os elogios publicados pelo jornal dos Sonzogno e os ataques das publicações pilotadas por Ricordi, em cujos artigos se denunciava a presença, no teatro, de uma claque barulhenta e desrespeitosa contratada pela produção para aplaudir a todo instante.

Após a estréia, tendo em vista a possibilidade de levar sua nova ópera para Paris, Carlos Gomes fez traduzir o libreto para o francês e inseriu um novo balé no segundo dos três atos. Além disso, resolveu alterar o nome da ópera para *Odalea*. Quem nos conta o porquê dessa modificação, com sua verve e bom-humor característicos é, mais uma vez, Marcus Góes:

> Mas em francês...em francês, uma das línguas mais importantes do mundo (e os que escolheram o fatídico nome se esqueceram de que havia outras línguas além dos Alpes), a palavra *condor* ouvida assim, de repente, quer dizer *con* ou *conne*, órgão genital feminino, *d'or*, de ouro. Apesar de o léxico francês também registrar o *condor* com o mesmo significado de em italiano, português e espanhol, ninguém, ao ouvir tal palavra como título de ópera, vai pensar no majestoso urubu andino, mas, sim, em algum libretista ousadíssimo, apaixonado pelas partes mais íntimas de sua amada

imortal. Mais tarde, Carlos Gomes trabalharia no sentido de mudar o nome para Odalea, nome da protagonista. A gaffe ficaria para sempre ligada à ópera.

Houve mais uma produção em Gênova em 1893, e, salvo engano, a ópera nunca mais foi montada na Itália. Embora Carlos Gomes tivesse vindo pessoalmente ao Rio para supervisionar a produção da estréia brasileira em agosto de 91, *Condor* não alcançou o sucesso esperado. Voltou a ser repetida no Rio apenas em julho de 1920, com a gaúcha Zola Amaro e o italiano Bernardo de Muro nos papéis principais. Em 12 de agosto, a mesma companhia apresentou a ópera pela primeira vez em São Paulo, no Theatro Municipal. *Condor*, sob o nome de *Odalea*, só voltou uma vez mais, em forma de concerto, regida por Armando Belardi em 1986, na Sala Cidade de São Paulo, com Renata Lucci e Sergio Albertini.

É, portanto, uma rara oportunidade que tem o público paulistano de revisitar, nesse início do século XXI, a menos representada das óperas que Carlos Gomes compôs na Itália.

Publicado no programa de Condor,
Theatro Municipal de São Paulo,
em novembro de 2005

UM HINO AO NOVO MUNDO

Com várias escalas em sua rota, o vapor italiano Brasile levou 26 dias para vir de Gênova a Salvador. Entre os passageiros que desembarcaram no porto baiano naquele 4 de julho de 1889, estava o maestro Carlos Gomes, em mais uma de suas freqüentes visitas ao Brasil. Vinha cheio de esperanças.

Não tendo conseguido fazer representar na Itália sua última ópera, *Lo Schiavo* – perdera uma ação judicial movida pelo libretista Rodolfo Paravicini[16] –, Gomes, muito

16. Segundo Ítala Gomes, filha e biógrafa de Carlos Gomes, a polêmica judicial nasceu quando seu pai intercalou, no segundo ato, um "Hino à Liberdade" que não constava do libreto original de Paravicini, o qual reagiu processando o compositor. Nunca ficaram muito claras as reais razões que levaram Gomes a inserir o "Hino", cujo texto foi escrito pelo tenente Francisco Giganti, instrutor de seu filho Carletto no Colégio Militar Longone de Milão. Após Carlos Gomes perder a ação, a Casa Ricordi sentiu-se desobrigada do contrato firmado e cancelou a estréia já agendada no Teatro Comunale de Bolonha.

endividado, resolvera vir ao Brasil de improviso, trazendo em sua bagagem a partitura da ópera e o forte desejo de encená-la. Como de costume, agia basicamente por impulso, sem uma justificativa racional. Confiava em seu prestígio. Ao chegar ao Rio de Janeiro, envolveu-se em uma feroz batalha com o empresário Mario Musella, concessionário das temporadas líricas de 1889 no Rio e em São Paulo. Assustado com os elevados custos de produção, o empresário se recusava a inserir *Lo Schiavo* em sua programação.

Como tantas vezes havia feito nas últimas três décadas, quem veio em socorro de Carlos Gomes foi seu protetor, Dom Pedro II, ordenando ao empresário que a ópera fosse encenada. Para tanto, o imperador foi o primeiro a assinar – generosamente – a lista de subvenções para cobrir os custos da montagem da ópera, logo seguido pela imperatriz e pelo príncipe Dom Pedro Augusto.

A 27 de setembro, finalmente, Carlos Gomes subia ao pódio do Teatro Imperial Dom Pedro II para reger a estréia absoluta de sua nova criação. Oito récitas no Rio de Janeiro, seguidas por mais três no Teatro São José em São Paulo, asseguraram o grande sucesso da ópera junto aos brasileiros.

Além dos aplausos, Carlos Gomes recebeu uma importância equivalente a pouco mais de cinqüenta mil francos, que lhe permitiu resgatar as promissórias assinadas na Itália e respirar um pouco mais aliviado. Foi a última vez, em sua vida, que pôs as mãos em uma quantia de tal vulto. Além das honrarias, entre as quais sua promoção a dignitário da Ordem da Rosa, Gomes recebeu uma promessa preciosa do imperador: sua nomeação para o cargo de diretor do Conservatório Musical do Rio de Janeiro. Tal posição lhe permitiria residir parcialmente no Rio de Janeiro, assegurando-lhe a tão almejada tranqüilidade financeira.

Assim, com bolso e ego satisfeitos, Carlos Gomes voltou a Campinas para descansar e rever os amigos. E foi lá em sua cidade natal, apenas 48 dias após a estréia de *Lo Schiavo*, que a notícia da proclamação da República atingiu o compositor como uma bomba. Ao mudar a forma de governo no Brasil em 15 de novembro de 1889, o golpe comandado por Deodoro da Fonseca esboroou para sempre os sonhos de Carlos Gomes. Foi a partir daí, embora custasse a perceber, que o autor de *Il Guarany* começou a sair de moda. Com a imagem tão fortemente ligada ao regime deposto, sua amizade e sua companhia não tinham nenhuma serventia para quem quisesse galgar rapidamente posições de destaque no novo Brasil. Para piorar a situação, Carlos Gomes, que reconhecia dever toda a sua carreira ao imperador, recusou, num gesto nobre e ousado que lhe custou caro, a oferta de vinte contos de réis feita por Deodoro para escrever a música de um *Hino à República*, o qual acabou sendo composto por Leopoldo Miguez. Coincidência ou não, foi Miguez, apoiado por um grupo de amigos wagneritas que considerava o melodrama italiano coisa ultrapassada, o escolhido pelo novo governo para ocupar a direção do Conservatório, antes prometida a Carlos Gomes.

Em seu livro *Carlos Gomes: A Força Indômita*, o musicólogo Marcus Góes vislumbra todo o quadro com muita clareza:

> A deposição de Pedro II foi para ele um rude golpe. Não era só o amigo que mandavam embora às escondidas, de madrugada, nem era só o protetor que se ia para sempre. Com a mudança de regime, ele, Carlos Gomes, passou, imediatamente a ser encarado no Brasil como um dos representantes mais emblemáticos de algo que passara. A partir dali, apesar de certos momentos de sucesso, de estima, apesar de uma ou outra boa acolhida, aqui e ali, apesar da constância da admiração de seus fiéis amigos, apesar de referências esparsamente elogiosas em escritos de imprensa e de livros publicados, sobre tudo que se referir a ele irá pairar indisfarçável véu crepuscular. [...] No subconsciente coletivo, achava-se ele vinculado a um mundo morto, o mundo dos barões e das princesas. Era, na parede da história, um enfeitado emblema da Monarquia, envolto na fita roxa e fenecida da indiferença.

Recuperado do susto inicial, Carlos Gomes resolveu apressar seu regresso à Itália. Também lá sua estrela começava a empalidecer, devido à inevitável mudança do gosto do público trazida pela passagem do tempo. O *Risorgimento* era agora um fato histórico, o reino da Itália estava consolidado havia quase vinte anos[17], durante os quais ocorreram alterações profundas nos ambientes culturais urbanos que acabaram por transformar as expectativas de expressão artística. Marcus Góes, mais uma vez, nos conta como tais fatos se desenrolaram, além de explicar os verdadeiros motivos que levaram a Casa Editora Ricordi a se desinteressar pela encenação de *Lo Schiavo*:

> os Ricordi não mantinham mais o mesmo interesse. Os tempos haviam mudado. E não era só por obras de Carlos Gomes que diminuía o interesse dos editores no final da década de 1880. Os compositores de sua geração começavam a ser preteridos pelos da *Giovane Scuola* que chegavam, inclusive, e principalmente, por um Puccini em quem os Ricordi investiam de armas e bagagens, patrocinando a encenação de suas óperas no Scala e em outros teatros.

Na verdade, esse quadro só viera a apressar o injusto, porém inexorável declínio da carreira de Carlos Gomes, que se iniciara lentamente muitos anos antes. A última de suas óperas a estrear com sucesso retumbante na Itália fora *Salvator Rosa*, em 1874, quando o compositor foi chamado à cena do Teatro Carlo Felice de Genova 36 vezes para os aplausos.

A ópera seguinte, *Maria Tudor*, subiu à cena do Scala de Milão em 27 de março de 1879 e foi, no dizer de Lauro Machado Coelho, "impiedosamente vaiada". *Lo Schiavo*, por sua vez, jamais foi encenada na Itália até os dias de hoje.

Além dessas crescentes decepções de ordem profissional, a vida do compositor viu-se agravada por uma série de problemas pessoais e financeiros.

Três meses após a estréia de *Maria Tudor*, Carlos Gomes e sua esposa Adelina brigaram violentamente por

17. A data considerada oficial para o término da unificação italiana, conhecida como *Risorgimento*, é 2 de julho de 1871, quando o rei Vittorio Emanuele faz sua entrada em Roma.

ciúmes recíprocos. Cada um deles desconfiava que o outro mantinha um caso extraconjugal. Turrão e briguento por natureza, Carlos iniciou um doloroso processo de separação contra Adelina. No decorrer da ação judicial, na qual as acusações de parte a parte deixaram radiantes todos os mexeriqueiros milaneses graças ao nível de sordidez que atingiram, um dos filhos do casal, Mario Antonio, de apenas quatro anos, morreu durante uma viagem com o pai. A tensão entre os litigantes se intensificou, e Carlos Gomes entrou em depressão, passando a beber mais do que devia. No fim, aconselhado por amigos, resolveu propor um acordo amigável para a separação, o que lhe custou uma gorda indenização, além de assumir todas as despesas com a educação e vestuário dos filhos e assegurar uma pensão mensal a Adelina.

Com o final do processo, Carlos Gomes pôde relaxar, recuperando a saúde abalada pelos recentes eventos, e voltar à vida noturna milanesa, da qual era uma das figuras mais conhecidas. Os direitos autorais de *Il Guarany* e *Salvator Rosa* faziam o dinheiro jorrar aos borbotões, criando, na fantasia do compositor, a falsa impressão de que o sucesso dessas óperas jamais terminaria. Muito diferente de Verdi e de Puccini, que sempre foram extremamente prudentes na administração de seus capitais, Carlos Gomes era um estróina nato, e havia se acostumado ao luxo. Após a separação, intensificou a construção de uma suntuosa propriedade em seu terreno de Maggianico, nos arredores do lago de Lecco na Lombardia.

Para completar a faraônica Villa Brasilia, cujos bosques de árvores brasileiras seriam povoados por sagüis e araras especialmente trazidos da terra natal, Carlos Gomes não mediu despesas e contraiu vários empréstimos que foram a origem de sua ruína financeira. Incapaz de economizar, de reduzir seu padrão de vida, foi renovando esses empréstimos ao longo dos anos, durante os quais os ingressos relativos a suas óperas mais populares diminuíram, e o insucesso das novas composições não permitiu sua reposição. Gomes mudou-se para sua Villa em 1881 e lá viveu como um sátrapa até 1887, quando teve de vendê-la mal vendida para liquidar parte de seus débitos, passando a residir em um pequeno apartamento em Milão.

Em janeiro de 1890, ao regressar do Brasil recém-republicano, Carlos se defronta com a dura realidade e se obriga a trocar seus sonhos de glória pela busca incessante do dinheiro que lhe permitirá sobreviver. Vai trabalhando como pode. Em novembro, apresenta no Teatro dal Verme a versão revista da *Fosca*, tal como a conhecemos hoje. Apesar do grande sucesso obtido, a obra não mais voltou a ser montada. Os fortes ventos da escola verista varreram *Fosca* dos palcos italianos.

De repente, uma boa notícia. Os irmãos Enrico e Cesare Corti, concessionários do Teatro Alla Scala, encomendam uma nova ópera ao autor brasileiro, para estrear na temporada de 1891. A criação de *Condor*, depois rebatizada de *Odalea*, parece confirmar a antiga máxima latina que diz *inter duos litigantes, tertius gaudet*. O terceiro, que saiu ganhando, foi Carlos Gomes. Os outros dois, os litigantes, eram a Casa Ricordi e seu arquiinimigo Edoardo Sanzogno, em mais uma batalha de sua acirrada guerra pelo domínio do mercado editorial de música na Itália. Sonzogno detinha os direitos da ópera mais procurada do momento, a *Cavalleria Rusticana* de Mascagni, que havia inaugurado oficialmente o verismo, em maio de 1890, e ainda não havia sido apresentada ao público milanês[18]. Praticando um tipo de negociação que os comerciantes de secos e molhados conhecem pelo nome de "venda casada", Sonzogno recusou-se a liberar apenas a *Cavalleria*. Para encená-la, o Scala deveria comprar um pacote completo, contendo outras óperas suas. Na prática, a Casa Ricordi, a representante de Verdi, ficava de fora do mais importante dos teatros líricos italianos em 1891. Mas o pacote de Sonzogno era pequeno para o Scala, não tinha o número de óperas suficientes, e o

18. *Cavalleria Rusticana* estreou no Scala em 3 de janeiro de 1891, não tão bem recebida como em outras capitais italianas.

jeito foi encomendar uma nova. Carlos Gomes era o compositor ideal. Apesar de ligado à velha escola, tinha ainda muito prestígio e, naquele momento, não mantinha mais vínculos com o inimigo Ricordi. *Condor* estreou em 21 de fevereiro de 1891. Teve dez récitas, contra 23 da *Cavalleria*. O público a recebeu com reservas, e os críticos – exceto o do jornal de Sonzogno – notaram em *Condor* mais defeitos do que qualidades. Houve mais uma produção em Gênova em 1893, e, salvo engano, a ópera nunca mais foi montada na Itália. Embora Carlos Gomes, mais uma vez, tivesse vindo pessoalmente ao Rio para supervisionar a produção da estréia brasileira em agosto de 1891, *Condor* não alcançou o sucesso esperado.

Durante o período que permaneceu no Brasil – só voltou à Europa em janeiro do ano seguinte –, Gomes, em suas andanças, encontrou-se com um pernambucano seu amigo, o deputado Annibal Falcão, que havia sido muito ativo durante a campanha abolicionista e integrava agora a oposição ao novo governo. A pedido do compositor, Falcão prometeu-lhe escrever o libreto para uma ópera sobre o descobrimento da América. Carlos Gomes flertava com a idéia de compô-la desde 1890, quando a cidade de Gênova, berço de Colombo, anunciara para 1892 uma grandiosa comemoração em homenagem ao mais ilustre de seus filhos, por ocasião do quarto centenário do Novo Mundo. A comissão organizadora tinha aberto um concurso para uma nova composição vocal – não necessariamente uma ópera – baseada na gesta do navegador genovês, e a obra vencedora seria executada durante as festividades e poderia gerar uma grande soma em dinheiro. Entrementes, Chicago anunciava, para 1893, a inauguração de um dos eventos socioculturais mais impactantes do fim do século nos Estados Unidos, a *World's Columbian Exposition*[19],

19. Também conhecida como *The 1893 Chicago World's Fair*, havia sido concebida inicialmente como uma celebração em torno de Colombo, mas acabou se expandindo e se transformou numa grande feira industrial e comercial, destinada antes de tudo a exaltar a pujan-

cuja programação musical incluía a estréia de uma nova cantata sem tema definido que seria escolhida entre concorrentes do mundo todo.

Carlos Gomes, matreiro, resolveu matar dois coelhos de uma só cajadada. Afinal, por que não usar o tema exigido por Gênova dentro do formato estipulado por Chicago? Bastava espremer o libreto que Falcão, escondido sob o anagrama de Albino Falanca, lhe entregara em março de 1892, até reduzi-lo ao tamanho de uma cantata. Assim nasceu *Colombo*, cuja partitura foi candidamente enviada aos dois concursos ao mesmo tempo.

Infelizmente, ambos os coelhos escaparam vivos do cajado. Em Gênova, o vencedor foi Alberto Franchetti, com sua ópera *Cristoforo Colombo.* Em Chicago, a ópera que levou o troféu foi *The Triumph of Columbus,* do compositor norte-americano Silas G. Pratt. Mesmo tendo ido pessoalmente até a exposição, a única coisa que Carlos conseguiu foi reger um concerto – gratuito – de trechos de suas óperas, como celebração do aniversário da independência do Brasil em 7 de setembro de 1893. De *Colombo*, nenhuma nota, nenhuma palavra. Carlos Gomes voltou dos Estados Unidos ainda mais pobre do que tinha ido.

Quando recebeu as más notícias de Gênova, antes de decidir-se a viajar a Chicago, Gomes apelou para o velho expediente de estrear *Colombo* no Brasil. Como já havia feito com *Lo Schiavo* e *Condor*, não cedeu os direitos a nenhum editor e mandou, com grande sacrifício, imprimir cópias das partituras para vender no Brasil. Assim, lucraria sem intermediários com o grande sucesso da

ça produtiva dos Estados Unidos. Suas metas oficiais eram "encorajar a unidade americana", "celebrar a tecnologia e o comércio", "manter estabilidade durante as grandes mudanças" e "encorajar a educação popular". Inaugurada pelo presidente Cleveland em 1º de maio de 1893, funcionou até outubro, recebendo 27 milhões de visitantes em suas 65 mil exposições. Foi a primeira grande celebração da sociedade de consumo, cujos desdobramentos influenciaram tanto as feiras mundiais de 1930 em Chicago e Nova York quanto o conceito de feiras permanentes como a Disneyworld.

nova cantata em seu país natal. Pena que, mais uma vez, deu tudo errado.

Colombo estreou em récita de gala no Teatro Lírico do Rio de Janeiro em 12 de outubro de 1892, dia do quarto centenário da América, precedida pela execução solene do *Hino Nacional* e pela abertura de *Il Guarany*. Regia a orquestra o maestro Marino Mancinelli. Colombo era o barítono Edoardo Camera; a rainha Isabel, o soprano Leonilda Gabbi; o rei Fernando, o tenor Gregório Gabrielesco e o Frade, o baixo Paolo Wulmann.

Dizer que o público recebeu mal a nova composição é, no mínimo, um eufemismo. Num ato desnecessário de crueldade, os cariocas massacraram o pobre Carlos Gomes. Gritos histéricos e assobios que se transformaram em vaias intermináveis acompanharam toda a apresentação. Aos 56 anos de idade, o compositor sofria a suprema humilhação de ver, pela primeira vez, a estréia brasileira de uma obra sua ser impiedosamente vaiada.

Costuma-se atribuir o fracasso ao fato de *Colombo* ter sido apresentada em forma de oratório, com os cantores envergando os mesmos trajes a rigor que se viam na platéia. O argumento não se sustenta, porque o fato era de prévio conhecimento de todos. Diz-se também que o público não estava preparado para o "excesso de sinfonismo" que impregna a obra. Mas era o mesmo público que, em 1891, havia aplaudido freneticamente a estréia brasileira da *Cavalleria Rusticana*, na qual a música sem palavras exerce um papel de destaque.

Na verdade, a nova composição falhou por ser totalmente desconhecida. Se *Colombo* tivesse chegado às praias brasileiras sob a proteção do sagrado escudo de um grande êxito europeu, o público carioca teria aplaudido a obra emocionadamente mesmo antes de ouvi-la, auto-induzido pelo mesmo subdesenvolvimento cultural que o impediu de reconhecer, não dispondo de prévias informações, a modernidade musical da última criação de Gomes.

Nesse contexto, sendo o público muito mais conservador do que gostava de admitir, nada nos impede de especular se o fiasco da estréia não foi previamente planejado. Teria sido facílimo para os detratores de Carlos Gomes manipular a opinião dos espectadores naquela noite, orquestrando uma claque bem preparada, que produziu os primeiros murmúrios de desagrado já durante os compassos iniciais do prelúdio, momento no qual ainda era impossível formar um juízo crítico.

Colombo foi condenada muito mais por suas qualidades do que por seus defeitos. Estreou na época errada. Se tivesse permanecido inédita e surgisse, num passe de mágica, quarenta anos depois, teria sido saudada como a precursora perdida do neo-romantismo, fundindo vozes e orquestra numa narrativa contínua e concisa, digna de figurar, em pé de igualdade, ao lado de óperas como *Adriana Lecouvrer* de Cilea e *Francesca da Rimini* de Zandonai. Assim como nelas, o argumento de *Colombo* se volta para o passado histórico. Nem poderia ser diferente com um Carlos Gomes nascido e criado dentro do romantismo literário, a quem os temas escolhidos pelo verismo seguramente não trariam inspiração. Mas em termos absolutamente musicais, estabelecendo a fluência contínua da narrativa dramática por meio de uma orquestra de fortes metais que não só acompanha as vozes, como também as substitui e comenta a ação, Carlos Gomes pode ser considerado um precursor do verismo e fonte de inspiração para muitos dos compositores da *Giovine Scuola Italiana.* Além disso, o estilo de escrita vocal, já plenamente utilizado no *Condor*, faz a voz do solista subir repentinamente do registro central para os agudos, uma técnica da qual o verismo fez larga utilização.

O maior defeito de *Colombo* é seu libreto. Embora familiarizado com o idioma italiano, Annibal Falcão não sabia manejá-lo muito bem. Utilizando palavras cujo significado não era aquele que ele realmente pretendia, e abusando, nas frases, de uma ordem inversa mal resolvida e confusa, o libretista produziu um texto que já nasceu antiquado, uma espécie de cópia malfeita dos piores libretos que inundaram a cena lírica italiana no período pré-verdiano, e que deve ter sido ainda agravado pelos cortes efetuados por Gomes. Surpreendentemente, porém, a estrutura de divisão das partes – ou atos – é excelente. Na ocasião, reclamou-se que era impossível encenar *Colombo*, porque as cinco trocas de cenário levariam mais tempo do que a curta duração da peça. Hoje, diante de um público acostumado a cenários virtuais e à farta utilização da multimídia, esse problema desapareceu.

Muito se discutiu acerca da classificação correta de *Colombo*. Carlos Gomes, que em sua correspondência original a chamava de *Cantata de Colombo*, acabou por denominá-la "poema vocal-sinfônico", seja lá o que essa expressão signifique. Na literatura, há até quem a chame de "oratório profano". E, no entanto, basta escutá-la, libreto na mão, para perceber o óbvio: assim como *Le Villi* de Puccini, de mesma duração, *Colombo* é uma ópera. Seu texto, embora ruim, implora por ser encenado.

Nenhuma cantata que se preze, principalmente quando composta para glorificar uma figura histórica tão conhecida, situaria a origem de sua heróica carreira num fato tão prosaico como o desejo de fugir de uma desilusão amorosa. O Colombo que um dia, ao voltar para casa, percebe que a amada o abandonou sem explicação e decide sufocar essa dor descobrindo a América, é um típico personagem da ópera romântica da primeira metade do século XIX, habitante do mesmo universo ao qual pertencem libretos como *Caterina di Guisa* de Coccia, *Maria Stuarda* e *Anna Bolena* de Donizetti ou *Beatrice di Tenda* de Bellini, onde protagonistas inspirados em personalidades que realmente existiram se agitam sobre um fundo histórico ao sabor de suas paixões. É assim que o rei Fernando, muito apaixonado por sua Isabel, é incapaz de resistir aos olhares súplices da rainha e satisfaz seu pedido, dando imediatamente a Colombo a tripulação e os navios necessários para a grande façanha.

Um fenômeno de concisão, *Colombo* é uma espécie de *grand-opéra* compacta, fazendo desfilar velozmente os elementos fundamentais que constituem aquele estilo de ópera. A utilização do coro religioso na primeira parte e toda a cena do palácio diante dos reis católicos são bons exemplos. A cena da tempestade em alto mar é claramente calcada em sua equivalente no terceiro ato de *L'Africaine* de Meyerbeer. Tampouco o balé foi esquecido: o primeiro desembarque em terras americanas se faz sem uma palavra cantada. Os índios dançam à maneira nativa, os marinheiros à espanhola. Pouco a pouco, ambos os grupos se misturam, simbolizando a descoberta da América. De volta à Espanha, Colombo deposita os tesouros do Novo Mundo aos pés do trono da rainha, e a ópera termina com um vibrante e apoteótico *concertato*, conhecido como *Hino ao Novo Mundo*.

Colombo é uma obra que merece ser revisitada. Afinal, ela pertence a todos nós, pois Carlos Gomes, na partitura, dedicou-a ao povo americano.

Publicado de forma condensada,
no programa de Colombo,
Theatro Municipal de São Paulo,
em março de 2004

ALGUMAS NOTAS SOBRE *LA BOHÈME* DE PUCCINI

Durante seus dias de estudante no Conservatório de Milão, Puccini experimentou a mesma pobreza bem-humorada que *La Bohème* tão bem descreve. As dificuldades dos quatro personagens masculinos da ópera – um poeta, um pintor, um filósofo e um musicista – vivendo em uma água-furtada parisiense, certamente evocaram em Puccini antigas recordações. Naqueles primeiros anos, dividia um quarto de pensão com seu amigo Pietro Mascagni, o futuro autor da *Cavalleria Rusticana,* e não foram poucas as vezes em que um dos dois teve de se esconder dentro do único armário do quarto para não ser encontrado por um insistente cobrador, que o outro amigo tratava de despistar.

Giacomo Puccini tinha a música no sangue, quinta geração de uma família de compositores de ópera e música sacra da cidade toscana de Lucca. Perdeu o pai muito cedo, e só conseguiu completar seus estudos graças aos esforços da mãe, que tendo escrito à rainha da Itália, obteve uma bolsa de estudos para o filho.

Suas duas primeiras óperas, *Le Villi* e *Edgar*, tiveram uma aceitação apenas moderada. Foi apenas a partir do enorme sucesso de sua terceira composição, *Manon Lescaut*, que Puccini viu seu prestígio consolidado entre os autores italianos. Mas é a ópera seguinte, *La Bohème*, que assinala a plena maturidade artística do compositor, e lhe traz fama internacional.

O libreto moderno, vivo e inteligente, em que tiradas de bom gosto se misturam a passagens de pura poesia, foi escrito por dois grandes nomes da literatura italiana do final do século XIX, Giuseppe Giacosa e Lugi Illica. Ao adaptar a novela original do escritor francês Henri Murger, *Scènes de la Vie de Bohème*, eles criaram uma história que pode ser ambientada em qualquer época e em qualquer grande cidade do mundo onde haja jovens vivendo entre jovens. Libretistas e compositor tratam seus personagens com grande intimidade, chamando-os por um simples nome, sem necessidade de identificar sua origem, seus pais, sua família. São apenas Rodolfo, Mimi, Marcello, Musetta. Ou Colline, Schaunard, Benoit, Alcindoro.

Estimulado por um argumento que, como vimos, é repleto de situações que lhe são familiares, Puccini cria, em *La Bohème*, a primeira ópera na história a atingir uma fusão completa entre elementos românticos e realistas, com fortes traços de impressionismo. A compreensão pucciniana da sensibilidade francesa foi tão perfeita que gerou o seguinte comentário de Claude Debussy: "Não conheço ninguém que haja descrito a Paris daquele tempo tão bem como Puccini em *La Bohème*".

Nela, estão presentes, facilmente identificáveis, todas as características do estilo de Puccini. Manifesta-se pela primeira vez, em plenitude, sua inclinação pelas miniaturas, por descrever musicalmente pequenos detalhes que outros autores deixariam passar desapercebidos, como o *pizzicato* que acompanha as gotas de água com as quais Rodolfo borrifa o rosto de Mimi desmaiada, ou a descrição que a orquestra faz das alegres chamas que brilham na estufa.

A narrativa musical é moderna e fluente, e não é de se admirar que *La Bohème* tenha feito tanto sucesso ao ser encenada esse ano na Broadway pela primeira vez. Os dois primeiros atos, assim como a parte inicial do último, têm a leveza elegante de uma comédia romântica; Puccini sabe, entretanto, conduzir a transição para o triste final da morte de Mimi com pulso firme, evitando que o drama do cotidiano, a morte por doença, venha a se transformar num dramalhão de mau gosto. Mimi morre como fenece uma flor delicada. Tanto para seu namorado Rodolfo, como para os amigos que o amparam, essa morte representa um rito de passagem. Terminaram-se os anos da juventude inconseqüente. É a chegada da idade adulta, quando não se pode mais viver impunemente.

La Bohème estreou em 1º de fevereiro de 1896, no Teatro Régio de Turim, tendo à frente da orquestra um jovem e talentoso maestro que começava a ficar muito famoso, chamado Arturo Toscanini. A ópera deu a volta ao mundo rapidamente. Em julho de 1897, no Teatro Lírico do Rio de Janeiro, uma companhia italiana regida pelo maestro Giorgio Polacco introduziu a nova ópera de Puccini ao público brasileiro. Em agosto, a companhia veio até São Paulo, apresentando a primeira *Bohème* paulistana no antigo Teatro São José. Entre nós, como em todo o mundo, a história da doce Mimi continua, após mais de um século, a ser uma das óperas favoritas do repertório lírico.

Publicado no programa
da Cortina Lírica de La Bohème,
Teatro do Club Athletico Paulistano,
em 24 de abril de 2003

GAETANO DONIZETTI: NOTAS BIOGRÁFICAS

Um dos seis filhos de um humilde funcionário público e de uma tecelã, Gaetano Donizetti veio ao mundo cercado de extrema pobreza em 29 de novembro de 1797; quando morreu em sua Bergamo natal, com pouco mais de cinqüenta anos, deixava à musica italiana e ao mundo o impressionante legado de mais de setenta óperas, diversos álbuns de canções, quartetos de cordas e várias composições de caráter religioso.

Os pais de Gaetano queriam que ele se tornasse advogado, mas quando ficou claro que não haveria dinheiro suficiente para custear seus estudos, resolveram que aquele menino introvertido de nove anos, que adorava passar horas desenhando e tinha um ouvido musical fora do comum para sua idade, poderia ao menos tornar-se um honesto professor de música, freqüentando as "aulas de caridade" – gratuitas – que eram oferecidas aos filhos das famílias pobres pelo conservatório que havia sido fundado em 1805 na Via della Arena pelo famoso Johann Simon Mayr.

Embora nascido na Bavária, Mayr havia escolhido Bergamo para viver e trabalhar, italianizando seu nome para Giovanni Simone e tornando-se o compositor de óperas italianas mais importante da primeira década do século XIX, com trabalhos de muito sucesso como *Ginevra di Scozia* (1801), *Alonso e Cora* (1803), *La Rosa Bianca e la Rosa Rossa* (1813) e *Medea in Corinto* (1813) entre outros.

Contam alguns biógrafos – e gostamos de acreditar que esta história seja verdadeira – que quando o pequeno Gaetano foi apresentado a Mayr, este ficou tão impressionado com o talento musical inato do menino, que o tomou de imediato sob sua proteção, passando a cuidar pessoalmente de sua educação nos oito anos que se seguiram.Ao lado de literatura e história, matérias que considerava muito importantes para um compositor, Mayr ensinou Donizetti a pensar musicalmente, ou seja, a traduzir em linguagem musical as impressões e emoções causadas pelo mundo exterior; além disso, estimulou ao máximo sua capacidade de improvisação, ensinamento pelo qual Donizetti seria sempre grato a seu mestre, principalmente no auge de sua movimentada carreira, quando chegou a compor até cinco óperas no mesmo ano.

Em 1814, Donizetti tinha dezessete anos e havia consolidado de tal maneira seus conhecimentos técnicos que o próprio Mayr lhe recomendou que prosseguisse seus estudos no Liceo Filarmonico di Bologna, tornando-se aluno de Stanislao Mattei, que anos antes ali havia ensinado a Rossini e tinha sido ele próprio discípulo e sucessor do padre Martini, professor de Mozart naquela mesma escola.

Foi durante este período em Bolonha que Donizetti compôs suas três primeiras óperas, que jamais foram representadas durante o período de sua vida: *Il Pigmalione* (1816), *L'Olimpiade* e *L'Ira d'Acchile*, estas duas de 1817 e, ao que parece, incompletas.

Ao completar vinte anos, Donizetti termina o curso em Bolonha e retorna a Bergamo, dedicando-se por algum tempo a compor música de câmara e algumas cantatas. Sua firme obstinação em tornar-se compositor de ópera entra em choque com a vontade de seu pai, que deseja para o filho uma carreira segura de professor. Donizetti abandona então novamente a casa paterna e se alista no exército austríaco, sendo destacado para a guarnição de Veneza.

É um dos períodos mais felizes de sua vida. No futuro, Donizetti evocará a camaradagem e a amizade de seus companheiros de armas com carinho e uma certa nostalgia em duas de suas óperas mais famosas: *L'Elisir d'Amore*, de 1832 e *La Fille du Régiment*, de 1840.

Durante sua permanência em Veneza, o empresário Paolo Zancla, um amigo de Mayr, firma com o jovem compositor seu primeiro contrato, do qual surgirá a ópera *Enrico di Borgogna*, composta por Donizetti durante as horas de folga na caserna, estreando em 14 de novembro de 1818 no Teatro Luca.

Curiosamente, seu libretista, nascido no mesmo ano e na mesma cidade que o compositor, virá a ocupar, muitos anos depois, o cargo de empresário do Teatro Alla Scala, sendo responsável pelo impulso definitivo da carreira de Giuseppe Verdi. Chamava-se Bartolomeo Merelli.

Tão grande é o sucesso de *Enrico de Borgogna* que Donizetti tem sua baixa militar concedida como um prêmio por seus oficiais superiores, para que possa se dedicar livremente à composição operística.

Nos três anos seguintes surgem seis novas óperas, das quais a mais importante é *Zoraida di Granata*, estreada no Teatro Argentina de Roma, em 28 de janeiro de 1822, e cuja extraordinária aceitação torna o nome de Donizetti, aos 24 anos, definitivamente respeitado e marca o início de sua ascensão social e econômica.

Mas Donizetti deveria esperar ainda nove anos e compor mais 27 óperas até que seu nome se tornasse internacionalmente reconhecido, o que iria acontecer na noite de 26 de dezembro de 1830, no Teatro Carcano de Milão, com a estréia de *Anna Bolena*, cuja recepção pelo público foi descrita pelo autor numa carta à sua esposa com as seguintes palavras: "Sucesso, triunfo, delírio – o público parecia ter enlouquecido!"

Nesta época, Donizetti reside em Nápoles, onde se estabelecera em 1828, logo após casar-se com Virginia Vasselli. Um contrato com o empresário Domenico Barbaja, que se estenderá até 1831, lhe assegura bastante trabalho nos teatros daquela capital; nos intervalos viaja e compõe incessantemente por toda a Itália, e sempre afável, cordial e gentil, encontra tempo para uma vida social intensa.

No inverno de 1835, Donizetti visita pela primeira vez o centro musical mais importante da Europa, Paris. Na bagagem, uma nova ópera escrita para o Théâtre-Italien, *Marino Faliero*, levada à cena em 12 de março e cujo sucesso foi completamente ofuscado pelo brilho da última composição de Bellini, *I Puritani*, à cuja estréia naquele mesmo teatro Donizetti havia assistido dois meses antes, em 24 de janeiro.

Sem se deixar abater, Donizetti regressa a Nápoles, e compõe a mais conhecida de todas as suas óperas, sua obra-prima, que sobe ao palco do Teatro San Carlo em 26 de setembro de 1835, apenas seis meses depois do fiasco parisiense: *Lucia di Lammermoor*, que será representada em todo o mundo civilizado ainda durante o curto período de vida do compositor. É interessante lembrar que assim como aconteceu na estréia norte-americana (Nova Orleans, 1841), *Lucia* foi encenada pela primeira vez no Brasil em francês, no Teatro São Januário do Rio de Janeiro, em 1846.

Três dias antes da estréia da *Lucia*, Bellini morre em Paris; até que Giuseppe Verdi firme seu nome, muitos anos depois, Donizetti será o compositor de óperas mais popular da Itália. O autor William Ashbrook, especialista em Donizetti, cita um dado estatístico revelador: entre 1838 e 1848 – período em que o teatro musical italiano praticamente desconhecia a música sinfônica, dedicando-se apenas ao lírico – a cada quatro óperas encenadas em toda a península italiana, uma havia nascido de sua fértil pena.

Nenhum dos grandes cantores líricos da primeira metade do século XIX deixou de cantar Donizetti, e muitos construíram suas carreiras baseando-se em suas obras: nomes como Fanny Tacchinardi-Persiani, Eugenia Tadolini, Giuditta Pasta, Giulia Grisi, Giuseppina Strepponi, Giorgio Ronconi, Felice Varesi, Luigi Lablache, Antonio Tamburini, Giovanni Battista Rubini, Gilbert Duprez, Gaetano Fraschini, Napoleone Moriani e Carlo Baucardé, entre tantos outros, muito devem à sua música.

Em 1838, quando seu nome é preterido em favor de Mercadante para a direção do Conservatório de Nápoles e a censura impede a representação de *Poliuto*, o compositor, já viúvo, decide mudar-se para Paris, onde experimenta novos sucessos.

Continua sua frenética atividade, deslocando-se com freqüência para Milão e Viena, onde, em 1842, sua *Linda de Chamounix* tem sua primeira apresentação no Kärntnertor Theater, em 19 de maio. Chamado dezessete vezes à cena com aplausos ensurdecedores, Donizetti é a seguir nomeado Maestro Diretor de Concertos e *Kappelmeister* da corte austríaca. Tamanha é sua importância neste momento que o polpudo contrato sequer o obriga a residir em Viena.

A 3 de janeiro de 1843, Paris vê nascer uma de suas óperas favoritas, *Don Pasquale*. De volta a Viena em junho para a estréia de *Maria de Rohan*, começa a sentir-se muito cansado. Sua saúde declina; são os primeiros sintomas da enfermidade que o vitimaria, provavelmente causada por uma sífilis antiga que não chegou a ser curada.

Aos poucos, sua febril atividade diminui, e seu temperamento naturalmente afável vai se tornando agressivo e irritável; mesmo assim, continuou ainda a trabalhar, produzindo ainda no mesmo ano *Dom Sébastien, Roi de Portugal* para o Opéra de Paris e *Caterina Cornaro*, que estreou em 12 de janeiro de 1844 no San Carlo de Nápoles.

Ironicamente, este autor, que havia criado algumas das mais belas cenas de loucura para o palco lírico, em óperas como *Anna Bolena*, *Lucia di Lammermoor* e *Linda de Chamounix*, vai entrando em profunda depressão e é encontrado, em princípios de 1845, em seu apartamento de Paris em estado de completo desequilíbrio mental.

Nos três anos seguintes, enquanto passa, sem resultado, por várias casas de saúde, vai gradativamente perdendo o uso da fala e da audição, e fica paralítico, mergulhando num mutismo absoluto do qual só a morte o libertará.

Levado de volta a Bergamo, seus dias transcorrem sempre iguais. Procurando mitigar seu sofrimento, o famoso tenor Giovanni Battista Rubini vem visitá-lo, e com Giovannina Basoni, canta para ele o dueto "Verrano a te sull'aure" da *Lucia*. Foi a última vez que Donizetti ouviu música.

Poucos dias depois, a 8 de abril de 1848, fecha seus olhos para sempre.

A importância de Gaetano Donizetti no contexto da ópera italiana é enorme. Não foi um revolucionário ou um reformador de estruturas. Na verdade, veio consolidar o modelo estabelecido por Rossini, ajudando a tornar a ópera italiana do período romântico, antes de tudo, um grande veículo para a vocalidade tão cara aos peninsulares, e pavimentando o largo caminho que seria percorrido por Giuseppe Verdi.

Assim, por exemplo, a grande cena do templo do final do segundo ato, "Celeste un'aura", do *Poliuto* antecipa, em muitos detalhes, a cena triunfal da *Aida*; seu protagonista é uma espécie de antepassado vocal de Manrico e o tipo de tenor utilizado por Donizetti como Gennaro na *Lucrezia Borgia* seria um intérprete excelente de Rodolfo na *Luisa Miller* verdiana.

Mas a maior contribuição que Donizetti poderia ter trazido à arte lírica foi o fato de ter definido com perfeição os contornos deste tipo de voz tão importante que surge com o romantismo italiano do século XIX: o barítono. Escurecendo o colorido de sua tessitura, e enfatizando seu aspecto dramático, em óperas como *Torquato Tasso* (1833) e *Belisario* (1834), Donizetti adapta este tipo de voz para os grandes personagens verdianos do futuro. Como teriam sido Nabucco, Don Carlo em *Ernani*, Rigoletto e o Conte di Luna se antes deles não houvessem existido Severo (*Poliuto*), o rei Alfonso (*La Favorite*), Belisario e Enrico Ashton, o irmão da infeliz Lucia?

Talvez a essência do espírito donizettiano tenha sido sua simplicidade ao lidar com a arte que foi a razão de sua vida. Como ele mesmo escreveu: "A música nada mais é do que uma declamação acentuada por sons. Cada compositor deve intuir e criar um canto que favoreça a inflexão da declamação das palavras. Quem não conseguir isto, comporá música destituída de sentimento".

Nada mais simples. Quando se é um gênio como Gaetano Donizetti.

Publicado no site da agência de notícias Carta Maior, *em 2 de abril de 2002, com base num artigo escrito para a revista* Concerto, *em 1997 por ocasião do bicentenário do compositor*

PARTE II

AS ÓPERAS DO CLASSICISMO

Wolfgang Amadeus Mozart. Gravura baseada no quadro a óleo de Johann H.W.Tischbein (1789).

MOZART, DA PONTE E FÍGARO

Às seis horas, fui com o conde Conac ao assim chamado Baile do Breitfeld, onde se reúne a nata das beldades de Praga. [...] Não dancei, não me diverti. [...] Porém vi com muita satisfação as pessoas dançarem ao som do meu *Fígaro*, em muitas contradanças e variações, saltando de um lado para o outro, com profunda alegria; pois aqui não se fala em outra coisa, senão de *Fígaro*; nada se toca, nada se sopra, nada se canta, nada se assobia senão *Fígaro*. Nenhuma ópera atrai tanto [público] quanto *Fígaro* e sempre *Fígaro*; certamente uma grande honra para mim...

Esta carta, escrita em Praga por Mozart, em 15 de janeiro de 1787, a seu amigo Gottfried von Jacquin, nos traz duas informações históricas importantíssimas. A primeira documenta a facilidade com que, no século XVIII, os trechos de ópera mais aplaudidos no teatro se transformavam, por meio de arranjos e adaptações, em música eminentemente popular, servindo até para alegrar os bailes públicos; a segunda nos mostra a merecida alegria do autor ao ver sua *Le*

Nozze di Figaro finalmente aclamada sem reservas e recebida com muito entusiasmo. Em Viena, onde a ópera havia estreado em 1º de maio de 1786, apesar de muito aplaudida – conta-se que a partir da terceira récita o imperador em pessoa mandou proibir os intermináveis bis – *As Bodas de Fígaro* teve apenas nove representações até dezembro. Nesse mesmo período, em Praga, onde estreou logo depois de Viena, a ópera ficou ininterruptamente em cartaz, lotando o teatro noite após noite. Foi o maior sucesso pessoal da carreira de Wolfgang Amadeus Mozart.

A história de *Le Nozze* começa na verdade com a ascensão ao trono austríaco, em fins de 1780, do imperador José II, filho da famosa Maria Teresa. Partidário do Iluminismo, José II promoveu uma série de reformas que sua mãe teria impedido. No bojo dessa abertura, a censura teatral foi bastante suavizada, permitindo que temas explorando as relações entre as classes sociais, os contrastes e disputas entre nobres e povo comum, embora dentro de rígidos limites, pudessem ganhar o palco lírico.

Nesse momento, surge no panorama vienense a mitológica figura do ex-abade Lorenzo da Ponte. Nascido Emmanuele Conigliano, em 1749, assumiu, conforme o costume da época, o nome do bispo que o batizou quando sua família se converteu do judaísmo para o cristianismo. Simpaticíssimo, misto de intelectual e aventureiro, era, assim como seu amigo Casanova, um inveterado conquistador, e adorava gabar-se de suas proezas junto às mulheres, as quais na verdade lhe trouxeram mais dissabores do que alegria, obrigando-o freqüentemente a fugir das cidades onde estava hospedado. Tinha grande facilidade tanto para a poesia como para a prosa, mas a forma sarcástica como sempre manejou sua pena granjeou-lhe uma série de inimigos duradouros ao longo da vida. Libertino, sempre atolado em dívidas, para cujo montante sua paixão pelo jogo contribuiu grandemente, Da Ponte acabou prudentemente por fugir para a América do Norte em 1805, onde lecionou italiano na Universidade de Columbia e criou o primeiro teatro de ópera italiana (1833) em Nova York, cidade em que faleceu em 1838.

Ao chegar a Viena, em 1783, Da Ponte trazia uma carta de apresentação obtida em Dresden para o compositor Antonio Salieri, então *kapellmeister* da corte. Por meio dele, conquistou a simpatia do conde Rosenberg, diretor-geral dos teatros da capital austríaca, e do próprio imperador. Mesmo sem jamais ter escrito um único libreto de ópera na vida, foi nomeado poeta oficial do Teatro de Ópera da Corte, que passara agora a produzir ópera cômica italiana, pois José II havia perdido o entusiasmo pela idéia da ópera alemã. Este momento foi fielmente retratado por Mozart numa carta ao pai em 7 de maio de 1783:

> Aqui, reabriu-se a ópera bufa italiana, e com sucesso [...] O *primo buffo* é excelente. Chama-se Benucci. Examinei uns cem libretos, no mínimo, e não encontrei nenhum que me satisfizesse; quero dizer, era necessário fazer tantas alterações, cá e lá, que, mesmo que algum poeta aceitasse a incumbência, seria mais fácil escrever um texto inteiramente novo – o que, na verdade, é sempre melhor [...]
>
> Nosso poeta é um certo abade da Ponte. Ele está muito atarefado, revisando peças para o teatro e tem de escrever *per obbligo* um libreto inteiramente novo para Salieri [Il ricco d'un giorno], que o ocupará por dois meses. Prometeu que depois escreverá um libreto novo para mim. Mas quem sabe se terá condições – ou vontade – de cumprir a palavra? Pois, como o senhor sabe, esses italianos são muito gentis pessoalmente.
>
> Basta! Nós os conhecemos! Se se entender com Salieri, jamais terei o libreto e eu queria tanto experimentar a mim mesmo na ópera italiana!

Felizmente, os temores de Mozart não se realizaram. Apesar de ter elaborado libretos para vários compositores de sucesso na época – Martin y Soler, Gazzaniga, além do próprio Salieri –, Da Ponte passou à história por ter sido o autor dos versos da "trilogia italiana", formada pelas óperas *Le Nozze di Figaro*, *Don Giovanni* e *Così fan tutte*, que constituem, em termos de unidade de concepção, fusão música-texto e qualidade do espetáculo teatral, o ponto alto da criação mozartiana para o palco lírico.

Mozart e Da Ponte haviam se conhecido na casa de um amigo comum, o rico barão Raimund von Wetzlar, e já nesse primeiro encontro o poeta sugeriu ao músico que trabalhassem juntos. Mas dois anos deveriam se passar até que, tendo finalmente escolhido seu argumento, Mozart procurasse Da Ponte para a elaboração do libreto. Da Ponte anotou em suas *Memórias*:

> O escopo de seu gênio [de Mozart] demandava um assunto de grande envergadura, algo multiforme, sublime. Um dia, conversando sobre isso, ele me perguntou se eu poderia transformar em ópera a comédia de Beaumarchais, *Le Mariage de Figaro*. Gostei muito da sugestão e prometi escrever.

Muito já se discutiu sobre o grau de responsabilidade que teve a trilogia de Fígaro, de Pierre Augustin Caron de Beaumarchais, constituída pelas peças teatrais *Le Barbier de Seville*, *Le Mariage de Figaro ou la Folle Journée* e *La Mère Coupable ou L'autre Tartuffe*, no fermento intelectual que conduziu à Revolução Francesa. "C'était la révolution en action!", foi o comentário feito, anos depois, por Napoleão Bonaparte.

A verdade é que, com Fígaro, a reivindicação dos oprimidos é formulada pela primeira vez no teatro francês. *Le Mariage de Figaro* contém uma virulenta crítica social e foi causadora de um dos maiores escândalos da história do teatro, levando anos de intrigas e discussões até ser representada, em 1784, pela Comédie-Française, quando se tornou um indiscutível sucesso. Imediatamente, surgiram várias traduções em alemão, sempre sob o título *Figaros Hochzeit, oder der tolle Tag*, às quais Mozart teve acesso, pois circulavam livremente em Viena. Essa foi mais uma das sutilezas da censura do regime de José II, que, embora considerasse um risco autorizar a encenação da peça – a companhia teatral de Schikaneder, o futuro libretista de *A Flauta Mágica*, não obteve permissão para encená-la –, não achou sua leitura nem um pouco perigosa, pois permitiu sua publicação sem reservas.

Não devemos esquecer que a discussão sobre os privilégios das classes dominantes estava na ordem do dia da Viena da época; enquanto *Le Mariage* o faz de forma racional, cínica, o assunto é também abordado sob a ótica do desenfreado romantismo de Friedrich Schiller, ao publicar, em 1784, seu *Kabale und Liebe*, peça na qual Giuseppe Verdi irá buscar inspiração para a ópera *Luisa Miller*.

Essa crítica, como não poderia deixar de ser, não escapou ao delicado faro dos libretistas de ópera, que perceberam um celeiro de oportunidades no tema de contrastes entre as classes sociais. É muito provável que as três óperas que estavam então sendo representadas no Burgtheater de Viena tenham indicado a Mozart a direção correta a seguir: *La Villanella Rapita*, com libreto de Giovanni Bertati e música de Francesco Bianchi, para cuja edição vienense Mozart havia escrito dois *concertati* que muito se assemelham aos de *Figaro*; *Re Teodoro in Venezia*, com libreto de Casti e música de Giovanni Paisiello; e finalmente o famosíssimo *Il Barbiere di Siviglia,* também de Paisiello, com libreto de Giuseppe Petrosellini, cujo imenso sucesso deve ter influenciado muito a decisão de Mozart na escolha de um argumento que fosse sua continuação.

A ópera foi composta em apenas seis semanas, dentro do maior segredo. Mozart e Da Ponte temiam que a proibição do texto de Beaumarchais no teatro de prosa se estendesse também à ópera. Mas Da Ponte era um homem do mundo, conhecia as limitações do momento e, ao lado do compositor, tratou de efetuar todas as alterações necessárias para amenizar a excessiva acidez da peça francesa, criada num contexto muito diferente do vienense. Um bom exemplo do procedimento dos autores é a substituição do longo e altamente corrosivo monólogo de Fígaro, no ato v de *Le Mariage,* em que ele fala de dinheiro e poder, e critica o conde por não ter feito o mínimo esforço para ocupar sua posição de importância, pela célebre ária do ato iv da ópera, *Aprite un po' quegl'occhi,* a célebre constatação – e advertência – sobre a natureza feminina, enganadora dos homens incautos. Nenhuma menção à sátira de caráter político da qual o original francês era impregnado. A ironia, na ária, fica por conta do compositor, que utiliza em seu final um solo de trompas, ou *corni*, em italiano, símbolo universal dos maridos traídos.

Por um golpe de sorte, o teatro da corte de Viena viu-se, de um momento para outro, sem óperas novas para representar. O tenor Michael Kelly, intérprete dos papéis de Don Basílio e de Don Curzio na estréia de *Le Nozze,* anotou, em suas *Reminiscências* que três autores se habilitaram, cada um disputando a honra de encenar sua ópera em primeiro lugar: além de um certo Regini, apresentaram-se Salieri, com sua *La Grotta di Trofonio*, e Mozart com *Figaro*. Imediatamente, a sociedade culta de Viena dividiu-se em três partidos que debatiam, discutiam, intrigavam e conspiravam como de costume. Não se falava em outra coisa. Segundo Da Ponte, que não tinha, definitivamente, a modéstia entre suas virtudes, foi ele próprio convencer o imperador a optar por *Le Nozze di Figaro:*

> Sem consultar ninguém, fui oferecer o *Fígaro* ao imperador em pessoa.
>
> "Como?", ele disse. "O senhor sabe que Mozart, bravíssimo para a [música] instrumental, não escreveu nada mais que um drama vocal, e que não era grande coisa!" José [II] se referia ao *Rapto do Serralho,* Viena 1782; ele não estava a par das óperas precedentes de Mozart e não tinha entendido nada do *Rapto*.
>
> "Eu também não", repliquei de maneira submissa. "Sem a clemência de Vossa Majestade, eu não teria escrito sequer um drama em Viena".
>
> "É verdade", replicou ele, "mas eu proibi a companhia alemã de encenar estas *Bodas de Fígaro*".
>
> "Sim", acrescentei, "mas tendo composto um *dramma per musica*, e não uma comédia, fui obrigado a omitir muitas cenas, e fazer cortes profundos em muitas outras, e omiti e suprimi aquilo que poderia ofender a delicadeza e a decência de um espetáculo que a Majestade soberana preside. Quanto à música, segundo meu julgamento, é de uma beleza maravilhosa".

"Bem, se é assim, confiarei em seu gosto quanto à música e em sua prudência quanto aos costumes. Faça com que a partitura seja dada ao copista".

Corri imediatamente à casa de Mozart, e nem havia terminado de dar-lhe a boa notícia quando chegou um estafeta do imperador, com um bilhete que lhe ordenava que fosse ao palácio com a partitura. Obedecendo ao comando real [Mozart] tocou para o imperador diversos trechos que o agradaram maravilhosamente.

Essa narrativa tem ajudado a difundir uma imagem errônea de José II como um homem facilmente manipulável, ao menos em termos de suas opiniões artísticas. Nada mais errado. Na verdade, a expressão "déspota esclarecido" se encaixava no imperador austríaco como uma luva. José II, apesar de suas idéias iluministas, buscava exercer o poder absoluto, e suas relações com a nobreza, de quem ele havia abolido alguns antigos privilégios, estavam tensas nesse momento. Nem a habilidade de Da Ponte nem o talento de Mozart teriam sido suficientes para induzi-lo a escolher *Le Nozze* para seu teatro, se ele não tivesse ali enxergado com clareza uma metáfora sobre a obtusidade da nobreza rural, que se recusava a aceitar e a compreender as tendências dos novos tempos.

Embora *Le Mariage* e *Le Nozze* tenham basicamente a mesma trama, ao suavizar o argumento para torná-lo aceitável, Mozart e Da Ponte fizeram com que o embate intelectual de vontades, a disputa racional entre plebe e nobreza que conduz a intriga da peça de Beaumarchais, fosse substituída na ópera pela luta contra a solidão, pela busca de amor empreendida pela maioria dos personagens, revestida de um erotismo que, embora elegante, e às vezes velado, é sempre evidente e tratado com nuanças sutis que se distribuem entre os vários personagens.

Do lado feminino, a meio caminho entre Barbarina, que aos treze anos descobre os jogos amorosos, e a velha Marcellina, desesperadamente agarrada à idéia de casar-se com Fígaro numa busca tardia de prazer, estão Susanna e a Condessa. A primeira, cônscia do poder de sedução de sua esplendorosa juventude, com o qual manipula Fígaro, o Conde e Cherubino, e a segunda, fiel e melancólica, sempre ansiando pelo amor perdido do marido, e cuja tristeza extravasa de suas próprias árias para certas passagens disfarçadas da partitura.

Na parte masculina, contrastando com Fígaro, o homem do povo, honesto e monógamo, que se prepara com alegria para seu casamento, estão o Conde, o caçador de mulheres que se recusa a envelhecer, e seu próprio reflexo no passado distante, o adolescente Cherubino, perturbado por não conseguir lidar direito com a própria sexualidade, e que funciona como elemento catalisador de toda a ópera.

Em *Le Nozze di Figaro*, nenhum dos cinco personagens principais – Susanna, Fígaro, o Conde, a Condessa e Cherubino – é mais importante do que os outros; todos ganharam árias belíssimas. Mas, numa ópera como essa, que enriquece os elementos originais da comédia napolitana com toda a sua trama psicológica de intrigas e de relações interativas que fazem a ação avançar, o que se destaca são as cenas de conjuntos. Digno de nota é o final do segundo ato, iniciado pelas palavras *Esci, ormai, garzon malnato*, que acontece quando o Conde espera surpreender Cherubino no quarto de vestir de sua esposa e fica de queixo caído ao encontrar Susanna em seu lugar. Esse *finale*, com duração de quase vinte minutos, não é uma série de trechos justapostos como no modelo italiano da época, mas tem a estrutura arquitetônica coerente de uma sinfonia, que se inicia com um dueto entre o Conde e a Condessa, logo transformado em trio com a entrada de Susanna; a eles, vão se juntando primeiro Fígaro, depois o jardineiro e finalmente, entrando juntos, Marcellina, Basílio e Bartolo. Ao longo de 940 compassos, sem nenhuma pausa ou interrupção de um recitativo, cada vez que a situação dramática se altera com a entrada de novos personagens o autor cria uma nova secção musical. É um brilhante processo de construção por acréscimo, e bastaria apenas esse grande exemplo de *concertato* psicológico para nos dar toda a medida do gênio de Mozart.

Le Nozze de Figaro, assim como suas irmãs *Così fan tutte* e *Don Giovanni*, levou muito tempo para ser aceita pelo público paulista. Sua primeira apresentação em São Paulo deu-se em 1957 no Theatro Municipal, por uma companhia alemã que por aqui passou; a ópera só voltou ao Municipal duas vezes: em 1979, com o grande Giuseppe Taddei no papel de Fígaro, e em 1989, ocasião em que o maestro Jamil Maluf montou um elenco todo brasileiro. Houve ainda duas montagens originárias de fora de São Paulo, apresentadas no Teatro Paulo Eiró em 1997 e no Theatro São Pedro em 2000.

Para todos aqueles que amam a ópera, fica aqui uma interrogação. Da mesma maneira que no *Falstaff* verdiano, o final de *Le Nozze* é um grande *concertato*, com todos os personagens reunidos à noite em um bosque. Quantas vezes o velho Verdi, ao compor o final de sua obra-prima, colocando nos lábios do gordo cavaleiro a frase "tutto nel mondo è burla" teria se lembrado da ópera do jovem Mozart e da súplica do conde de Almaviva, "Contessa, perdono"?

Publicado no Programa de Le Nozze di Figaro,
Theatro Municipal de São Paulo,
em outubro de 2003

ASCANIO IN ALBA

Em 1771, a imperatriz Maria Theresa, da Áustria, nomeou seu terceiro filho, o jovem arquiduque Ferdinand, então com dezessete anos, governador geral da Lombardia. Neste mesmo ano, Ferdinand casou-se com a descendente de uma das mais importantes linhagens italianas, a princesa Maria Beatrice d'Este, de Modena.

Para comemorar condignamente as bodas, a imperatriz ordenou que o conde Firmian de Milão mandasse compor novos espetáculos musicais. O mais velho *kapellmeister* a serviço da corte, o importante compositor Johann Adolph Hasse, foi incumbido de escrever *Il Ruggiero*, que viria a ser sua última ópera; e ao mais novo compositor da moda, um jovem austríaco de quinze anos chamado Wolfgang Amadeus Mozart, que havia feito um giro artístico prolongado pela Itália em companhia de seu pai Leopold, e acabara de consolidar sua fama com o grande sucesso de sua ópera *Mitridate Re di Ponto*, foi encomendada a serenata musical ou *festa tea-*

trale em dois atos *Ascanio in Alba,* com libreto de Giuseppe Parini, inspirado numa passagem da Eneida de Virgilio.

Ascanio, também chamado por Virgilio de Julo, foi, segundo a tradição, o ancestral da nobre família romana Julia. Neto da deusa Vênus, era filho de Enéias, um dos poucos sobreviventes da guerra de Tróia. A Ascanio atribui-se a fundação da cidade Alba Longa, capital do Lácio, onde cerca de dois séculos depois nasceriam Rômulo e Remo, fundadores de Roma.

A serenata musical, que é na verdade uma pequena ópera, inicia-se num bosque onde Vênus deseja que surja uma nova e promissora cidade, Alba. Para festejar o acontecimento, a deusa impõe à pastora Silvia, descendente de Hércules, que se case com seu neto. Mas Vênus quer que o jovem casal se ame realmente, e através das artes de Cupido, Silvia vê o desconhecido Ascanio em um sonho e se enamora dele. Quando Ascanio se apresenta à pastora sem revelar sua verdadeira identidade, Silvia, embora o ame, obriga-se a recusá-lo, pois foi destinada por Vênus a outro. Mas o final feliz não se faz esperar: já testada – e aprovada – em sua virtude, Silvia vê surgir diante de si a belíssima Vênus, que lhe diz que seu amado outro não é senão Ascanio e abençoa a união dos dois. Durante a celebração das núpcias, acontece um milagre. As árvores se transformam em pilares, os galhos e folhas em telhados e abóbadas, e a cidade de Alba nasce em todo seu esplendor, enquanto Vênus exorta o novo casal a governar sabiamente a cidade e o povo que lhes foram confiados. A alegoria, valorizada pela música de Mozart, foi imediatamente compreendida pelo público milanês e muito bem recebida. Vênus representava a imperatriz Maria Theresa; Ascanio e Silvia eram na verdade Ferdinand e Beatrice, que se casavam para governar, com amor e sabedoria, a cidade de Milão, capital da Lombardia.

Ascanio in Alba estreou em 17 de outubro de 1771, um dia depois da ópera de Hasse, no Teatro Régio Ducal de Milão. Seu sucesso pode ser avaliado por um trecho da carta escrita no dia 19 por Leopold Mozart: "a serenata de Wolfgang bateu a ópera de Hasse de tal maneira que é impossível descrever o acontecido".

Em novembro do mesmo ano, Mozart escreveu um novo final para a sinfonia de abertura de *Ascanio*, transformando-a em uma peça de concerto independente.

Publicado no programa da Sala São Paulo, em junho de 2003

PARA ENTENDER MELHOR *A FLAUTA MÁGICA*

A Flauta Mágica é uma ópera que fala do amor. Sua mensagem é ao mesmo tempo simples e profunda. Um casal que se ama só atinge o estado ideal de comunhão de almas quando os dois trabalham juntos na superação de inúmeras dificuldades que a vida lhes coloca, fortalecidos pela virtude e pela confiança. Sob esse aspecto, é uma fábula sobre o amor espiritual, puro e sereno, cuja moral foi tão bem aceita e assimilada em sua estréia (1791) quanto o é hoje.

Existe, porém, um outro aspecto que, embora facilmente percebido pelo público vienense da ocasião, hoje nos escaparia totalmente se uma série de estudiosos não tivesse, ao longo do tempo, analisado a ópera em detalhes e publicado suas observações.

A Flauta Mágica é repleta de símbolos e alegorias relativos à Maçonaria, da qual faziam parte tanto Emmanuel Schikaneder, o autor do texto da ópera, quanto seu compositor, Mozart, que viria a falecer apenas dois meses depois da estréia, e que havia encontrado grande conforto espiritual no seio daquela fraternidade em seus últimos anos.

O número três, muito importante tanto na filosofia quanto nos ritos maçônicos, é citado com freqüência no texto e na música. São três as damas que salvam Tamino do dragão, e três são os meninos que o conduzem às três portas dos três templos, o da Razão, o da Sabedoria e o da Natureza. A nona cena do primeiro ato tem como personagens três escravos de Monostatos. No início do segundo ato, Sarastro responde a três sacerdotes sobre a iminente prova de Tamino, enumerando três atributos do jovem: Virtude (*Tugend)*, Discrição (*Verschwiegenheit*) e Caridade (*Wohltätig*). O diálogo seguinte, entre Sarastro e o Orador do Templo, é interrompido por três toques de trompa, cada um deles constituído de três acordes iguais. Estes três acordes, que já tinham sido ouvidos no início da abertura da ópera, representam as três batidas rituais com as quais o aspirante a maçom pede para ser admitido na Loja. Sua tonalidade é mi bemol maior, que se indica na partitura grafando-se três bemóis ao lado da clave. Essa simbólica tonalidade aparecerá em muitos outros lugares da ópera. Ainda quando Tamino e Papageno são levados ao templo para aguardar as provas, a percussão executa uma série de três trovões, que se misturam às vozes.

Também o número dezoito, múltiplo de três, que dentro da hierarquia maçom equivale a um dos importantes Graus Capitulares, o de Soberano Príncipe Rosa-Cruz, aparecerá várias vezes. Sarastro faz sua primeira aparição na ópera durante a 18ª cena do primeiro ato. O libreto original observa que o cenário do início do segundo ato deve apresentar dezoito cadeiras onde se sentarão dezoito sacerdotes. O hino *O Isis und Osiris, welche Wonne* (Oh Isis e Osíris, que Alegria) entoado mais adiante pelos sacerdotes, tem dezoito compassos, e abre a 18ª cena do segundo ato. E Papagena, que aparece inicialmente como uma mulher muito velha, arranca risadas da platéia quando diz a Papageno ter apenas dezoito anos. O Grau

Rosa-Cruz é citado indiretamente ainda quando os três meninos, ao trazer de volta a flauta mágica e o carrilhão, entram em cena, segundo o libreto, numa plataforma voadora coberta de rosas. O lema daquele grau hierárquico, *Virtude e Silêncio*, enumera as qualidades exigidas de Tamino antes do início das provas.

Um outro aspecto alegórico importante é que os principais personagens de *A Flauta Mágica* representam, metaforicamente, personalidades ou instituições da vida real.

A perversa Rainha da Noite teria sido inspirada pela Imperatriz Maria Teresa, cujo governo de cunho absolutista, simbolizado pelas trevas que acompanham a personagem, proibiu a existência da Maçonaria. O belo príncipe Tamino seria na verdade José II, o filho de Maria Teresa que a sucedeu no trono. Seu governo foi muito mais liberal do que o da mãe, e permitiu que as assembléias maçônicas voltassem a se reunir. A doce Pamina representaria a Áustria, que o iluminado Tamino/José II liberta das trevas e traz para a luz da verdade maçônica com o auxílio do grão-sacerdote Sarastro, personagem inspirado no geólogo Ignaz von Born, o respeitadíssimo líder da loja "A Verdadeira Harmonia", uma das mais importantes agremiações maçônicas austríacas. Para que não restem dúvidas, o texto da segunda ária de Sarastro, "In diesen heil'gen Hallen" (Nestes Sagrados Recintos), é a reprodução dos altos ideais da maçonaria. Papageno, por sua vez, encarna o bom e simples camponês, o homem comum, com seus valores autênticos, cujas preocupações são encontrar uma boa esposa, constituir família e contar sempre com a tranqüilidade de uma mesa farta. Finalmente, o mouro Monostatos tem sido interpretado como uma sátira aos jesuítas, que se trajavam de negro e cuja ordem se opôs à maçonaria com todas as suas forças.

Embora alguns livros sobre ópera afirmem que a ópera se passe no Egito da antiguidade – país onde se acredita que a maçonaria tenha nascido –, nenhuma referência no libreto nos permite tomar esta afirmação como absolutamente correta. É preferível, então, imaginarmos que a ambientação de *A Flauta Mágica* se dá num distante país oriental, nos tempos da antiguidade.

Publicado no programa
do Festival de Ópera de 2002
do Theatro da Paz em Belém

L'INFEDELTÀ DELUSA

Em 1761, Joseph Haydn (1732-1809) foi contratado pelo príncipe húngaro Anton von Esterházy como maestro assistente da orquestra de seu Castelo de Eisenstadt, situado nas cercanias de Viena.

Haydn serviu à dinastia durante trinta anos. Nesse período, escreveu uma infinidade de obras para a sala de concertos, granjeando uma fama tão grande como autor de sinfonias, quartetos, concertos, missas e oratórios que muitas vezes nos esquecemos que ele se dedicou com afinco também ao teatro lírico, compondo dezesseis óperas com libreto italiano e cinco em alemão durante seus anos na corte. Haydn e a ópera eram velhos conhecidos. Em 1753, ele estreara *Der krumme Teufel* (O Demônio Trapaceiro) no Teatro Kärntnertor de Viena. Esta foi a primeira das 29 óperas que escreveu durante sua vida. É um número considerável, se pensarmos que Puccini escreveu apenas doze.

Com a morte do príncipe Anton, o título passou para seu irmão Nicolaus, que, inspirado – e impressionado – por uma visita feita a Versalhes, resolveu erigir o fabuloso palácio Eszterháza, situando-o numa antiga propriedade de caça da família, a uns quarenta quilômetros de Viena, longe de tudo e de todos.

Não se pode dizer que Nicolaus tenha poupado despesas. Além de um jardim maravilhoso com fontes e cascatas, o novo príncipe dotou seu palácio de uma importante galeria de pintura com obras de pintores flamengos e italianos, e de uma respeitável biblioteca de 75 mil volumes. O palácio foi inaugurado em 1766, mesmo ano em que Haydn foi efetivado como *kapellmeister* da Orquestra Esterházy, transformada, por sua dedicação, numa das melhores da Europa.

Nicolaus mandou construir dois teatros em seu palácio, confiando sua direção a Haydn. O menor deles destinava-se a abrigar espetáculos de marionetes. O teatro maior, onde podiam se sentar até quatrocentos pessoas, era fundamentalmente dedicado à ópera, dando ênfase ao repertório italiano. Além das óperas de Haydn, ali se representaram composições de Anfossi, Gluck, Paisiello, Cimarosa, Piccinni, Sarti e Guglielmi entre outros.

A partir de 1775, quando Haydn constituiu uma companhia lírica estável na corte, o Teatro Eszterháza tornou-se um centro de referência para a ópera, rivalizando com núcleos importantes como Londres e São Petersburgo.

L'Infedeltà Delusa (A Infidelidade Frustrada) é a quarta ópera escrita por Haydn para a corte dos Esterházy, e a sua terceira a estrear no teatro do novo palácio. Foi apresentada pela primeira vez no dia 26 de julho de 1773, dentro da programação das festividades em torno do dia onomástico da princesa Maria Anna Louise von Esterházy, a viúva de Anton. A apresentação da ópera foi seguida por um magnífico baile de máscaras, e as comemorações só terminaram no dia seguinte, com uma grande queima de fogos de artifício.

Entre os convidados, incógnita, estava a arquiduquesa Maria Cristina, filha da imperatriz Maria Teresa da Áustria. Maria Cristina deve ter feito boas referências ao espetáculo ao conversar com sua mãe, pois em 1º de setembro, a própria imperatriz veio a Eszterháza, onde assistiu à segunda encenação de *L'Infedeltà Delusa*. Em homenagem à visita real, Haydn compôs uma nova ópera de marionetes, *Philemon und Baucis*, que estreou no dia seguinte, no pequeno teatro, em presença da imperatriz. Além disso, no Pavilhão Chinês do palácio, Haydn fez executar sua *Sinfonia n. 48 em Dó Maior*, chamada *Maria Teresa*. A visita foi um sucesso tanto para a família anfitriã quando para Haydn. Posteriormente, a imperatriz afirmaria: "se eu quiser ouvir boa ópera, devo ir a Eszterháza!". Maria Teresa presenteou Haydn com uma caixinha de rapé, folheada a ouro por fora e recheada com ducados por dentro. Nicolas não ficou atrás, e deu ao compositor uma bolsa com 25 ducados de ouro.

O libreto de *L'Infedeltà Delusa* foi escrito por Marco Coltellini, que sucedeu a Metastasio como *poeta cesareo* na Corte Imperial de Viena, e adaptado pelo tenor Carl Friberth, membro da companhia estável e protegido de Haydn. Em vez de divindades ou nobres, personagens comuns em grande parte dos libretos da época, o autor preferiu ambientar a narrativa entre singelos camponeses, criando uma trama simples de enganos amorosos que se resolvem com um final feliz.

Apesar de conter momentos divertidos, *L'Infedeltà* não é uma ópera bufa. Se fosse roteiro de filme, seria classificada como uma comédia romântica para a sessão da tarde, como no século seguinte também o seriam *La Gazza Ladra* de Rossini ou *La Sonnambula* de Bellini, que os respectivos autores chamaram de *melodramma*.

Para criar as cenas cômicas, o libreto permitiu a Haydn lançar mão de um procedimento que ele já havia utilizado em uma ópera anterior, *Lo Speziale*, onde um jovem apaixonado volta à cena com vários disfarces para conseguir conquistar sua amada. *Il Barbiere di Siviglia* de Rossini e *Il Campanello* de Donizetti contém cenas similares. Em *L'Infedeltà,* quem se disfarça – quatro vezes – é Vespina, espécie de antepassada da não menos esperta Despina do *Così fan tutte* mozartiano. Será que a grande semelhança entre os dois nomes é mera coincidência?

O primeiro ato da ópera se passa na cabana do velho camponês Filippo (tenor), o pai de Sandrina (soprano). Filippo acaba de prometer a mão de sua filha a Nencio (tenor), o rico fazendeiro da região. Este acordo deixa dois jovens camponeses muito preocupados: Nanni (barítono), que ama Sandrina e é correspondido, e Vespina (soprano), a irmã de Nanni, que havia sido namorada de Nencio e é ainda apaixonada pelo fazendeiro.

Sandrina entra em cena. O pai lhe anuncia o vantajoso noivado com Nencio, sem se importar com os protestos da filha, a quem nada resta senão obedecer, embora jure continuar amando Nanni para sempre. Quando Nanni vem visitá-la, Sandrina, mantendo a promessa feita ao pai, o rejeita.

Na cena seguinte, os irmãos se encontram, e após conversarem sobre seus amores frustrados, resolvem vingar-se. Enquanto isso, Filippo convenceu seu futuro genro a fazer uma serenata sob a janela de Sandrina para conquistá-la. Escondidos, os dois irmãos espiam Nencio cortejar Sandrina após a serenata. Mal-sucedido, ameaça levá-la à força. É quando Vespina, perdendo o controle, sai do esconderijo e esbofeteia Nencio. O ato termina num grande *concertato* em que todos os personagens brigam entre si.

No segundo ato, Vespina engendra um plano para impedir o casamento. Disfarçando-se como uma velha manca, ela diz a Filippo que anda pelo mundo em busca do perverso marido de sua pobre filha, um certo Nencio, que a abandonou. Tal revelação deixa Sandrina e Filippo alarmados, e quando Nencio chega para visitar a noiva, pai e filha o recebem com insultos. Filippo avisa que o noivado está rompido.

Pouco depois, ainda completamente confuso, Nencio encontra um empregado alemão (Vespina em novo disfarce), que anuncia a iminente chegada de seu amo, o marquês de Ripafratta, que vem casar-se com Sandrina. Nencio fica furioso, e está a ponto de procurar Filippo para pedir satisfações quando o marquês (outro disfarce de Vespina) entra pomposamente, anunciando sua intenção de casar Sandrina com um dos ajudantes de sua cozinha. Entusiasmado com a idéia de que Filippo será enganado – será sogro de um cozinheiro, não de um marquês – Nencio se oferece imediatamente como testemunha de casamento.

Enquanto isso, em sua casa, Filippo trata de preparar a filha para uma vida de luxo, em meio à nobreza. Mas a jovem não quer nada disso: prefere viver numa humilde cabana como esposa de Nanni. Entra Vespina, agora disfarçada como notário, acompanhada do irmão, também disfarçado como criado do marquês. O notário-Vespina prepara o contrato nupcial que Sandrina é obrigada a assinar, logo seguida de Nencio como testemunha. Alegando representar o marquês, que está atrasado (e que na verdade nunca virá), o "criado" assina o contrato em seu lugar.

Os irmãos revelam suas verdadeiras identidades. Sandrina descobre que, ao assinar, acabou de casar-se com seu amado Nenni. Ao mesmo tempo, Nencio, examinando o contrato, percebe que se casou com Vespina!

Embora o velho Filippo tenha sido enganado, sua raiva se transforma rapidamente em reconciliação, e a ópera termina com um jubiloso *concertato* onde todos se confraternizam.

Como de costume nas óperas da segunda metade do século XVIII, a maior parte da ação de *L'Infedeltà Delusa* se desenvolve através de recitativos secos que desembocam em árias, muito felizes em caracterizar perfeitamente os personagens, como acontece com as árias ds dois sopranos, que estabelecem o contraste entre a ardilosa e simpática Vespina e a suave e resignada Sandrina. Assim como nas outras óperas de Haydn, notamos também aqui a experiente mão do compositor de música instrumental, enriquecendo as árias com uma orquestração elaborada e elegante, com conteúdo melódico e harmônico muito superior aos encontrados nas óperas italianas mais populares da mesma época.

Publicado no programa do
Festival de Inverno de Campos de Jordão,
de 2004

PARTE III

ALEMANHA, SÉCULO XIX

Richard Wagner fotografado em sua residência de Lucerna, a Villa Triebschen, em 1868, aos 55 anos de idade.Foto: C. F. Deckler.

LEONORE, A AMADA IMORTAL DE BEETHOVEN

Habituados como estavam a buscar seus argumentos nas peças de teatro em voga, os compositores do romantismo tardio jamais se deram conta da oportunidade de ouro que teria sido transformar em ópera a biografia de Ludwig van Beethoven. Todos os elementos típicos de uma grande ópera trágica estão presentes na sofrida história de vida do gigante de Bonn. Não faltam desilusões amorosas, esperanças não realizadas, dificuldades de relacionamento, o isolamento gradativo de seu espírito brilhante pela surdez e o mergulho final da morte causada por uma cirrose. E, sobretudo, não falta música.

A nós espectadores só resta o consolo de avaliar o quão comovente seria a partitura resultante da exposição de todos esses estímulos à fantasia criativa de um Arrigo Boito ou de um Jules Massenet. No prólogo da ópera, dentro da melhor tradição do teatro lírico, Ludwig adolescente, órfão de mãe aos dezesseis anos e arrimo de família, compelido a substituir o pai alcoólatra e imprestável nos cuidados com a criação de seus três irmãos menores, seria representado por um *mezzo-soprano*. Nos três atos subseqüentes, o jovem rebelde, introspectivo e enfermiço, que gradativamente se transforma no músico mais importante de sua época, paladino da liberdade, idealista do amor fraternal coletivo – embora irascível e capaz de mesquinharias em suas relações individuais com as pessoas –, teria sua parte evidentemente confiada à voz de um barítono. Claro que grandes temas beethovenianos, como aqueles dos primeiros movimentos do concerto *Imperador* ou da *Quinta Sinfonia*, ou os das sonatas *Appassionata* e *Patética*, seriam evocados à guisa de reminiscências na orquestra e nas vozes. A apoteose final, a morte de Beethoven, sua partida deste planeta em busca de novas harmonias cósmicas e espirituais, permitiria que um coral de proporções gigantescas inundasse o teatro com a *Ode à Alegria* de Schiller ao som do final da *Nona Sinfonia*. E os momentos líricos de amor, como a leitura de uma carta dirigida à misteriosa Amada Imortal, não encontrariam música melhor do que aquela que o apaixonado Beethoven compôs para *Fidelio*, sua única ópera.

Embora tanto em Bonn quanto em Viena, para onde se mudou depois, Beethoven tenha tido contato constante com a ópera – para a qual Mozart havia estabelecido padrões extremamente elevados –, ele perseguiu o sucesso, em seus primeiros anos vienenses, como pianista e compositor de música instrumental. Seus principais patronos o encaravam sempre como um músico típico de salas de concerto e saraus, não como autor de palco. Por outro lado, a paixão pelo tema heróico e pelo idealismo – daí sua grande admiração pela *Flauta Mágica* – o levava a encarar com menosprezo a maioria das óperas de sua época, o que não o impedia de estudar com afinco e manter-se atualizado em relação aos progressos alcançados nesse campo pelos autores italianos e alemães. Embora dispusesse de técnica, inspiração e sensibilidade para criar música como poucos, a natureza não o dotou do talento para o palco que outros compositores, embora menores do que ele, possuíam de sobra. Além disso, no momento em que Beethoven começou realmente a se interessar em compor para o teatro lírico, por volta de 1803, sua surdez era um fato consumado e piorava dia a dia. Isso tornava proibitiva qualquer relação eficiente com a infinidade de pessoas envolvidas na produção de um espetáculo de ópera.

Inspirado, entretanto, pela ótima recepção da montagem vienense da *Lodoïska* de Cherubini, que Emmanuel Schikaneder produziu no recém-inaugurado Theater an der Wien, Beethoven decidiu arriscar a sorte como operista. À convite de Schikaneder, começou a compor *O Fogo de Vesta*, ambientada na Roma antiga. Nada feito. O assunto nada tinha a ver com ele, e a ópera jamais passou da primeira cena. Foi então que despontou em seu horizonte um libreto denominado *Léonore ou L'amour conjugal,* que já havia servido de base para três óperas anteriores, escritas respectivamente pelo francês Pierre Gaveaux, pelo italiano Ferdinando Paer e pelo alemão Johann Simon Mayr, o professor de Donizetti. Beethoven, o liberal, o iluminista, ficou fascinado por esse texto em que o poeta francês Jean Nicolas Bouilly, que fora juiz durante o duro período do terror da Revolução Francesa, romanceava um acontecimento real. Naquela época, uma mulher se disfarçou de homem para libertar o marido de uma cadeia onde o pobre estava sendo injustamente mantido como prisioneiro político. Coube ao futuro libretista condenar o diretor da prisão que cometera o abuso.

Utilizando uma tradução do libreto elaborada por Joseph Sonnleithner, Beethoven compõe sua *Leonore* – a qual, após várias revisões receberá o título definitivo de *Fidelio* – no mesmo período em que cria a *Sinfonia n.3 em Mi Bemol Maior*, a *Eroica*, dedicada a Napoleão, cujo gênio militar e idéias libertárias fazem tremer as velhas monarquias autocráticas européias. Logo depois, quando o general corso se tornar imperador, Beethoven, furiosamente, riscará a dedicatória da partitura.

Leonore/Fidelio tem suas origens na ópera francesa, tanto no gênero quanto na forma. É uma *pièce à sauvetage*, uma ópera de resgate, em cujo argumento um dos protagonistas se esforça durante toda a trama para libertar outro personagem do cativeiro. Esse modelo não era novo, e embora já tivesse sido utilizado com bom humor por Mozart em *O Rapto do Serralho*, ganhou grande popularidade na França revolucionária, em função das tentativas de salvamento de aristocratas ou dissidentes políticos que estavam sendo perseguidos pelas autoridades de plantão. Além da já citada *Lodoïska*, a entusiástica recepção obtida tanto na França como na Alemanha por outra ópera de Cherubini, *As Duas Jornadas*, abriu caminho para uma enxurrada de óperas de resgate. Também de inspiração francesa foi a adoção, no *Fidelio*, do *singspiel*, forma alemã equivalente ao *ópera-comique*, em que a música e o canto lírico se alternam com diálogos falados.

Leonore, em três atos, estreou numa data infeliz, 20 de novembro de 1805. O Theater an der Wien estava quase vazio. Poucos dias antes, as tropas de Napoleão haviam invadido Viena, e o público habitual de aristocratas e amigos do compositor havia deixado prudentemente a cidade. A ópera foi apresentada para um bando de soldados franceses que, além de não entender a música, entenderam muito menos o texto alemão. Não admira que tenha sido um fracasso total. Após mais duas récitas, Beethoven retirou a ópera. Em 1806, resolveu revisá-la, encarregando Stefan von Breuning de rever o libreto. A segunda versão, agora em dois atos, subiu à cena em 29 de março. Em meados de abril, uma feia discussão de Beethoven com a direção do teatro, por questões financeiras, redundou na retirada definitiva da ópera por parte do autor.

A pobre *Leonore* seria posta para dormir em uma gaveta empoeirada até 1814, quando alguns cantores pediram a Beethoven que liberasse a ópera para uma apresentação beneficente. Ele concordou e resolveu fazer modificações na partitura, pedindo ao experiente Georg Friedrich Treistchke que procedesse às alterações correspondentes no libreto. Em 23 de maio de 1814, a versão definitiva, agora denominada *Fidelio*, estreou no Kärntnertortheater e nunca mais deixou os palcos.

Fidelio é tipicamente uma ópera de transição entre o classicismo e o romantismo nascente. As cenas iniciais do primeiro ato, passadas na casinha de Rocco, têm influência evidente de Mozart. Também é evidente que a divisão entre os valores pequeno-burgueses representados pelo carcereiro e sua filha de um lado, e os altos ideais filosóficos de liberdade e heroísmo encarnados por Leonore e Florestan de outro, são os mesmos simbolizados respectivamente por Pamino e Papageno na *Flauta Mágica*.

Mas, gradativamente, a música e o argumento evoluem para o romantismo. Isso já se torna patente ainda no primeiro ato em momentos como a ária "Ah, welch ein augenblick", cantada pelo vilão Pizarro, a grande ária de Leonore, "Abscheulicher! Wo eilst du hin?", e o emocionante coro dos prisioneiros "O Welche lust em freier luft", um dos trechos mais simbólicos da ópera, com a passagem da escuridão do cárcere para a liberdade da luz. A partir do segundo ato, *Fidelio* é puramente romântica. Basta ouvir a ária de Florestan, "In das leben", ou o glorioso momento em que Leonore e Florestan caem um nos braços do outro, cantando o dueto "O namenlose freude".

Não é difícil perceber que, ao descrever seus personagens principais em *Fidelio*, Beethoven tentava desesperadamente falar de si mesmo. O Florestan acorrentado e preso num cárcere sem luz, fazendo um esforço sobre-humano para manter a sanidade, nada mais é do que um reflexo do próprio Beethoven, cada vez mais mergulhado na surdez que o isolava do mundo.

Naqueles anos – como já acontecera antes e como aconteceria depois – Beethoven apaixonou-se perdidamente. O objeto destas palpitações era uma aluna sua, a condessa Josephine von Brunswick-Deym, que enviuvara recentemente. Mas o rígido código social da época não permitia que uma viúva de sangue azul, ainda mais com filhos pequenos, viesse a se casar com um simples burguês. Mais uma vez, Beethoven se viu abandonado e, ao projetar sua própria imagem em Florestan, idealizou em Leonore todas as qualidades da esposa perfeita que ele gostaria de ter tido e nunca teve, a mulher disposta a empreender os maiores sacrifícios para salvar o homem amado e desfrutar, a seu lado, da harmonia perfeita do amor conjugal.

Durante anos, os biógrafos do autor de *Fidelio* têm se debatido, sem sucesso, em busca da identidade da misteriosa mulher a quem ele chamava, em suas cartas, de Amada Imortal. Talvez os estudiosos devessem olhar em outra direção. A verdadeira amada imortal de Beethoven foi Leonore, a esposa ideal pela qual ele esperou em vão a vida inteira.

* * *

Nota sobre as várias aberturas Leonore:

- Abertura *Leonore* 2, *op.72-a*, em dó maior. Foi usada na estréia da primeira versão da ópera em 1805. Apesar de ser a número 2, foi a primeira a ser escrita.
- Abertura *Leonore* 3, *op.72-b*, em dó maior. Foi escrita para a estréia da ópera revista em 1806. Gustav Mahler criou o hábito de inserir a número 3 entre as duas cenas do segundo ato.
- Abertura *Leonore* 1, *op.138*, em dó maior. Foi assim numerada porque se acreditava que tivesse sido usada na estréia em 1805. Mas depois se descobriu que a *Leonore* 1 foi escrita na verdade em 1807, para uma encenação em Praga que acabou não se concretizando.
- Abertura *Fidelio*, *op.72-C*, em mi maior. Foi escrita para a versão final de 1814.

Publicado no programa da Sala São Paulo,
em novembro de 2005

AS ANDANÇAS DO CAVALEIRO DO CISNE

Nun sei bedankt, mein lieber Schwan!
Zieh durch die weite Flut zurück
dahin, woher mich trug dein Kahn,
kehr'wieder nur zu unserm Glück!
Drum sei getreu dein Dienst getan!
Leb wohl, leb wohl, mein lieber Schwan!

Entrada de *Lohengrin*, Ato I[1]

Acompanhado de seu cãozinho de estimação Peps, do papagaio Papo e de sua esposa Minna, Richard Wagner chegou à estação de águas de Marienbad no dia 3 de junho de 1845 e se hospedou na Pension zum Kleeblatt. Aconselhado pelo médico, concedera-se um período de cinco semanas de férias para uma cura termal naquela famosa estância

1. Agradeço-te, meu amado Cisne!/ Regressa, cruzando as distantes marés,/ De onde me trouxe teu barco/ Torna a voltar para dividirmos nossa felicidade!/ Cumpriste fielmente tua missão!/ Adeus, adeus, meu amado Cisne!

hidromineral da Boêmia. Aos 32 anos, estava à beira de um esgotamento nervoso causado pelo excesso de trabalho. Além de suas incessantes atividades como *kapellmeister* em Dresden[2], onde, após ter reorganizado a orquestra e os coros, regia óperas, concertos e missas enquanto programava festivais, agravara seu estado de exaustão o extraordinário esforço para completar, nos momentos livres, a composição da nova ópera *Tannhäuser*, que estrearia em outubro no Teatro Real da Corte da Saxônia.

Mas Wagner não conseguiu relaxar por muito tempo, pois sua imaginação, sempre acelerada, não lhe dava trégua. Em sua autobiografia, *Mein Leben* (Minha Vida), ele anotou:

> Decidido a passar aqueles dias da maneira mais tranqüila possível, tinha levado a Marienbad somente leituras fáceis, que se estendiam desde os poemas de Wolfram von Eschenbach difundidos por Simrock e San Marte, até a epopéia anônima de Lohengrin, com a vasta introdução de Goerres. Com um livro embaixo do braço, eu penetrava na floresta todas as manhãs; depois, deitado nas proximidades de um riacho, eu me distraia na companhia de Titurel e Parsifal, personagens desconhecidos, e, contudo, tão familiares a Wolfram. Rapidamente, o desejo de atribuir um formato pessoal a todas essas revelações se tornou tão imperioso que tive grande dificuldade em dominá-lo. Tinham-me recomendado que me afastasse de qualquer atividade excitante durante o período de tratamento: mas um nervosismo crescente se apoderou de mim. De improviso, o personagem de Lohengrin se apresentou, armado, diante de meus olhos. Ao mesmo tempo, delinearam-se, em minha mente, todos os particulares da forma dramática que deveria ser atribuída àquele argumento: a lenda do cisne agitou imediatamente minha imaginação, despertando uma atração irresistível.

Wagner já conhecia a história de Lohengrin. Ele a tinha lido durante sua primeira estada em Paris, no final de 1841,

2. Dresden, no vale do rio Elba, era então a capital do reino da Saxônia (*Sachsen*, em alemão), um dos muitos Estados independentes em que o atual território da Alemanha se dividia durante o século XIX. À época em que Wagner serviu como *kapellmeister*, o rei da Saxônia era Friedrich August II (1797-1854), que ocupava o trono desde 1836.

numa revista editada em Königsberg chamada *Historische und literärische Abhandlungen der Königlichen Deutschen Gesellschaft* (Tratados Históricos e Literários sobre a Real Sociedade Alemã). Na ocasião achou a fábula banal e desprovida de interesse. Mas quatro anos depois, em Marienbad, passou a encará-la com outros olhos. Compor uma ópera sobre o tema transformou-se, aos poucos, numa obsessão, a ponto de Wagner, que escrevia seus próprios libretos, ter esboçado o roteiro compulsivamente ainda durante as férias, como ele mesmo nos conta:

> Eu tinha apenas entrado no banho termal, ao redor do meio-dia, quando o desejo irresistível de musicar Lohengrin tornou a assaltar-me violentamente. Incapaz de transcorrer sequer mais um momento dentro da água, precipitei-me imediatamente para fora e, vestido sumariamente, corri como um louco para o meu quarto, para começar a escrever o esboço em prosa do poema que tinha em minha mente. Este fato se repetiu nos dias subseqüentes até que, em três de agosto, a inteira narração da nova ópera foi completada.

Ao voltar a Dresden, Wagner procurou refinar seu trabalho inicial, tornando-o historicamente mais consistente. Para tanto, debruçou-se com afinco sobre um grande número de obras que aludiam, com variações de época e lugar, ao mito do misterioso cavaleiro que chega em um barco conduzido por um cisne a fim de salvar uma donzela em perigo, desposa-a e é obrigado, por uma força maior, a partir para sempre no dia em que ela, cheia de dúvidas, quebra sua promessa e lhe pergunta seu nome e sua origem.

Entre esses livros estavam três importantes escritos do século XIII: *Der Jüngerer Titurel* (O Jovem Titurel), de Albrecht von Scharfenberg, *Der Schwanritter* (O Cavaleiro do Cisne), de Konrad von Würzburg, um dos últimos expoentes da literatura alemã de cavalaria, e *Parzival*, de Wolfram von Eschenbach, que, como vimos, Wagner havia levado consigo para Marienbad. Pertencente aos ciclos do Graal e arturiano, essa saga faz, em seu final, uma rápida menção ao cavaleiro Loherangrin[3], o filho de Parzival, enviado do castelo do Graal em auxílio da jovem duquesa Elsa de Brabante. Wagner leu também textos flamengos e franceses da Idade Média e lendas sobre a origem das casas de Cleves e Bouillon, às quais voltaremos mais adiante.

De todas essas narrativas extraiu várias passagens, que combinou e modificou até que o libreto definitivo de seu *Lohengrin* viesse a exprimir a interpretação pessoal que ele atribuía àquela antiga lenda. Em seu *Eine Mitteitlung an meine Freunde* (Uma Comunicação a Meus Amigos), escrito em 1851, Wagner deixa claro que a trágica situação do personagem-título na ópera representa a solidão do artista no mundo contemporâneo, causada pela incompreensão dos que o circundam. Lohengrin simboliza a encarnação de um ser superior, milagroso, que tenta sem sucesso inserir-se no mundo comum.

Num brilhante ensaio sobre *Lohengrin*, o Dr. Karl Schumann, respeitado crítico musical alemão, analisou a fundo as associações que Wagner estabeleceu nessa ópera:

> Lohengrin, o Cavaleiro do Cisne e filho de Parsifal, corporificou quatro conceitos aparentemente divergentes: a figura divina em forma humana que desce à Terra (Wagner admitia a similaridade com o mito Zeus-Sêmele); o artista romântico que em meio aos "claros e sagrados reinos do éter" almeja a "doce sombra do amplexo de uma amante mortal" (*Tragik des Lebenselement der modernen Gegenwart*[4], de Wagner); o antigo ideal da *kalokagathia* – a relação entre o belo e bom e o *miles ecclesiae*[5], o cavaleiro paladino da virtude que, tanto nos mitos da Antiguidade (Perseu) como nos da Idade Média (São Jorge), salvava donzelas em terríveis dificuldades. O transe visionário de Elsa, enquanto ela espera seu defensor enviado por Deus, foi antecipado tanto pelo antigo mito Isis-Serápis quanto nas visões dos mártires cristãos. A função de Ortrud como feiticeira e conselheira do mal tem também sua precedência no mito de Sêmele. O desencanto de Lohengrin,

3. Loherangrin é a forma sincopada de Loherenc Garin, ou seja, Garin, o lotaríngio.

4. *O Trágico do Elemento da Vida na Moderna Atualidade.*

5. Literalmente "soldado da Igreja"

causado pelas fatídicas perguntas de Elsa sobre seu "nome e título" prefigura-se no conto de Cupido e Psiquê (A proibição de perguntas é um tabu arquétipo). Finalmente, o cisne e a pomba como símbolos do Santo Graal se relacionam com as imagens místicas de pássaros características de muitas religiões.

Richard Wagner, devotado à mitologia desde a infância, usou estes conjuntos de simbolismo para dar ao tema de Lohengrin um alcance que retrocede à Antiguidade: aqui nós vemos o inevitável dilema entre o ser divino que busca descer de suas alturas solitárias e a fragilidade do mundo, incapaz de aceitar, sem questionar, o chamado superior.

A célula-mater da lenda do cavaleiro parece ser um remoto mito de origem germânica ou celta, utilizado para legitimar certas casas reinantes mediante a confirmação da procedência misteriosa e divina de seu primeiro ancestral. História muito comum entre as várias tribos germânicas litorâneas, foi anotada por escrito pela primeira vez, em inglês antigo, no poema épico do século VIII, *Beowulf*, cujo único exemplar manuscrito sobrevive na Biblioteca Britânica de Londres. No prólogo do poema narra-se a saga de Scyld, o órfão que, ainda criança, chegou sozinho às costas da Escandinávia, levado por um bote dentro do qual dormia desnudo. Ao crescer, os daneses fizeram-no seu rei, o primeiro de uma dinastia. Guiou seus súditos nas guerras e tornou-os fortes e respeitados. Quando morreu, foi devolvido ao mar, mais uma vez sozinho, mas num navio de guerra ricamente equipado. Como se vê, o cisne ainda não havia aparecido.

A primeira referência a um cisne encantado que encontramos na literatura ocidental remonta a meados do século XII, num dos contos de origem indiana reunidos pelo monge Johannes de Alta Silva – também conhecido como Jean de Hauteseille, por pertencer a essa abadia –, no *Romance de Dolophatos* ou *A Novela dos Sete Sábios*, escrito em latim. Com o tempo, essa narrativa tornou-se um conto de fadas muito popular, reproduzido uma infinidade de vezes em várias versões, na França e na Alemanha. Os seis filhos de um rei são transformados em cisnes pelos poderes mágicos de sua madrasta. São salvos – após muitas peripécias – pela irmãzinha, que lhes restitui os colares que usavam desde o nascimento e que lhes haviam sido tomados. Como o último colar se perdeu, o mais novo deles permaneceu cisne para sempre e desde então puxa o barco de seu irmão mais velho, que passou a ser conhecido como o cavaleiro do cisne[6].

Em sua *História das Cruzadas e do Reino de Jerusalém*, escrita por volta de 1170, o arcebispo Guilherme de Tiro se refere a uma fábula francesa em forma de poema, uma *chanson de geste* anônima chamada *Le Chevalier au Cygne* (O Cavaleiro de Cisne), pertencente ao ciclo das Cruzadas. A última das cinco partes deste *Cavaleiro do Cisne* é dedicada a glorificar a origem de Godofredo de Bouillon, famoso guerreiro que participou da primeira cruzada e foi o primeiro rei europeu de Jerusalém. Este trecho, denominado "Les Enfances de Godefroi de Bouillon", se ambienta em Nijmegen, nos Países Baixos. A duquesa de Bouillon encontra-se a ponto de perder seu feudo, reivindicado pelo duque saxão Renier, que lhe faz graves acusações. Ela implora justiça ao imperador Otto, o qual ordena um combate singular para resolver a questão, mas nenhum cavaleiro se apresenta para defender a causa da duquesa. É quando, subitamente, aparece um cavaleiro desconhecido – cujo nome, depois saberemos, é Hélias –, a bordo de um bote conduzido por um cisne. Em sua reluzente armadura, ele derrota o acusador, casando-se depois com Beatris,

6. Uma versão dessa narrativa foi incluída pelos irmãos Wilhelm e Jacob Grimm em seu livro *Deutsche Sagen* (Lendas Alemãs), publicado em 1816. Em obra anterior, *Kinder- und Hausmärchen* (Contos para Crianças e para o Lar), de 1812, que reunia famosas histórias infantis como *Branca de Neve*, *João e Maria*, *Cinderela* e *Chapeuzinho Vermelho*, os irmãos haviam inserido *Os Seis Cisnes*. Nesse conto, seis irmãos são transformados em cisnes quando a madrasta lhes veste camisas mágicas. O encantamento só é rompido quando a irmã, após seis anos, costura seis novas camisas que, vestidas nas aves, lhes devolvem a forma humana. Como ela não teve tempo de terminar a manga esquerda da última camisa, um dos irmãos fica para sempre com uma asa de cisne no lugar do braço.

a filha da duquesa, sob a condição de que ela jamais lhe pergunte nem seu nome nem sua linhagem. Quando Beatris, após sete anos, rompe sua promessa, Hélias parte para sempre, deixando a pequena Ida, a filha do casal, com a mãe. Ida casa-se com o conde Eustache de Boulogne e torna-se a mãe de Godefroi (Godofredo) de Bouillon. Em linhas gerais, é o mesmo argumento da ópera de Wagner.

Por meio da França, a lenda viajou para outras terras e foi contada em outros idiomas. Há versões na Itália e na Islândia. Na Espanha, *El Caballero del Cisne*, recontando a história de Godofredo, foi incorporada ao volume *La Gran Conquista de Ultramar*, surgido em fins do século XIII. Na Inglaterra, além do poema *Chevalere Assigne*, composto ao redor de 1350, surgiu o romance em prosa *Helyas, Knyghte of the Swanne*, editado em 1550.

Na Alemanha, entre 1283 e 1290, um discípulo anônimo de Wolfram von Eschenbach criou, a partir do *Parzival*, um poema épico chamado *Lohengrin* no qual a saga do herói é entoada pelo próprio Wolfram – agora transformado em personagem da narrativa –, durante o legendário concurso de cantores que realmente aconteceu em 1206 no castelo de Wartburg, na Turíngia, e que Wagner tão bem descreveu no segundo ato de seu *Tannhäuser*. Esse poema de oito mil linhas, companheiro de Wagner nos bosques de Marienbad, além de descrever vivamente o cotidiano dos nobres de então, incorpora detalhes sobre proezas de Lohengrin em torneios e batalhas. Os nomes de seus personagens são praticamente os mesmos da ópera: o acusador aqui é o conde Friedrich Telramund, o soberano agora é Henrique I, o Passarinheiro e a dama se chama Elsa.

Um outro volume importante, já mencionado anteriormente, é *Der Schwanritter*, de Konrad von Würzburg. Nesse livro, escrito ao redor de 1260, a dama aflita é a duquesa de Brabante e o imperador, ninguém menos do que Carlos Magno em pessoa, enquanto o cavaleiro do cisne, cujo nome próprio jamais é mencionado, torna-se antepassado não da casa de Bouillon, mas, sim, dos duques de Cleves. A família de Cleves levava essa lenda muito a sério. Seu brazão tem a figura de um cisne, e o antigo castelo da dinastia, construído no século XI, às margens do Reno, foi chamado de Schwanenburg. Quem ainda hoje visitar a igreja de Cleves, poderá ver um túmulo em cuja lápide está esculpida a figura de um cavaleiro com um cisne sentado a seus pés. Quando Ana de Cleves, a quarta esposa de Henrique VIII, chegou à Inglaterra, em sua homenagem, representou-se na corte uma peça de teatro de muito sucesso, na qual entrava no palco um cavaleiro dentro de um barco puxado por um cisne.

Na criação de *Lohengrin*, Wagner aplicou, como de costume, o rígido método de composição dividido em cinco partes ordenadas e sucessivas que ele mesmo inventou e impôs a si próprio. A primeira, "Entwurf" (projeto), no qual preparava o roteiro do texto em prosa, já veio pronta de Marienbad, como vimos; seguiu-se "Gedicht" (poema), etapa que consistia em versificar o texto, completando o libreto em todos os detalhes, e foi levada a cabo em Dresden depois das férias. A partir daí, Wagner pôde se dedicar aos três estágios referentes à música propriamente dita, começando pelo "Bestandteile" (elementos ou componentes), durante o qual anotava sistematicamente o embrião das idéias musicais e os fragmentos de temas associados a cada um dos episódios que seriam desenvolvidos *a posteriori*. Para realizar o "Bestandteile", ele alugou, em maio de 1846 – sem esquecer de levar consigo a esposa, o papagaio e o cachorro –, uma cabana numa aldeiazinha saxônia de nome Gross-Gaupza, onde trabalhou incessantemente, até terminar essa parte em julho. Nesse ponto, embora suas anotações não incluíssem ainda nenhuma indicação de caráter rítmico, o autor já havia detalhado a harmonia de cada uma das passagens da ópera. De volta a Dresden, seu emprego de *kapellmeister* o manteve ocupado de tal forma que só iniciou a fase seguinte, "Komposition", em 9 de setembro, compondo a ópera ao piano. Começou pelo terceiro ato, completando-o em 5 de março de 1847. O primeiro ficou pronto em 6 de junho, e o segundo, em 2 de agosto. A última peça a ser escrita foi o belíssimo prelúdio, datado de 28 de agosto de 1847.

Faltava agora orquestrar a ópera. Essa etapa final, que Wagner denominava "Partitur", foi realizada entre 1º de janeiro e 28 de abril de 1848. Pronto. *Lohengrin* estava terminada.

A vida pessoal de Wagner estava complicada nessa época. Sua relação com a direção do Teatro da Corte de Dresden era a pior possível, o que era péssimo para alguém que ocupava o cargo de compositor residente da corte. Encontrava-se atolado em dívidas até o pescoço, e seu difícil relacionamento com a esposa Minna, agravado pela situação financeira, começava a deteriorar-se. Talvez tenha sido para fugir desses problemas que Wagner, após compor *Lohengrin*, mergulhou de corpo e alma na política, cujo exercício acabou, naquele estágio de sua vida, tornando-se para ele mais importante até do que a música.

A Europa estava agitada. Em fevereiro de 1848, mesmo mês em que Marx e Engels publicaram em Londres seu *Manifesto do Partido Comunista*, a monarquia de Luis Filipe foi derrubada em Paris. Proclamou-se a república na França. O impacto desse evento repercutiu fortemente em muitos países, e ventos revolucionários passaram a soprar com intensidade nos Estados alemães. Wagner filiou-se à associação política republicana Vaterlands-Verein, que poderíamos traduzir por União Patriótica. Dividia seu tempo entre intermináveis reuniões políticas com outros inflamados companheiros e a fértil redação de virulentos artigos, alguns anônimos, outros assinados, que publicava no jornal *Volksblätter* (A Folha do Povo), editado por seu amigo August Röckel. Num encontro em 14 de junho, Wagner atacou a monarquia num discurso infeliz que foi amplamente divulgado pela imprensa e fez com que alguns membros da orquestra de Dresden exigissem que ele se demitisse. Assustado, escreveu quatro dias depois ao barão August von Lüttichau, o diretor do Teatro da Corte, de quem seu emprego vitalício dependia diretamente. Em uma esfarrapada tentativa de consertar a situação, procurou convencer o barão, zeloso funcionário da Coroa, de que não se fazia necessário abolir a monarquia para proclamar a república, e que, no discurso, ele havia saudado o rei fervorosamente, mas fora mal compreendido. Não satisfeito, sem avaliar bem a situação, em vez de calar-se, escreveu mais uma carta em 21 de junho, endereçada, dessa vez, ao próprio soberano, onde – oportunismo ou ingenuidade? – ofereceu-se para ser o grande mediador entre os republicanos e a monarquia. O rei, prudente e ardiloso, simplesmente não respondeu, e o assunto morreu por aí, sem que a posição de Wagner fosse prejudicada. Mas, em novembro, após a chegada das notícias de uma revolução abortada em Viena, o Teatro de Dresden decidiu cancelar a já programada estréia de *Lohengrin*, e a construção de seus cenários foi interrompida. Jamais saberemos se tal ordem foi uma represália de von Lüttichau pelas posições assumidas por Wagner ou se, simplesmente, a censura resolveu impedir a encenação de uma ópera que logo no começo exorta a união de todos os povos alemães para combater o opressor, pondo na boca do rei Henrique as seguintes palavras: "Leste e Oeste, dividamos todos nós a tarefa! Que todos os alemães estejam preparados para a luta!".

Nesse meio tempo, o russo Mikhail Bakunin, um dos pais da doutrina anarquista, tivera de fugir rapidamente da Boêmia e se escondera em Dresden sob um nome falso. Tornou-se amicíssimo de Wagner e impregnou-o de suas idéias revolucionárias. A conseqüência desses apaixonados e constantes colóquios foi a participação ativa do compositor no levante de maio de 1849 que tentou derrubar o rei da Saxônia. Derrotada a insurreição, Wagner, cujo papel no movimento fora de muito destaque, inclusive em meio às tropas revoltosas, passou a ser procurado pela polícia e, para salvar sua vida – dois de seus amigos, capturados, foram fuzilados –, teve de abandonar a Saxônia rapidamente. Escafedeu-se na calada da noite, disfarçado.

Fugiu na diligência do correio, levando consigo a partitura de *Lohengrin*. Dessa vez, deixou para trás o papagaio e o cachorro. Deixou também a esposa, que alguns dias após a poeira revolucionária baixar, viu-se cercada de credores do marido por todos os lados.

Wagner refugiou-se na cidade de Weimar[7], na vizinha Turíngia, acolhido pelo amigo Franz Liszt, então *kapellmeister* daquela corte. Muito generoso, depois de abrigá-lo por um breve período, o compositor húngaro providenciou-lhe a passagem e algum dinheiro para que Wagner pudesse chegar até a Suíça em segurança, pondo-se prudentemente a salvo do longo braço da polícia saxônia. Entre a Suíça e a França, Wagner viveu doze anos no exílio.

Deve-se à grandeza de espírito de Liszt a estréia de *Lohengrin*. Superando com grande esforço dificuldades técnicas e de orçamento, ele conseguiu montá-la no Teatro da Corte de Weimar, fixando para a estréia uma data simbólica muito forte para a cultura local: 28 de agosto de 1850, quando se comemorava o 101° aniversário de Goethe. Foi Liszt quem dirigiu a orquestra. Em sua autobiografia, Wagner conta ter passado essa noite numa taverna de Lucerna, "olhando o relógio e acompanhando atentamente o horário do início da ópera e do seu suposto final". O nome da taverna, adequado para a ocasião, era O Cisne. Wagner só conseguiria assistir a uma representação completa de *Lohengrin* onze depois, numa visita a Viena.

Lohengrin representa um passo muito importante na evolução da arte wagneriana. Embora seja a mais lírica de suas óperas, há poucos resquícios das chamadas formas fechadas. A ária seguida pelo recitativo dá lugar, nessa ópera, ao *Sprechgesang* (canto declamado) contínuo.

7. Weimar era então capital do grão-ducado da Turíngia (Thüringen, em alemão), Estado que fazia fronteira com a Saxônia. À época da chegada de Wagner, era governado pelo grão-duque Carl-Friedrich von Sachsen-Weimar-Eisenach (1783-1853), filho do famoso Carl-August (1757-1828) que tornou Weimar uma das cidades mais cultas da Alemanha, levando para sua corte grandes nomes das artes e da literatura, entre os quais Johann Wolfgang von Goethe e Friedrich Schiller.

Quando observamos hoje as inovações contidas na partitura, percebemos quão próximo o autor se encontrava de realizar seu ideal do *Gesamtkunstwerk*, a obra de arte total, em conformidade com a teoria por ele enunciada no ensaio *Oper und Drama* (Ópera e Drama), escrito na Suíça em 1851. O crítico italiano Luigi Bellingardi nos chama a atenção para alguns detalhes importantes da partitura:

> Liberada dos esquemas do teatro do passado, a melodia encontra a possibilidade de expandir-se com absoluta liberdade, seja no aspecto lírico, seja no dramático, assim como esferas equivalentes de expressão são atribuídas tanto às vozes quanto aos instrumentos. [...] Com Lohengrin, o tecido instrumental se aperfeiçoa de maneira notável. Na límpida escrita musical, formam-se os núcleos dos motivos condutores – que Wagner, num primeiro momento, chama de Grundthemas[8] e que só mais tarde serão qualificados como Leitmotive – conectados com os mais importantes momentos ideais do drama. Eixo de sua música, o Leitmotiv na estrutura técnica é praticamente uma célula musical de estrutura simples, embora às vezes diferenciada, não sujeita a um desenvolvimento, mas apenas a uma repetição ou a uma deformação. Por outro lado, a reforma wagneriana faz variar as características tímbricas, que se expressam, de preferência, através de massas sonoras em contínua mutação.

Lohengrin foi a primeira ópera de Wagner encenada em São Paulo. Estreou por aqui em 1892, cantada em italiano no primeiro Teatro São José, que ficava na praça João Mendes, no terreno hoje ocupado pelos fundos da Catedral da Sé. O protagonista foi o tenor veneziano Michele Mariacher. Elsa foi interpretada por Concetta Bordalba. Mariacher voltou a São Paulo no ano seguinte para repetir o papel, dessa vez em companhia do soprano Cesira Ferrani, a mesma que, decorridos apenas três anos, seria a primeira Mimi na estréia absoluta de *La Bohème* de Puccini. Depois, haveria mais seis montagens da ópera na cidade – todas no Theatro Municipal –, a última delas em 1940, e apenas a de 1923 em alemão.

8. Tema de fundo.

O primeiro tenor a cantar o papel de Lohengrin no TMSP, tanto na produção inicial da casa em 1920 quanto na temporada seguinte, foi um jovem de trinta anos, no limiar da fama, que poucos anos depois se tornaria o cantor lírico mais importante de sua época. Chamava-se Beniamino Gigli.

Publicado, de forma condensada,
no programa de Lohengrin,
Theatro Municipal de São Paulo,
em novembro de 2004

A ESTRÉIA DO *ANEL DO NIBELUNGO*

Em 1874, a construção do Festspielhaus, o teatro que Wagner vinha erigindo na pacata cidade bávara de Bayreuth para abrigar a primeira apresentação do ciclo completo do *Anel do Nibelungo*, interrompeu-se porque os fundos se esgotaram. Como já acontecera no passado, Wagner foi salvo na última hora por seu protetor, o rei Ludwig da Baviera, que providenciou o empréstimo necessário para que o teatro pudesse abrir suas portas em agosto de 1876.

Apesar disso, Ludwig não esteve presente à estréia da tetralogia. Ele chegou à cidadezinha discretamente alguns dias antes, assistiu aos ensaios finais e partiu. Só voltou para ver a terceira representação. Talvez não quisesse se encontrar com o kaiser Guilherme I, que veio a Bayreuth em grande estilo, cercado por ilustres nomes da nobreza alemã e austríaca.

Mas não foi o kaiser a única cabeça coroada a participar da seleta platéia do primeiro *Anel*. Além do rei de

Württemberg, a correspondente do *New York Times* notou a presença de uma exótica delegação, composta de pessoas "de pele escura e cabelos encaracolados" que se agrupavam em torno de seu monarca, um venerando senhor de longas barbas: era Pedro II, imperador do Brasil, que compartilhava o recinto com Liszt, Grieg e Tchaikóvski.

Wagner cuidou minuciosamente de todos os detalhes da sala, desde a posição das poltronas até a concepção do "abismo místico", o poço da orquestra, que separava o mundo real – dos espectadores – daquele ideal representado pelos cantores no palco, mantendo a orquestra invisível para não distrair a atenção do público.

Apesar de todo o rigor com que o autor conduziu os preparativos da encenação, alguns pitorescos incidentes aconteceram. Na primeira troca de cenários no *Ouro do Reno*, um dos ajudantes levantou a tela do fundo antes da hora, deixando entrever um grupo de operários em mangas de camisa, cujos trajes nada tinham a ver com o Valhalla. No momento em que Alberich amaldiçoa o anel, Franz Betz, o primeiro Wotan, percebeu que havia esquecido de trazê-lo para a cena. Voltou duas vezes à coxia para procurar o anel, deixando o anão falando sozinho no palco. Mas o caso mais curioso foi o da falta de pescoço do dragão Fafner em *Siegfried*: a firma inglesa encarregada de sua fabricação despachou-o por engano para Beirute.

Esses pequenos dissabores não chegaram a empanar, porém, a calorosa recepção que o público dispensou à obra-prima que nascia. O tremendo aplauso com que Wagner foi saudado no encerramento do ciclo representava a concretização de um sonho cuja sofrida gestação durara 28 anos.

A primeira referência ao tema do *Anel* que encontramos nos escritos wagnerianos data de 1º de abril de 1848. Naquele momento, influenciado pelos levantes políticos que há dois meses incendiavam a Europa, Wagner concebera a obra como uma alegoria de fundo político contra as desigualdades sociais. A passagem do tempo se encarregaria de fazê-lo abandonar a idéia original, transformando o ciclo numa narrativa mítica de grandes proporções, simbolizando a relação dos homens com os princípios da divindade e da natureza, e criando, portanto, a possibilidade de múltiplas leituras e interpretações.

Baseando-se, entre outras fontes, no poema medieval alemão *Nibelunglied*, Wagner pensou a princípio numa só ópera, que ele chamou de *A Morte de Siegfried*, a qual, mais tarde, se transformaria no *Crepúsculo dos Deuses*.

Em 1851, após estudar antigas lendas nórdicas recolhidas na Islândia sob a denominação de *Edda Poética* e *Edda em Prosa*, Wagner decidiu-se por um ciclo de quatro óperas, que deveriam ser apresentadas como um festival. Os libretos foram escritos da última para a primeira – o futuro *Crepúsculo* já estava esboçado –, o que pode explicar a excessiva repetição de certos detalhes ao longo do texto, o qual Wagner fez publicar em 1853, pouco antes de começar a compor a música. As partituras, por outro lado, foram compostas na ordem de apresentação: *O Ouro do Reno* ficou pronta em 1854; *A Valquíria* em 1856; *Siegfried* em 1871 e o *Crepúsculo dos Deuses* em 1874.

Embora tenha atingido um sucesso retumbante, a estréia do *Anel do Nibelungo* assinalou um fracasso financeiro do mesmo tamanho que seu êxito. O enorme déficit acumulado pelos altos custos da produção obrigou Richard Wagner a manter seu teatro fechado pelos seis anos seguintes.

Publicado na revista Concerto,
edição de maio de 2005

UM CONTO DE FADAS EM FORMA DE ÓPERA

Gastaram-se rios de tinta para denunciar a influência que a música de Wagner teve sobre a ópera italiana nas últimas décadas do século XIX. Nem o nosso Carlos Gomes escapou incólume. Em contrapartida, foram muito poucos os autores a escrever sobre o grande influxo exercido pelo verismo italiano sobre certos compositores alemães, que o adotaram como bandeira de reação aos temas mitológico-metafísicos do universo wagneriano. Os veristas alemães, entretanto, exageraram na dose, abusando das cenas de violência e carnalidade – o caso mais conhecido é *Tiefland* (Terra Baixa), de Eugen d'Albert –, e a conseqüência não demorou muito. Como reação à reação, um grupo de compositores, que embora rejeitassem o verismo, não queriam regressar aos argumentos prediletos dos seguidores de Wagner, foi buscar inspiração num passado um pouco mais distante, matando a sede na mesma fonte da qual beberam os autores dos *Singspiele* (peças cantadas) do início do século

XIX. Voltaram aos *Märchen*, aos contos de fadas, criando a chamada corrente da *Märchenoper*, cujo exemplo mais famoso é a primeira das seis óperas compostas por Engelbert Humperdinck (1854-1921), *Hänsel und Gretel*, que nós por aqui conhecemos como *João e Maria*.

Simpático e bem-humorado, Humperdinck foi um aluno brilhante nos cursos de composição, piano e violoncelo que seguiu no Conservatório de Colônia. Uma curiosidade de sua biografia é ter sido, desde os tempos de estudante, habitual vencedor dos concursos musicais em que se inscrevia. Um deles, o da Instituição Meyerbeer em 1881, rendeu-lhe como prêmio a enorme soma de 7.600 marcos, que lhe permitiu fazer folgadamente a longa viagem para a Itália com que sonhara. Em Nápoles, conheceu Richard Wagner (1813-1883), caindo nas boas graças do carrancudo compositor, naquele momento às voltas com a composição de seu *Parsifal*. Cativado pelo senso de humor de Humperdinck, Wagner passou a chamá-lo de *Humpchen* e deu um impulso definitivo à sua carreira quando o convidou a segui-lo, como seu assistente, ao sagrado templo de Bayreuth, onde lhe confiou a difícil missão de preparar os cantores para a estréia. Trabalharam juntos por mais de um ano, período no qual o jovem compositor desenvolveu, pelo irascível autor de *Parsifal*, uma admiração reverencial que o acompanhou por toda sua vida e se manifestou em sua música posterior. Ao contrário do que se poderia esperar, Humperdinck não se tornou, entretanto, um "wagnerita". Apesar de venerar o mestre, jamais abriu mão da própria personalidade nem se considerou, como tantos outros, o continuador de sua obra.

João e Maria nasceu de uma iniciativa de Adelheid Wette, a irmã de Humperdinck. Baseando-se no famoso conto publicado pelos irmãos Grimm, Adelheid escreveu o texto de um *Singspiel* para ser representado por seus filhos numa festa infantil. Além de acrescentar à narrativa os personagens do Gênio do Sono, da Fada do Orvalho e do Pai, inexistentes no original, Adelheid substituiu o final do conto – onde uma madrasta malvada abandonava os irmãozinhos para morrer no bosque – por outro, em que João e Maria, após se livrarem da bruxa, são encontrados sãos e salvos pelo pai e pela verdadeira mãe. A seu irmão, Adelheid pediu que escrevesse a música para as quatro canções da peça, com acompanhamento de piano. Após a encenação infantil, Adelheid e Engelbert se apaixonaram pelo tema e resolveram transformá-lo em ópera. Enquanto ela trabalhava no libreto, Engelbert tratou de completar a partitura. Trabalharam entre 1890 e 1893, chamando carinhosamente a obra de "a nossa dor de cabeça familiar".

Com extrema habilidade, Humperdinck reuniu nessa partitura trechos dificílimos, em cuja composição empregou toda sua excepcional técnica de contraponto, a simples e conhecidas canções infantis alemãs, como por exemplo "Suse, liebe Suse" ("Susi, minha Susi", no libreto vertido para o português), cantada pelos irmãos logo no início da ópera e "Ein Männlein steht im Walde" (traduzida como "Quem é o homenzinho que vejo lá?"), que Maria canta no início do segundo ato, ambas extraídas da conhecida coletânea *Des Knaben Wunderhorn.* A influência wagneriana se faz sentir tanto no caráter sinfônico dos prelúdios e *intermezzos* quanto no uso dos *Leitmotive.* Mas o mais interessante são as alusões jocosas às várias óperas de Wagner, entre as quais a passagem sinfônica "Hexenritt" ("O Rito das Feiticeiras"), no prelúdio do terceiro ato, paródia impagável da *Cavalgada das Valquírias*, com bruxas voando em suas vassouras.

Quando recebeu a partitura de *Hänsel und Gretel*, Richard Strauss, então *kapellmeister* da Ópera de Weimar, ficou tão bem impressionado – "uma obra-prima da mais alta qualidade [...] toda original, nova e autenticamente alemã" – que resolveu encená-la imediatamente naquele teatro. A estréia, em 23 de dezembro de 1893, embora regida pelo próprio Strauss, não alcançou o sucesso pretendido, principalmente porque vários dos cantores principais adoeceram e tiveram de ser substituídos de última hora. Mas a encenação regida em Munique por Hermann Levi, o mesmo maestro da estréia de *Parsifal*, redimiu o compositor: seu triunfo foi de tal ordem que, naquele mesmo ano, cerca de cinqüenta teatros na Alemanha produziram a ópera de Humperdinck. Logo depois, ela passou a correr o mundo e, nos vinte anos seguintes, seu libreto foi traduzido para vinte idiomas.

O enfarruscado crítico Eduard Hanslick, ao final de um artigo em que procurava pêlos em casca de ovo que lhe permitissem depreciar *Hänsel und Gretel* como ele gostaria, foi obrigado, em nome da coerência, a concluir suas anotações com a seguinte observação:

> e há então a declaração do jovem Siegfried Wagner [o filho do sumo Richard] que *Hänsel und Gretel* é a ópera mais importante desde Parsifal. Em outras palavras, a melhor em todos esses doze anos? É um pronunciamento irritante, e o pior de tudo é que é a pura verdade.

Publicado no programa de João e Maria,
Theatro Municipal de São Paulo,
em dezembro de 2004

PARTE IV

CANTANDO EM FRANCÊS

Reprodução da cena final de Samson et Dalila, *de Camille Saint-Saëns, representada no Éden-Théâtre de Paris em 30 de outubro de 1890. Em primeiro plano, o mezzo-soprano Rosine Bloch como Dalila; ao fundo, derrubando as colunas, o tenor Alexandre Talazac como Sansão.*

A ÓPERA BÍBLICA DE SAINT-SAËNS

Uma das grandes ironias da história da música é o fato de um compositor tão eclético e dono de uma obra tão vasta como Camille Saint-Saëns ser hoje principalmente lembrado como o autor do delicioso *Carnaval dos Animais*, composto apenas como um simples divertimento, para ser ouvido entre amigos, pois satirizava conhecidas personalidades do mundo musical parisiense e não se destinava à execução pública.

Chamado de "progressista" quando iniciou sua longa carreira, transformou-se nas décadas de 1860-1870 em "bizarro e subversivo", além de "wagneriano", até tornar-se, no século xx, "conservador", ou "o músico da tradição", como o apelidou Debussy. É o preço que se tem de pagar quando se vive muito – morreu, perfeitamente lúcido, aos 86 anos – e se compõe por muito tempo. Sua primeira sinfonia numerada foi escrita em 1853, quando tinha dezoito anos, e seus últimos trabalhos, três sonatas para sopros, são datadas do ano de sua morte, 1921. Não houve setor da música erudita no qual Saint-Saëns não tivesse deixado sua marca.

Esse menino-prodígio, que estreou aos dez anos de idade como pianista na Salle Pleyel tocando Beethoven e aos 22 foi nomeado organista da Igreja de Madeleine – posto que conservou orgulhosamente pelos 21 anos seguintes –, compôs cinco concertos para piano, três para violino e dois para violoncelo. Escreveu quatro poemas sinfônicos inspirados no estilo de Liszt, entre os quais *A Dança Macabra*, onde o xilofone simula o bater dos ossos dos esqueletos, e dedicou ao músico húngaro a grandiosa *Terceira Sinfonia para Órgão e Orquestra*. Prolífico autor de música de câmara, compôs uma série de sonatas para dois instrumentos; foi também o primeiro compositor a fazer música para o cinema, a trilha sonora para *O Assassinato do Duque de Guise*, em 1908. No decorrer de suas inúmeras viagens, criou o Hino Nacional Uruguaio e uma das marchas para a coroação de Eduardo VII da Inglaterra. Além disso, sua inquietação intelectual, típica do espírito parisiense daqueles anos, levou-o a escrever centenas de artigos de cunho tanto musical quanto político, e a cuidar pessoalmente da publicação das obras completas de Rameau, quase esquecidas na época. Como virtuose do piano, reviveu e divulgou as obras de Bach e Mozart, abandonadas pelo romantismo, devolvendo a esses autores a importância devida. Dele, Berlioz disse com certo sarcasmo: "Saint-Saëns sabe tudo, mas lhe falta inexperiência".

Saint-Saëns tampouco descuidou da música vocal. Na primeira juventude, musicou uma das cenas do *Horace* de Corneille, inaugurando um catálogo impressionante que incluiria 140 canções, cerca de quarenta composições corais seculares – entre as quais as cantatas dramáticas *Ivanhoé* e *As Bodas de Prometeu* – e quarenta trabalhos de caráter sacro, como os oratórios *O Dilúvio* e *A Terra Prometida*, inspirados no Haendel que ele tanto amava e que o público francês tão pouco conhecia.

E a ópera? Pelo palco lírico Saint-Saëns nutria um grande amor, que jamais foi correspondido com a mesma intensidade. Apenas *Sansão e Dalila*, entre suas treze óperas, conseguiu se manter no repertório. A história de sua gênese é longa e complicada: nasceu como um oratório, transformou-se em ópera na metade do caminho e levou onze anos para ficar pronta.

Tudo começou quando a prefeitura de Paris, em sintonia com uma moda que tomou conta da cidade, promoveu um concurso para oratórios de tema bíblico. Saint-Saëns resolveu concorrer e examinou inicialmente o texto que Voltaire escrevera em 1732 para a ópera *Samson* de Rameau[1], baseado na narrativa dos capítulos catorze a dezesseis do *Livro dos Juízes* do Velho Testamento. Embora tivesse gostado do argumento, ele preferiu uma abordagem mais moderna e encomendou um novo libreto ao marido de uma de suas primas, o poeta amador Ferdinand Lemaire, nascido na Martinica. O texto foi entregue em 1865.

Para criar seu oratório semi-encenado, Saint-Saëns utilizou como modelo estrutural a *Lenda de Santa Elisabete*, de Franz Liszt, a quem devotava admiração e amizade e que lhe tinha sido apresentado por uma de suas mentoras, o famoso *mezzo-soprano* Pauline Viardot, irmã de Maria Malibran.

Os primeiros trechos compostos para o oratório integram hoje o atual segundo ato da ópera: a ária de Dalila, "Amour, viens aider ma faiblesse", o dueto de Dalila com o Sumo Sacerdote de Dagon e o dueto de Dalila com Sansão, dentro do qual está a passagem vocal mais conhecida da ópera, "Mon coeur s'ouvre à ta voix", cantada pela protagonista. Assim que os terminou, Saint-Saëns organizou uma representação particular para alguns convidados em seu apartamento parisiense, em janeiro de 1868. Dalila foi interpretada pela belíssima Augusta Holmès, por quem

1. *Samson*, de Rameau, jamais chegou a ser terminada, pois as autoridades da ocasião a recusaram. Parte de sua música foi reutilizada por Rameau em várias outras óperas.

grande parte da intelectualidade masculina de Paris suspirava de desejo; Sansão pelo pintor Henri de Regnault; e o sumo sacerdote pelo músico Romain Bussine, todos nomes muito conhecidos e que, mesmo assim, não conseguiram despertar o mínimo interesse do público presente. Essa ausência de entusiasmo pareceu sepultar as esperanças de Saint-Saëns, que teria abandonado o projeto se não tivesse se encontrado com Liszt em Weimar em 1869. Experiente, ele concordou inteiramente com a solução já sugerida pelo libretista Lemaire: Saint-Saëns deveria transformar *Sansão e Dalila* em uma ópera. Quando estivesse pronta, Liszt se comprometia a fazer todo o possível para encená-la no Teatro da Corte de Weimar, que ele dirigia.

Saint-Saëns voltou ao trabalho, mas seu entusiasmo arrefeceu com o deflagrar da guerra franco-prussiana de 1870 que, enquanto durasse, inviabilizaria a certeza da estréia prometida; além disso, no mesmo período em que trabalhava em *Sansão*, ele havia composto por encomenda do Théatre Lyrique uma ópera cômica, *O Sinete de Prata*, que após uma série de complicações ligadas à produção e à escolha do elenco acabou não sendo montada, pois o empresário Léon Carvalho foi à falência. O *Sinete* só subiria à cena em 1877, quando da reabertura daquele teatro. Como se vê, a carreira do Saint-Saëns operista foi muito mais difícil do que a do autor de música sinfônica e instrumental e do virtuose.

De qualquer forma, a composição de *Sansão e Dalila*, embora lentamente, prosseguiu, com a estrutura transformada na ópera em três atos que é hoje nossa conhecida. O autor pôs o ponto final na partitura em Argel, onde fora passar férias em 1876 e cujo ambiente de exóticas sonoridades muito contribuiu para o formato final do balé do último ato, "A Bacanal".

Quando Saint-Saëns voltou a Paris, sua fiel amiga Pauline Viardot decidiu ajudá-lo a tornar a nova ópera conhecida e, embora já estivesse com 56 anos e não mais cantasse profissionalmente, estudou a parte de Dalila e conseguiu encenar *Sansão e Dalila*, com o autor ao piano, numa apresentação privada nos jardins da casa de um amigo em Croissy, em 20 de agosto de 1877. Entre os presentes estava o diretor do Opéra de Paris, que não mostrou o mínimo interesse em produzir o espetáculo em seu teatro. Temas bíblicos tinham saído completamente da moda e, além disso, a ópera fugia ao formato tradicional do *grand ópera* de cinco atos consagrado pelo gosto do público parisiense; pior ainda, o diretor achou a música "wagneriana", pecado mortal naqueles primeiros anos após a guerra franco-prussiana, quando o sentimento antigermânico era ainda muito forte.

Mas Liszt cumpriu sua promessa e, embora já não trabalhasse em Weimar, conseguiu usar de suas boas relações para fazer com que a ópera estreasse no teatro da corte em 2 de dezembro de 1877, com o libreto traduzido para o alemão, com o título de *Simson und Delila.* O enorme sucesso, por ter sido obtido na Alemanha, foi literalmente ignorado pela imprensa francesa. *Sansão e Dalila* só regressou à França em 1890, graças ao esforço de Gabriel Fauré, aluno do compositor. Sua entrada, porém, foi humilde: não foi Paris, mas a cidade de Rouen que acolheu sua primeira encenação em solo francês. Sua recepção favorável no interior atraiu a atenção da capital, e Paris montou a ópera finalmente em 31 de outubro de 1890 no pequeno Théâtre de l'Éden. Mais dois anos transcorreriam até que o Théâtre de L'Opéra resolvesse finalmente produzir a ópera, convidando o autor para a supervisão. A história de *Sansão e Dalila* percorre um caminho parecido àquele trilhado por sua contemporânea *Carmen,* de Bizet, que foi vaiada na estréia e precisou buscar o reconhecimento do público francês, fazendo um extraordinário sucesso no exterior, e do *Werther*, que teve de estrear em Viena em versão alemã, pois os produtores culturais de Paris não consideraram a obra-prima de Massenet apropriada para seu público.

Ao compor seu poema, o libretista Ferdinand Lemaire transformou livremente os personagens principais, tornando-os muito mais interessantes do que seus originais bíblicos. Sansão, ao que se depreende de uma leitura bem feita dos capítulos catorze e quinze do *Livro dos Juízes*, é um jovem que tem mais força do que inteligência; para preocupação constante de seus pais, tem um interesse especial pelas mulheres filistéias. É o casamento mal-sucedido com uma delas que o leva a uma situação de confronto com os filisteus, queimando suas plantações e ferindo mil deles com uma queixada de burro. O Sansão da ópera, por outro lado, emerge já no primeiro ato como um líder libertário nato, através de quem o Deus de Israel se expressa, e que mata Abimelech (o sátrapa de Gaza que não existe na Bíblia), iniciando simbolicamente a árdua luta contra a opressão de seu povo com o brado "Israël, romps ta chaîne!" (Israel rompe tuas correntes!). O envolvimento com Dalila, já existente quando a ópera começa, é sua única fraqueza. Histórias sobre homens de caráter escravizados e destruídos pela fascinação sexual de mulheres fatais eram bastante comuns na Paris do século XIX, tanto nos romances como na vida real. Sansão funciona dentro desse padrão conhecido. O herói infeliz cometeu um deslize e foi castigado com a perda de seus poderes, mas continua sendo merecedor da piedade do público. Embora degradado e rejeitado por todos, reencontrará sua força na têmpera do sofrimento e da humilhação. Tanto a rebeldia inicial do revolucionário quanto o estoicismo do pecador contrito são expressos na partitura vocal por meio de densos recitativos e passagens cantadas que colocam grande peso na região central da voz, tornando Sansão um papel ideal para um *heldentenor* wagneriano. Não é por acaso que intérpretes consagrados de Siegmund em *Die Walküre*, como os tenores Jon Vickers, James King e Plácido Domingo, tenham sido Sansões notáveis. A grande exceção a essa regra é o tenor italiano Enrico Caruso, responsável por uma das mais perfeitas caracterizações do paladino hebreu de que se tem notícia, na famosa produção do Metropolitan de Nova York em 1916. Podemos ter uma idéia muito boa do enfoque carusiano do papel ouvindo sua versão da ária "Vois ma misère, hélas", do terceiro ato, gravada naquele mesmo ano.

A Dalila da Bíblia é também uma criatura bem menos interessante do que sua correspondente na ópera. De origem vaga, surge de repente, não tem ideologia nem história anterior e aceita trair Sansão por dinheiro. Vejamos o que dizem os versículos 4, 5 e 6 do capítulo 16 dos *Juízes*, que nos introduzem a Dalila das escrituras:

4: E depois disto aconteceu que Sansão se afeiçoou a uma mulher do vale de Soreque, cujo nome era Dalila.
5: Então os príncipes dos filisteus subiram a ela, e lhe disseram: "Persuade-o, e vê em que consiste a sua grande força, e como poderíamos assenhorear-nos dele e amarrá-lo, para assim o afligirmos; e te daremos, cada um de nós, mil e cem moedas de prata".
6: Disse, pois, Dalila a Sansão: "Declara-me, peço-te, em que consiste a tua grande força, e com que poderias ser amarrado para te poderem afligir".

Como se vê, a Dalila de Saint-Saëns é muito mais fascinante. Sacerdotisa do templo de Dagon, torna-se uma espécie de Mata-Hari da antiguidade, colocando-se a serviço de seu Sumo Sacerdote. É seu dever entregar-lhe Sansão, o inimigo. Quando, no início do segundo ato, o Sacerdote lhe oferece dinheiro, ela exclama:

Que importa a Dalila teu ouro!
E de que me valeria todo um tesouro
Se eu não sonhasse com a vingança!

Após cortar o cabelo de Sansão, a Dalila bíblica desaparece completamente e não é mais mencionada; na ópera, porém, a sacerdotisa está presente também no último ato, zombando de Sansão ao lado dos filisteus na bacanal do templo, até que o herói finalmente derrube as colunas e mate a todos. Para fazer chegar ao ouvinte toda a sensualidade da protagonista, Saint-Saëns confiou sua Dalila ao registro de *mezzo-soprano*. As tonalidades escuras e quentes das notas de peito são usadas com maestria para a expressão vocal do jogo de sedução erótica de Dalila em sua casa, da mesma maneira que Carmen trata de enfeitiçar Don José na taverna de Lillas

Pastia enquanto canta e dança. O canto lânguido de Dalila, repleto de cromatismos tão diferentes dos cromatismos wagnerianos, é construído de filigranas, de nuanças delicadas em que arabescos se alternam para criar um ambiente exótico, repleto de promessas de prazeres misteriosos. É um grande exemplo do que há de melhor na escola francesa de canto, com uma sólida tradição na tentativa de expressar, através da voz, melodias que o público associa imediatamente com o exotismo do oriente fabuloso, encontrada em óperas como *A Africana* de Meyerbeer, *O Rei de Lahore* de Massenet, *Os Pescadores de Pérolas* de Bizet e *Lakmé* de Delibes.

O século XIX ainda não tinha terminado quando Dalila seduziu Sansão em São Paulo pela primeira vez, embora o fizesse cantando em italiano. Foi em 1898, no Teatro Politeama, que ficava no Vale do Anhangabaú, com Zaira Montalcino e Giuseppe Ventura nos papéis principais. O Theatro Municipal de São Paulo apresentou seu primeiro Sansão em 1916, em francês, com Jacqueline Royer e Léon Laffite, e repetiu a ópera nas três temporadas seguintes, com Dalilas famosas como Fanny Anitua e Gabriella Besanzoni. Após três outras montagens em 1925, 1930 e 1941, *Sansão e Dalila* teve de esperar quase cinqüenta anos até voltar ao nosso palco para aquela que seria sua última apresentação do século XX.

Em 25 de setembro de 1989, uma segunda-feira, chovia torrencialmente, o que não impediu que o TMSP tivesse uma das maiores superlotações de sua história, com dezenas de cadeiras extras colocadas de última hora na platéia: afinal, embora o espetáculo fosse em forma de concerto, apresentava-se pela primeira vez em nossa cidade o legendário *mezzo-soprano* italiano Fiorenza Cossotto, interpretando, em récita única, a sedutora sacerdotisa de Dagon.

Publicado no programa de Samson et Dalila,
Theatro Municipal de São Paulo,
em setembro de 2002

UM HOFFMANN INÉDITO

Em 1851, quando foi assistir a *Os Contos de Hoffmann*, a nova peça de Jules Barbier e Michel Carré em cartaz no Théâtre de l'Odéon de Paris, Jacques Offenbach começava a ganhar certa notoriedade no mundo musical parisiense. Já fazia dois anos que exercia os cargos de regente, diretor musical e compositor de música incidental da *Comédie-Française*, mas levaria ainda um certo tempo para tornar-se conhecido como o pai das operetas tipicamente parisienses, gênero que os franceses preferem chamar de *opéra bouffe*. Em 1855, abriu seu próprio teatro, Les Bouffes-Parisiens, onde passou a encenar suas composições, uma das quais, *Orfeu no Inferno* – que contém o famoso cancan –, fez um sucesso enorme e instantâneo ao estrear em 1858 e projetou o nome do autor no cenário internacional. A localização do teatro, na mais famosa das avenidas da cidade-luz, aliada ao reconhecimento público da sensibilidade musical de Offenbach, valeu-lhe o carinhoso apelido de "Mozart des Champs-Elysées". Nada mau para um imigrante que ao chegar a Paris em 1833, aos quatorze anos, trazia consigo um violoncelo, pouco dinheiro e muitas esperanças. Seu pai, um cantor litúrgico, *chazan* da Sinagoga de Colônia e profundo amante da música, percebera com clareza o grande potencial do filho e havia se esforçado para mandá-lo estudar na capital francesa, onde os judeus desfrutavam de uma autonomia muito maior que na Alemanha. Ao ingressar no Conservatório, o jovem Jakob mudou seu prenome para Jacques.

Offenbach ficou muito impressionado com a peça de Barbier e Carré e decidiu convertê-la em ópera. Mais de vinte anos deveriam se passar até que ele conseguisse reunir as condições necessárias para começar a escrever *Os Contos de Hoffmann*, sua única ópera séria, de grandes proporções, com a qual coroou sua carreira de compositor embora não vivesse o suficiente para vê-la encenada.

O advogado Ernst Theodor Amadeus Hoffmann (1776-1822) foi um dos poetas e romancistas mais importantes de sua época. Apaixonado pela música, respeitado como maestro e crítico musical, dedicou-se também à composição, criando sinfonias, obras para piano, peças sacras e de câmara e balés. Escreveu ainda seis óperas. Nomeado conselheiro da Suprema Corte Prussiana em Berlim em 1814, passava suas noites na taverna Weinstube Lutter und Wegner, ainda hoje em funcionamento na capital alemã, e que acabou se tornando – com uma pequena alteração na grafia do nome de um dos proprietários – o cenário dos atos inicial e final da ópera, a taverna de Luther. Ali, Hoffmann consumia uma boa parte de seu salário bebendo solenemente e em grandes quantidades, enquanto os maiores músicos e escritores alemães se acotovelavam para ouvi-lo declamar e discursar.

Seus textos, repletos de contos fantásticos e lendas, inspiraram sucessivas gerações de escritores do romantismo em vários países europeus. Assim como a maioria da intelectualidade parisiense, Barbier e Carré conheciam e respeitavam a obra de Hoffmann. Ao escrever sua peça, procuraram conferir ao perfil do protagonista uma leve linha biográfica e, ao mesmo tempo, criar os outros personagens a partir da leitura de vários contos do novelista alemão, num misto de realidade e fantasia que se manteve intacto na obra de Offenbach.

Enquanto aguarda por Stella, a cantora de ópera que é seu novo amor, Hoffmann, na taverna, concorda em narrar seus três casos amorosos: Olympia, a boneca mecânica, o amor da juventude, na qual o poeta viu apenas as qualidades, sem reparar nos defeitos; Antonia, o ideal do amor conjugal, com quem seria possível partilhar os prazeres da arte; e finalmente Giulietta, a cortesã, emblemática do desejo e da luxúria. Todas elas são uma faceta da mulher completa que Hoffmann busca em Stella. Exausto pelas lembranças e pela narrativa, Hoffman, triste, se embriaga. É quando surge a Musa, que o exorta a imortalizar suas mágoas através da literatura. Deve deixar de ser simplesmente um homem para tornar-se um poeta.

Para o ato de Olympia, os autores do drama combinaram extratos dos contos *Der Sandmann* (O Homem de Areia) e *Die Automate* (O Autômato). O ato de Antonia tem suas origens em *Rath Krespel* (O Conselheiro Crespel), tendo sido o sinistro Dr. Miracle retirado de *Der Magnetiseur* (O Mesmerizador). Na peça de Barbier e Carré, o ato de Giulietta se passava em Florença, conforme a fonte original, a narrativa *Die Abenteuer der Sylvester-Nacht* (A Aventura da Véspera do Ano Novo), também chamada de *Die Geschichte vom verlornen Spiegelbilde* (A História do Reflexo Perdido). A história do anão Kleinzack, contada por Hoffmann no primeiro ato, vem de *Klein Zaches gennant Zinober* (Klein Zaches, chamado Cinábrio). A única referência não-hoffmanniana da peça é o duplo papel Musa-Nicklausse, que se inspira na poesia *Les Nuits* (As Noites), de Alfred de Musset.

Barbier e Carré, a quem o mundo da ópera era familiar – escreveram vários libretos importantes, entre os quais os de *Faust* e de *Romeu e Julieta*, para Gounod –, resolveram, em 1866, adaptar seu *Hoffmann* para o palco lírico, confiando a composição da partitura a Hector Salomon. Mas o teatro com quem tinham assinado o contrato não honrou o acordo. O projeto, embora adiantado, não se realizou. O sonho da estréia transformou-se no pesadelo de uma grande ação judicial.

Em 1873, Offenbach estava de endereço novo. Era agora diretor e proprietário do Théâtre de la Gaîté. Jules Barbier havia escrito um novo drama patriótico em versos, *Joana d'Arc*, e não encontrava lugar para representá-lo. Offenbach propôs-se a fazê-lo, desde que Barbier o autorizasse, numa das cláusulas do contrato – Carré havia falecido –, a musicar os *Contos de Hoffmann* para a temporada do ano seguinte.

Salomon gentilmente abriu mão de seus direitos sobre o libreto, cujo manuscrito pertence hoje ao acervo da Bibliothèque de l'Ópera. Ao examiná-lo, constatamos que a idéia inicial era a de produzir uma *opéra-féerie*, um tipo de espetáculo extravagante com pantomimas e balés-intermezzo entre os atos, bem dentro do estilo habitual do Théâtre de la Gaîté. Hoffmann seria um barítono. Offenbach começara a compor pensando em Jacques-Joseph-André Bouhy, o primeiro Escamillo na *Carmen* de Bizet.

Mas os teatros de Paris viviam uma fase recessiva, em função da crise econômica causada pela recente guerra franco-prussiana, e Offenbach, assoberbado de dívidas, teve de vender o la Gaîté e adiar os planos de *Hoffmann*, em cuja partitura, entretanto, jamais deixou de trabalhar, retomando-a sempre que suas múltiplas atividades com as operetas lhe davam alguma folga. Com o tempo, Offenbach amadureceu a idéia de transformar *Os Contos de Hoffmann* em uma *opéra-comique*, gênero no qual diálogos falados ligam os trechos musicais, e pediu a Barbier que efetuasse uma profunda revisão no libreto original, da qual resultou a eliminação dos *intermezzos*, a mudança do ato de Giulietta de Florença para Veneza e uma completa alteração do epílogo, além da criação dos diálogos que o novo formato exigia.

Em 18 de maio de 1879, numa das costumeiras *soirées* musicais em sua casa, Offenbach apresentou pela primeira vez alguns números da nova ópera – que ainda estava incompleta – diante de uma selecionada platéia de trezentos convidados, entre os quais se sentavam Franz von Jauner, diretor do Ringtheater de Viena, e Léon Carvalho, diretor do Opéra-Comique, que disputaram entre si a primazia da estréia absoluta. Parisiense de coração, Offenbach optou pelo Opéra-Comique, mas assinou também um contrato com Jauner, assegurando-lhe os direitos da primeira produção em idioma alemão. Para as apresentações fora da França, ele pretendia elaborar uma segunda versão da partitura, em que os diálogos falados seriam substituídos por recitativos. Embora estivesse trabalhando quase que simultaneamente em três novas operetas, Offenbach tratou de aumentar o ritmo da composição de *Os Contos de* Hoffmann.

Uma das imposições de Carvalho foi a de que Hoffmann deixasse de ser barítono, pois escolhera Jean-Alexandre Talazac, seu tenor-sensação do momento, para interpretar o protagonista. Além disso, como ficara estabelecido que o soprano de coloratura Adèle Isaac seria a única intérprete das quatro namoradas de Hoffmann, Offenbach teve de readaptar para ela todos aqueles papéis. Velha raposa do palco que era, porém, o compositor deixou no mínimo duas versões alternativas de cada ária para cada um dos personagens principais, procurando minimizar assim dificuldades eventuais que futuros cantores, com características vocais diferentes das dos primeiros intérpretes, pudessem enfrentar.

Os ensaios começaram em 11 de setembro de 1880. E, de repente, no dia 5 de outubro, Offenbach faleceu. Estabelecer qual porção exata de *Os Contos de Hoffmann* que estava realmente pronta tem sido objeto de especulação por mais de um século. Muitos trechos tinham só a indicação de canto e piano, sem orquestração, outros nada mais eram do que anotações quase incompreensíveis. O maestro Antonio de Almeida, um reconhecido estudioso da obra de Offenbach, observou:

> Offenbach enchia numerosas páginas e cadernos de notas de todos os tamanhos com esboços escritos a grande velocidade, em todas as direções, a lápis e a tinta, freqüentemente com uma espécie de taquigrafia musical pessoal difícil de decifrar. Baseando-se nesses temas, ele compunha então os números para suas composições cênicas diretamente na partitura de orquestra, que quase sempre compreendia 22 pautas, colocando a(s) parte(s) para voz em sua(s) posição(ões) lógica(s) na orquestração, que havia sido indicada genericamente no início da primeira página. Ao mesmo tempo, ele escrevia o acompanhamento para piano nas duas últimas pautas da página, esboçando temas, ocasionalmente, em algumas das pautas instrumentais. Somente quando terminava esse trabalho é que ele procedia à orquestração.

A família do compositor escolheu o respeitado compositor Ernest Guiraud para a difícil tarefa de terminar a ópera e sua orquestração, preparando-a tanto para a estréia como para a publicação.

O que se seguiu, apesar da competência indiscutível de Guiraud, foi um verdadeiro trabalho de canibalização conduzido por Carvalho. O libreto original, aprovado pela censura, teve passagens drasticamente suprimidas ou realocadas, o que acarretou mudanças correspondentes na música. Quando o meio-soprano que deveria fazer o duplo papel da Musa e de Nicklausse (o fiel amigo de Hoffmann) abandonou os ensaios, porque viu sua participação vocal ir gradativamente diminuindo no espetáculo, Carvalho substituiu-a pelo jovem e inexperiente soprano Marguerite Ugalde, que não conseguiu dar conta da difícil tessitura exigida. Carvalho então separou os dois papéis e encarregou outra novata, o soprano Zoé Molé, de representar a Musa, fazendo com que ela apenas declamasse, sem cantar. Essa decisão teve duas conseqüências desastrosas: além de cortar passagens musicais importantes, como a apoteose final da Musa (felizmente hoje recuperada), eliminou a identidade entre Nicklausse e a Musa, uma das premissas essenciais da peça original.

Dois dias após um ensaio geral realizado em 1º de fevereiro, assistido apenas pela família Offenbach e por artistas e amigos do Opéra-Comique, resolveu-se, para reduzir a duração do espetáculo, eliminar todo o ato de Giulietta. Assim, a barcarola – que se tornaria o trecho mais famoso da ópera – foi inserida no ato de Antonia, cantado por duas vozes anônimas fora de cena. Sua única função dramática era a de atazanar o pobre pai de Antonia, Crespel, o qual, além de tudo, teve de mudar-se para Veneza, pois, como todos sabiam, em Munique, onde o ato era originalmente ambientado, não se cantavam barcarolas.

Logo depois que a ópera estreou, em 10 de fevereiro de 1881, o editor escolhido, Paul Choudens, publicou a primeira de suas cinco versões da partitura, reproduzindo exatamente a da estréia absoluta. A segunda edição, ainda do mesmo ano, reflete a "segunda redação" de Ernest Guiraud, substituindo os diálogos falados por recitativos baseados no libreto de Barbier, para os quais usou parte da música deixada por Offenbach. Essa versão, utilizada para a estréia no Ringtheater de Viena, ressuscitou, embora com muitos cortes, o ato de Giulietta, mas o colocou na posição errada, entre Olympia e Antonia. Barbier e Guiraud trouxeram a barcarola de volta ao lugar de onde nunca deveria ter saído e escreveram um novo final, bastante diferente do original de Offenbach, fazendo Giulietta partir de gôndola ao lado de seu admirador Pitichinaccio. Na publicação seguinte, de 1882, Choudens voltou aos diálogos falados e anexou, como suplemento, alguns números do ato de Giulietta desenvolvidos por Guiraud a partir de esboços de Offenbach. A quarta edição, de 1886, também com diálogos, fazia a ópera começar diretamente com a entrada dos estudantes do primeiro ato, eliminando a Musa, os espíritos da bebida, Lindorf, Andrés e Stella. Como se vê, havia *Contos de Hoffmann* para todos os gostos.

Em 1904, o esfuziante Raoul Gunsbourg, diretor da Ópera de Monte Carlo, resolveu produzir a obra e não resistiu à tentação de "melhorar" a partitura com dois novos números no ato de Giulietta de cuja composição se gabava, embora saibamos hoje que o verdadeiro autor foi André Bloch, um aluno de Guiraud. Além de inserir o sexteto com coro, erradamente conhecido como septeto, Gunsbourg, para evidenciar os dotes vocais de um de seus maiores astros, o barítono Maurice Renaud, fez substituir a ária de Dapertutto, "Tourne, tourne miroir" pela hoje universalmente famosa "Scintille diamant", baseada num tema que Offenbach escreveu para a abertura da opereta *A Viagem para a Lua.* Como Jules Barbier havia falecido, quem providenciou as modificações do texto foi seu filho Pierre.

Todo o material de Monte Carlo foi reutilizado em 1905, na impecável produção de Hans Gregor no Komische Oper de Berlim, cujo enorme sucesso fez com que a ópera ficasse rapidamente conhecida no mundo todo. Essa partitura, chamada "versão Pierre Barbier", transformou-se na quinta edição Choudens, publicada em 1907. Foi a versão universal por quase quarenta anos, até que em 1944, numa produção nas cidades suíças de Lucerna e Basiléia, Otto Maag e Hans Haug, baseados na peça original de teatro, repuseram o ato de Antonia em sua posição correta, enquanto a música permanecia quase intacta.

Na década de 1970, uma importante revelação iria mudar o curso dos acontecimentos. Em meio a uma ampla pesquisa sobre a obra de Offenbach, o maestro Antonio de Almeida topou com um pacote contendo cerca de 1250 páginas manuscritas por Offenbach e seus copistas, documentando vários estágios da composição. Este material foi usado pelo musicólogo Fritz Oeser para uma nova edição publicada pela Alkor em 1977, na qual foram restauradas as passagens originais da Musa e de Nicklausse cortadas por Carvalho e removidas as adições espúrias de Gunsbourg. Oeser cometeu, entretanto, o erro de trabalhar com a versão original para barítono que havia sido descartada, e alterou muitas tonalidades da parte de Hoffmann e a relação entre elas. Além disso, por não dispor de informações, recheou os eventuais espaços vazios com trechos da opereta *As Ninfas do Reno*, que Offenbach escrevera para Viena, alegando que o próprio autor assim procedera quando da composição do *Hoffmann*.

Cerca de 350 novas páginas manuscritas por Offenbach, contendo extensos trechos já com orquestração completa usados nos ensaios do Opéra-Comique, entre os quais, partes do ato de Giulietta cortado antes da estréia surgiram triunfalmente em um leilão na Sotheby's de Londres em 1984.

Michael Kaye, um dos mais conceituados e sistemáticos pesquisadores dos mistérios de *Hoffmann*, serviu-se dessa nova descoberta para completar a edição crítica em que vinha trabalhando há muitos anos. Desde sua publicação pela empresa alemã Schott no final dos anos de 1980, a edição Kaye, que entre outras novidades recuperou a belíssima ária original de Giulietta, "L'amour lui dit la belle", passou a ser adotada pela maioria dos teatros europeus.

Kaye foi obrigado, porém, a revisar sua edição mais cedo do que pensava, graças a um sensacional achado de Denis Michel-Dansac em 1993. Pesquisando em Paris, ele descobriu 24 páginas que continham o original da última cena do ato de Giulietta completada pessoalmente por Offenbach em 27 de setembro de 1880, apenas oito dias antes de sua morte. Este final, em que um Hoffmann enraivecido tenta matar Giulietta, mas apunhala Pitichinaccio em seu lugar, deixando a cortesã desesperada enquanto os convidados gargalham, tem uma carga dramática maior que a do convencional e torna a narrativa muito mais consistente.

Estreado na Ópera de Hamburgo em 1999, o final redescoberto do ato de Giulietta será encenado pela primeira vez em todo o continente americano[2] na presente montagem do Theatro Municipal de São Paulo, criando

2. Embora utilizasse a versão Kaye em sua nova produção apresentada em Los Angeles e Washington (2001), a diretora Marta Domingo optou, prudentemente, por manter o final tradicional, em que Giulietta e Pitichinaccio partem juntos.

um momento de grande importância histórica nos anais da música lírica.

O maestro Jamil Maluf está completando seus primeiros vinte anos como regente de óperas em São Paulo. Ao longo de sua carreira, destacou-se sempre pelo ineditismo das escolhas, conduzindo no TMSP as estréias paulistanas de *A Flauta Mágica* de Mozart (1983), *Os Sete Pecados Capitais* de Weill (1984), *O Morcego* de Strauss (1990) e *João e Maria* de Humperdinck (2002), além de reger, em outras salas da cidade, as primeiras récitas de *A Voz Humana* de Poulenc (1987) e *O Chapéu de Palha de Florença* de Rota (1993).

Ao adotar, para a primeira montagem de *Os Contos de Hoffmann* na história do Theatro Municipal, a difícil e pouco conhecida edição Kaye, o maestro confirma sua vocação para os desafios, mesmo correndo o risco de enfrentar o mau humor de alguns espectadores que sentirão falta do sexteto e de *Scintille Diamant*, consagrados pela tradição. Como de costume, preparou a ópera cuidadosamente, trocando farta correspondência com Michael Kaye acerca de detalhes da partitura até amadurecer sua visão pessoal da obra. Maluf pretende dar ao ato de Olympia, a boneca mecânica, a mesma atmosfera que Offenbach construía em suas operetas; já o ato de Antonia, pelas características da personagem, se identifica com Puccini; e o ato de Giulietta, em Veneza, com suas coloraturas, será regido dentro do espírito das óperas de Rossini.

Os Contos de Hoffmann encerra, com chave de ouro, um ano em que os títulos escolhidos pela direção do Theatro Municipal – e a coragem de encená-los – trouxeram de volta o brilho das nossas antigas temporadas de ópera.

Publicado, de forma condensada,
no programa de Les Contes d'Hoffmann,
Theatro Municipal de São Paulo,
em novembro de 2003

GOUNOD E OS AMANTES DE VERONA

Desde 1576, quando foi comprada pelo cardeal Ferdinando de' Medici, a imponente edificação cercada de lindos jardins que se ergue no alto da colina romana de Pincio passou a chamar-se Villa Medici. Quando Ferdinando deixou a batina e voltou para a sua Florença natal para tornar-se o grão-duque da Toscana, a propriedade de Roma passou a ser a residência oficial dos sucessivos cardeais que a dinastia Medici ofereceu à Cúria. Em 1803, um decreto de Napoleão Bonaparte fez com que a Villa Medici se tornasse a sede da Académie de France, instituição de belas-artes que o governo francês sempre manteve em Roma desde sua criação em 1666, durante o reinado de Luis XIV. Nessa época, o Rei-Sol havia criado um concurso muito importante para jovens pintores, arquitetos e escultores chamado Prix de Rome, cujos vencedores recebiam uma bolsa e iam para Roma estudar por alguns anos na Académie. A partir da mudança para a Villa Medici, o concurso passou a contemplar também jovens compositores. Os escolhidos passavam a residir na Villa e tinham por obrigação enviar a Paris uma nova composição a cada ano que vivessem em Roma. Ao examinarmos as biografias dos mais importantes compositores franceses do século XIX, constatamos que a maioria deles passou pela Villa Medici.

Em 1837, Charles Gounod concorreu ao Prix de Rome, mas ficou em segundo lugar. Teimoso, voltou a insistir em 1839, venceu o concurso com uma cantata chamada *Fernande* e partiu para Roma aos vinte anos de idade. Parisiense, Charles havia nascido em 1818, numa família de artistas. O pai, grande desenhista e pintor de certa importância, morreu quando ele tinha cinco anos. A mãe, pianista de valor, sustentou a família dando aulas, mas mesmo assim encontrou tempo suficiente para ensinar ao pequeno Charles os rudimentos da música, o que estabeleceu entre ela e o filho uma ligação muito forte que durou toda a sua vida. Foi ao lado da mãe que Gounod assistiu a um espetáculo que lhe causou uma impressão profunda: o *Don Giovanni* de Mozart, a grande descoberta daqueles primeiros anos que o faria decidir-se pela carreira de musicista.

Em Roma, embriagou-se com música. Além de assistir a óperas de Bellini, Donizetti e Mercadante, o jovem estudante ficou fascinado pela música sacra. Tornando-se assíduo freqüentador das apresentações na Capela Sistina, descobriu Palestrina, cuja obra estudou em profundidade. Já se desenhava aí uma das características fundamentais da personalidade do futuro compositor, que durante toda a sua vida iria se dedicar com igual paixão ora à música litúrgica, ora ao teatro de ópera, alternando-se entre os dois extremos com a regularidade de um pêndulo. A cena da igreja em sua ópera *Faust* reflete bem o contraste dessas duas tendências.

Foi na Villa Medici, em 1841, que Gounod trabalhou com o tema dos amantes de Verona pela primeira vez, tentando compor uma ópera – que não completou – sobre um libreto italiano chamado *Giulietta e Romeo*. Seguramente inspiraram-no as lembranças da *Sinfonia Dramática Ro-*

meu e Julieta de Hector Berlioz, a cujos ensaios e estréia no Conservatório de Paris teve o privilégio de assistir em 1839 quando era aluno daquela instituição.

Berlioz baseou sua obra na famosa peça *Romeo and Juliet* (1596) de William Shakespeare, que já era tão célebre no século XIX quanto o é hoje. Isso às vezes oculta o fato de que, quando o dramaturgo inglês retratou, com seu brilhantismo habitual, a tragédia dos dois jovens que preferem a morte à separação, a história de Romeu e Julieta já era bastante conhecida na Europa, pois havia sido narrada por vários autores italianos anteriores.

A primeira referência que encontramos é a de uma lenda medieval transmitida oralmente, recolhida por Masuccio Salernitano (1415-1476) em uma novela chamada *I due amanti senesi*. Os dois amantes de Siena, onde a história originalmente transcorria, chamavam-se Mariotto e Ganozza: ele, filho de uma família guelfa e ela, gibelina. Guelfos e gibelinos foram dois partidos cuja rivalidade ensangüentou a Toscana durante décadas. Baseado nesse texto, o autor Luigi da Porto (1485-1529), um nobre de Vincenza, escreveu a *Istoria novellamente ritrovata di due nobili amanti*, publicada dois anos depois de sua morte. Da Porto introduziu várias modificações na história, a mais importante das quais foi a de chamar os namorados, pela primeira vez, de Romeu e Julieta. Além disso, deslocou a narrativa para Verona e fez com que os dois jovens pertencessem a famílias que realmente existiram e que, em sua opinião, eram antagônicas. Para tanto, interpretou um verso contido no Canto VI da *Divina Comédia* (1321) de Dante Alighieri, no âmbito de uma crítica que o sumo poeta faz às mesquinhas rivalidades que dividiam a Itália:

> Vieni a veder Montecchi e Cappelletti,
> Monaldi e Filippeschi, uom senza cura!
> Color già tristi, e costor con sospetti.[3]

3. Venha ver os Montecchi e os Cappelletti,/ Os Monaldi e os Filippeschi, homens sem cuidado!/ Aqueles já tristes / e estes, suspeitosos.

Em 1539, a novela de da Porto, com leves modificações, foi publicada novamente, com o título mudado para *La Giulietta*.

Não sabemos ao certo em que ano Matteo Bandello (1485-1561), utilizando Bocaccio como modelo, publicou *Novelle*, uma coletânea de 214 narrativas. Mas sabemos que uma delas, cujo extenso título praticamente narra a história inteira, *La sfortunata morte di due infelicissimi amanti che l'uno di veleno e l'altro di dolore morirono, con vari accidenti*, retomava o tema de Romeu e Julieta. Como em 1550 Bandello tornou-se bispo de Agen, teve a sorte de ver seu conto traduzido para o francês, forma na qual Pierre Boisteau o levou para a Inglaterra, onde se tornou muito popular e foi vertida para o idioma inglês por William Painter. Em 1562, Arthur Broocke reescreveu, com algumas variações, a história dos infelizes amantes e a publicou sob o título de *The Tragical Historye of Romeo and Juliet*. Foi esse poema a principal fonte utilizada por William Shakespeare.

O drama dos amantes de Verona incendiou a imaginação de muitos compositores através dos séculos. Além da citada obra de Berlioz, da *Ouverture para Orquestra Romeu e Julieta* (1869) de Tchaikóvski e do balé de Serguei Prokofieff de 1940, o tema serviu de argumento para o libreto de nada menos que 41 óperas. A primeira, composta em 1773 pelo alemão Johann Gottfried Schwanenberger, recebeu o título de *Romeo e Giulia*; a última, de 1991, é *Julia*, do suíço Rudolf Kelterborn. Embora muitas delas tenham se inspirado em Shakespeare – como a de Gounod, a décima-nona da fila –, outras, como *I Capuleti e i Montecchi* (1830) de Vincenzo Bellini e as *Giulietta e Romeo* de Nicola Vaccai (1825) e de Riccardo Zandonai (1922), basearam-se diretamente no texto de Bandello.

Em 1865, Gounod se encontrava num momento de crise profissional. Embora lento a princípio, o enorme sucesso

Os Montecchi e os Cappelletti (que acabaram se transformando em "Capuleti") eram duas famílias gibelinas de Verona. Os Monaldi e os Filippeschi eram duas famílias nobres de Orvieto.

de *Faust* (1859) acabara por firmar definitivamente seu nome entre os compositores de primeira linha, mas gerara uma forte expectativa por outras obras-primas que o autor, entretanto, não conseguira mais criar. As óperas seguintes, *Philémon et Baucis* (1860), *La colombe* (1860), *La Reine de Saba* (1862) e *Mireille* (1864), não conseguiram empolgar o público e tiveram recepções pífias que variaram desde a indiferença até a rejeição total. Gounod sabia perfeitamente que bastaria apenas mais um fracasso para liquidar definitivamente sua carreira como operista. Muito preocupado, foi buscar inspiração e conforto nas lembranças felizes de Roma e resolveu retomar o projeto abandonado de *Romeu e Julieta*, um argumento sob medida para suas habilidades. Afinal, ele sabia que tramas nos quais um amor não plenamente realizado acaba por conduzir a heroína à morte eram alimento vital para sua fantasia criativa. Essas almas femininas que se debatiam nas garras do destino tinham o condão de inspirar-lhe belíssimas melodias, como já acontecera em *Sapho*, sua primeira ópera, e também em *Faust* e em *Mireille*.

Para começar, era necessário um bom libreto. Gounod, prudente, encomendou-o a seus bons amigos Jules Barbier e Michel Carré, respeitados autores do meio teatral parisiense aos quais o compositor devia o texto de *Faust* que o tornara famoso.

Barbier e Carré tomaram por base a tradução francesa recém-publicada que Victor Hugo fizera da peça de Shakespeare. Seguiram-na de perto, mas utilizaram apenas onze cenas[4], condensando-as de forma a concentrar a ação totalmente no aspecto amoroso da trama original em detrimento das outras considerações. Uma das mais importantes modificações aconteceu no final da ópera. Em Shakespeare, Romeu, ao acreditar Julieta morta, toma veneno. Quando a jovem desperta de seu sono letárgico, encontra seu amado morto. Mas Gounod, Barbier e Carré sabiam que não pre-

4. Do ato I: cenas 3, 4 e 5; do ato II: cenas 1, 2 e 4; do ato III: cena 5; do ato IV: a segunda parte da cena 1 e o final da cena 3; do ato V: cenas 2 e 3.

sentear o público com um inspirado dueto de amor final, permitindo aos amantes morrer um nos braços do outro, levaria a ópera ao fracasso. Assim, os libretistas eliminaram todos os outros personagens da peça original, deixaram Romeu e Julieta a sós em cena e escreveram os versos com os quais Gounod criou um dos momentos mais sublimes da história da ópera francesa, granjeando a eterna gratidão dos aficionados da música lírica.

Em busca da tranqüilidade espiritual que lhe permitisse levar a cabo a grande obra que se propunha compor, Gounod trocou a frenética agitação de Paris pela calma da Riviera francesa. Em início de abril de 1865, chegou à Saint-Raphäel, encantadora cidade balneária da Côte d'Azur, e alugou uma casa conhecida como *oustalet dou capelain* – a morada do capelão –, cuja localização, de frente para o Mediterrâneo, evocava na psique do compositor fortes recordações da Itália. As cartas que enviou durante esse período à esposa, que ficara em Paris, constituem uma documentação valiosa sobre a gestação da obra. Pouco tempo após instalar-se, ele escrevia:

> As campinas de Fréjus [a região de Saint-Raphäel] com seus remanescentes de antigos aquedutos recordam muito a zona rural romana. [...] Hoje, o mar é um lápis-lazúli líquido, como em Paestum. Eu me levantei com o sol e passei algumas horas à beira-mar, com meu caderno embaixo do braço. Instalei-me naquela pequena cabana a vinte passos das ondas que vinham rebentar diante de mim e lá trabalhei com amor... Tu não podes imaginar o quanto esta existência tranqüila me permite e me ajuda a refletir. Isso é o que eu chamo de trabalhar, de uma maneira que, ao menos para mim, seria impossível em Paris, onde somos atormentados e esmagados pelos detalhes, onde não existe o silêncio do espírito. Aqui, nada me perturba, eu continuo, continuo sem descanso, sem que nada possa impedir o germinar do broto nutrido pela incessante reflexão, que jamais poderia desabrochar em meio aos tantos conflitos da vida na cidade. E por falar em brotos, queres saber quantos já despontaram? Vejamos:
>
> 1 – Toda a introdução do primeiro ato;
> 2 – O scherzo da rainha Mab;

3 – O primeiro dueto de amor entre Julieta e Romeu, no seu primeiro encontro no baile;

4 – O coro dos monges, na coxia, com o qual o terceiro ato começa;

5 – A cantilena de Frei Lourenço, seguida da retomada de um novo canto dos monges e de Frei Lourenço[5].

Eu te asseguro que é muito trabalho; a introdução é muito ampla, compreende três motivos para o coro, uma ária para o Capuleto pai e a frase de abertura de Julieta com um tema orquestral de dança que envolve tudo. Quanto ao scherzo da rainha Mab, não é necessário que eu te diga como enfatizei o aspecto sinfônico; você já terá adivinhado, era uma ótima oportunidade para deixá-la escapar. Portanto, excetuando os dois motivos que eu já tinha composto em Paris (aquele da dança e o do breve dueto entre Julieta e Romeu), todo o resto é fruto do trabalho de quatro dias, ou cinco, se incluirmos o de hoje. Mas estes quatro ou cinco dias equivalem a quarenta ou cinqüenta dias de trabalho aí em Paris. [...] Hoje, tive um bom dia musical. Sinto que todos os meus poros se abrem a Romeu e parece-me ter encontrado a expressão, creio ter deslanchado.

Quase um mês depois, Gounod escrevia novamente à esposa, expressando suas dúvidas acerca do dueto de amor "Nuit d'hyménée" do ato IV:

Finalmente eu o tenho, este bendito dueto do quarto ato. Oh, como gostaria de saber se é ele realmente! Parece-me que sim. Eu vejo os dois, ouço-os, estou próximo deles, mas será que os vi bem, será que escutei bem esses dois amantes? Oh, se ao menos eles mesmos pudessem me responder e fazer-me um gesto de aprovação! Leio e releio este dueto, ouço-o com toda a atenção, procuro achá-lo feio e estou apavorado com a idéia de, achando-o belo, cometer um engano. Não obstante ele me incendiou, me queima: é sincero! E, sobretudo, ACREDITO NELE! Vozes, orquestra, todos participam: os violinos apaixonados, os ímpetos de Julieta, a ânsia de Romeu, seus abraços enlouquecidos, as inflexões improvisadas de quatro a oito compassos em meio a esta luta entre amor e irreflexão; creio que isso é tudo. Veremos.

5. Com o tempo, Gounod substituiu a cantilena do Frei Lourenço e os coros dos monges (itens 4 e 5 da carta à esposa) por um interlúdio sinfônico ou *entracte*.

A intensidade com que Gounod se dedicou ao trabalho durante aquele mês, compondo ininterruptamente desde as primeiras horas da manhã até o anoitecer, e a tensão nervosa gerada pelo desejo de acertar acabaram cobrando do autor um preço alto. Esgotado, ele teve uma das habituais crises de neurastenia que o acometiam durante o processo criativo e, em meados de maio, foi forçado a regressar a Paris, onde seu médico, o doutor Blanche, prescreveu-lhe repouso absoluto por duas semanas. Recuperado, Gounod voltou ao trabalho e terminou a ópera na bucólica aldeia de Buc, próxima a Versalhes, em 10 de julho de 1865.

Por insistência de Léon Carvalho, o diretor do Théâtre-Lyrique, que havia adquirido os direitos de estréia da nova ópera, Gounod fez a primeira das muitas revisões sofridas pela partitura de *Roméo et Juliette*. Carvalho temia que a ópera fosse muito intimista e insistiu na criação de uma cena espetacular que agradasse o grande público. Para satisfazê-lo, Gounod ampliou o quarto ato, que originalmente terminava com a grande ária "Amour ranime mon courage", na qual Julieta toma a poção sonífera, e compôs, em julho de 1866, todo o segundo quadro do quarto ato, constituído do Cortejo Nupcial, do *Epithalame*, do Coro e Dança e do Final, "66 páginas de escrita orquestral" – como comentou com um amigo –, "mas do tipo de página que consome uma hora de trabalho cada uma".

Mas essa não seria a única modificação feita antes da estréia. Os ensaios já se encontravam adiantados quando o soprano lírico Marie-Caroline Miolan-Carvalho, esposa do empresário e intérprete de Julieta, percebeu que a ária do quarto ato, à qual nos referimos há pouco, era, além de difícil, muito pesada para sua voz e pediu a Gounod que lhe compusesse um outro solo em que ela pudesse brilhar. Como é sempre prudente agradar a mulher do chefe, o compositor resolveu contentá-la logo no primeiro ato, criando uma *valse-ariette* fadada a tornar-se o trecho mais famoso da ópera. É a valsa de Julieta, "Je veux vivre", imortalizada no disco por algumas das maiores vozes de soprano do século xx como Nellie Melba, Amelita Galli-Curci, Geraldine Farrar, Lucrezia Bori, Lily Pons e Bidú Sayão, entre tantas outras. "Amour ranime mon courage" foi eliminada da estréia e ainda hoje é raramente apresentada[6].

Empresário arguto, Carvalho programou a estréia da ópera para 1867, ano em que a Exposição Universal de Paris estimularia um grande afluxo de turistas à cidade. A produção foi muito bem cuidada, com um elenco excelente. Além de Miolan-Carvalho, a cuja qualidade artística se deveu grande parte da ótima recepção da nova ópera, outros cantores muito conhecidos fizeram parte da companhia, como o grande tenor Pierre-Jules Michot no papel de Romeu, o barítono Auguste-Armand Barre no de Mercutio e o baixo M. Czaux, que interpretou Frei Lourenço. O sucesso foi extraordinário, com 102 récitas apenas nessa primeira temporada. Aos 49 anos, Gounod via finalmente dissipados seus temores e recebia o justo reconhecimento por seu esforço e inspiração. A partitura de *Roméo et Juliette* é rica em invenções melódicas, mas equilibrada e sem exageros. Sua música, impregnada de uma sensualidade elegante e delicada, celebra o amor. É por isso que seus melhores momentos são os quatro duos entre os amantes, quantidade de duetos de amor até então inusitada na ópera francesa.

Embora *Roméo et Juliette* tenha sido a única ópera de Gounod a fazer um sucesso imediato tanto de público quanto de crítica, tal fato não impediu que, como já havia acontecido em algumas de suas outras composições, ela sofresse uma série de readaptações e mudanças posteriores, muitas das quais o autor foi forçado a realizar contra sua própria vontade. Além da substituição gradativa dos diálogos falados originais por recitativos, as mudanças mais significativas aconteceram nas ocasiões em que a

6. Felizmente, para essa ocasião histórica que é a primeira apresentação paulistana de *Roméo et Juliette*, o maestro Jamil Maluf fez questão de reabrir a maioria dos cortes tradicionalmente feitos e restaurou a grande ária de Julieta do quarto ato.

ópera foi montada por dois dos mais importantes teatros de Paris. Para a produção inicial no Opéra-Comique, em 1873, as alterações pedidas pelos cantores e sugeridas pelo autor foram feitas por Georges Bizet, pois Gounod estava residindo provisoriamente em Londres. Em 1888, quando *Roméo et Juliette* tornou-se oficialmente parte integrante do repertório do Opéra de Paris no palácio Garnier, Gounod foi obrigado, além de efetuar cortes e inserções, a escrever o balé – hoje abandonado – que era de praxe nas apresentações daquela casa, colocando-o no quarto ato. Naquela ocasião, o autor comentou sardonicamente que estava se dedicando "à humilhante tarefa de 'decompositor musical'"! Ao todo, até 1888, haviam sido publicadas cinco versões diferentes da ópera[7].

O carinho do público francês para com *Roméo et Juliette* jamais diminuiu. Até 1887, contabilizaram-se 291 apresentações no Opéra-Comique. No Opéra de Paris, um levantamento feito na década de 1960 mostrava que a ópera havia ultrapassado a marca de seiscentas representações naquela casa.

Dentro da orientação adotada a partir da temporada lírica do ano passado, quando se propôs encenar títulos inéditos em São Paulo, o Theatro Municipal de São Paulo presenteia agora a cidade com aquela que Charles Gounod considerava a melhor de todas as suas óperas. Tomara seja a primeira de muitas produções dessa obra-prima.

Publicado, de forma condensada,
no programa de Roméo et Juliette,
Theatro Municipal de São Paulo,
em junho de 2004

7. Quem quiser aprofundar-se nos detalhes de todas as alterações ocorridas em *Roméo et Juliette* deverá recorrer ao brilhante estudo comparativo publicado por Joël-Marie Fauquet no número 41 da revista francesa *L'Avant-scène Opera*, de 1982.

A PÉROLA RARA DE BIZET

O olhar misterioso com que Greta Garbo seduz o Napoleão de Charles Boyer no filme *Madame Walewska* (*Conquest*, no original) é um dos grandes momentos da história do cinema. Protagonista inesquecível graças à interpretação da mítica atriz sueca, a condessa polonesa romantizada pelos magos de Hollywood existiu realmente, e foi um dos grandes amores de Napoleão Bonaparte. Sabemos que Marie Walewska deu um filho natural ao imperador dos franceses em 1810.

Nascido na Polônia com o nome de Alexandre Florian Colonna, o filho de Marie e Napoleão herdou o título de conde Walewski. Naturalizou-se francês e, após servir o exército, tornou-se diplomata. Sua brilhante carreira ganhou grande impulso quando seu primo Luis Napoleão, presidente da Segunda República, se autoproclamou imperador com o título de Napoleão III e o nomeou para o cargo de ministro das Relações Exteriores da França. Anos depois, o conde Walewski seria guindado a primeiro-ministro do império.

Apaixonado pelas artes – quando moço, tinha escrito peças de teatro, uma das quais em colaboração com Dumas pai –, o conde era membro influente da Académie des Beaux-Arts, entidade que administrava o cobiçado *Prix de Rome*. Essa premiação contemplava, entre outros artistas, jovens compositores, que ao vencer um concurso anual, ganhavam o direito de aperfeiçoar-se na Académie de France, instituição de belas-artes que o governo francês mantinha em Roma.

Walewski também amava a ópera. Uma de suas preocupações era proporcionar aos jovens compositores que voltavam de Roma a possibilidade de desenvolver seus talentos profissionalmente no teatro lírico. Por isso, um dos últimos decretos que firmou antes de deixar o ministério em 1863 dotava o Théâtre Lyrique de Paris de um subsídio anual de cem mil francos. Essa vultosa quantia deveria ser empregada por Léon Carvalho, o diretor do teatro, para encomendar anualmente uma nova ópera a um compositor francês detentor do *Prix de Rome*, encenando-a a seguir.

Georges Bizet, então com 24 anos, foi o primeiro escolhido. Ao voltar de Roma, esse jovem compositor parisiense, excelente pianista, granjeara rapidamente uma respeitada reputação pela imensa facilidade com que lia intrincadas partituras orquestrais à primeira vista e efetuava suas reduções para piano, num nível de qualidade que até então só tinha sido atingido por Mendelssohn e Liszt. Não fosse a visão de Walewski e a escolha de Carvalho, é muito provável que Bizet acabasse se dedicando somente àquela atividade, e o mundo jamais viesse a conhecer óperas como *Les Pêcheurs de Perles* e *Carmen*.

O universo da ópera não era estranho a Bizet. Ainda aluno do Conservatório de Paris – onde estudou contraponto com Gounod e composição com Fromental Halévy, seu futuro sogro –, ele compôs, em 1855, *La maison du docteur*. Em 1857, venceu um concurso proposto por Offenbach com uma opereta, *Le Docteur Miracle*. Já em

Roma, para cumprir um regulamento que o obrigava a enviar a Paris uma composição por ano, Bizet escreveu em 1859 a ópera-bufa *Don Procopio.* Em 1862, tratativas com o Neues Theater de Baden-Baden levaram-no a aproximar-se do estilo *grand-opéra* com a composição de *Ivan IV*, mas a produção acabou não se materializando. *Ivan* teria de esperar por sua estréia até meados do século XX.

Foi apenas com o contrato oferecido por Carvalho, em abril de 1863, que a carreira profissional do Bizet operista realmente teve início, embora aos trancos e barrancos. Para ganhar tempo, o afoito diretor do Lyrique já havia encomendado a Eugène Cormon e Michel Carré um libreto chamado *Leïla*, ambientado no México. Não sabemos quais os motivos que levaram os poetas a conduzir a linda sacerdotisa velada da América para um Ceilão imemorial, ainda não conspurcado pela presença de europeus. Além de alterar a ambientação da ópera, trocaram também seu título, que passou a ser *Les Pêcheurs de Perles.* É provável que a alusão ao México criasse um certo desconforto entre as platéias parisienses ou incomodasse a censura, num momento em que um capricho de Napoleão III, ao resolver apoiar o arquiduque austríaco Maximiliano em seu intuito perverso de conquistar o México à força e tornar-se seu imperador, enviara os jovens soldados do exército francês para combater as tropas de Benito Juárez.

De qualquer maneira, o Ceilão preencheria o desejo da ambientação orientalista e exótica que fazia parte dos argumentos das óperas francesas há muitos anos, e que naquele momento se via novamente estimulado na imaginação do público pelo recrudescimento da expansão colonial européia em territórios africanos e asiáticos. É uma vertente que produziria óperas como *L'Africaine* de Meyerbeer, *Lakmé* de Delibes, *Le Roi de Lahore* e *Thais* de Massenet e *Samson et Dalila* de Saint-Säens, entre outras.

Certo de que um compositor principiante não teria competência para julgar adequadamente a qualidade dramatúrgica de um libreto, Léon Carvalho sequer se deu ao trabalho de consultar Bizet acerca do texto ou pedir sua aprovação. Deu-o como fato consumado. Parece que fosse senso comum que, para despertar a inspiração latente de um operista iniciante, o texto deveria vir recheado da máxima quantidade possível de situações melodramáticas convencionais e conhecidas, permitindo que a partitura fosse construída a partir de modelos facilmente reconhecíveis pelo público. Isso fica evidente no comentário de Auguste de Rovray publicado em *Le Moniteur Universel* uma semana após a estréia acontecida em 30 de setembro de 1863: "Tal como é este poema de *Os Pescadores de Pérolas*, o Sr. Bizet deve considerar-se afortunado em tê-lo obtido, e tê-lo obtido absolutamente grátis. A cavalo dado, não se olha os dentes".

Mas a verdade é que os libretistas exageraram na dose, e se a música de Bizet não fosse magnífica como realmente é, o poema teria levado a ópera ao total esquecimento. *Os Pescadores de Pérolas* pertence àquela categoria de óperas – na qual se incluem *I Puritani* de Bellini, o *Príncipe Igor* de Borodin e *La Rondine* de Puccini – cujo libreto raquítico é plenamente compensado pela inventividade melódica e pela beleza da música vocal, únicas responsáveis pelos seus sucesso e permanência no repertório.

Há um excesso de lugares-comuns em *Os Pescadores de Pérolas*, a começar pelo tema da sacerdotisa dividida entre os votos religiosos e o amor carnal, já fartamente utilizado tanto na *Norma* belliniana como em *La Vestale* de Spontini. Desta última, Cormon e Carré copiaram, vergonhosamente, o roteiro do segundo ato em seus mínimos detalhes, na certeza – pelo visto, equivocada – de que o público não se lembraria mais de uma ópera de 1807. Apenas o final do ato mudou: enquanto Leïla e Nadir são presos no sagrado templo hindu durante arroubos de paixão, lá na *Vestale*, Licinius conseguia escapar do templo de Vesta, deixando Julia para ser punida sozinha.

Lembrando-se que a mesma dupla de escritores havia produzido, apenas três anos antes, o libreto de uma ópera chamada *Os Pescadores de Catania* para Louis-Aimé Maillart, o crítico Charles Desolme, impiedoso com a desfaçatez de ambos, escrevia na edição de *L'Europe Artiste* de 4 de outubro de 1863 acerca de *Os Pescadores de Pérolas*: "Desta vez, os senhores Carré e Cormon compuseram uma mistura de *Il Trovatore*, de *La Statue de Lalla-Roukh* e de *Norma*, e confeccionaram *Os Pescadores de Camarões*, sem que a ação fosse mais compreensível e que as situações oferecessem um interesse mais positivo."

Outros efeitos *dèjà vu*, como a costumeira utilização, na ópera romântica, do tradicional triângulo amoroso tenor-soprano-barítono foram pontualmente criticados. Em 5 de outubro, Nestor Roqueplan anotou em *Le Constitutionnel*: "Leïla reconhece Nadir, que ela ama porque é o tenor; ela não ama Zurga porque é barítono. Esta é a regra, quer seja na Índia, quer seja na Europa. Pobres barítonos! Além de ganharem menos, são menos amados do que os tenores".

Cáustico, o compositor Emmanuel Chabrier emitiu seu juízo definitivo: "Chamem esta ópera de *A Pesca dos Arenques* ou *Os Pescadores de Ostras*, e, mesmo assim, ela nada perderá de seu interesse, já que não tem mais nada a perder".

Embora tardiamente, os libretistas reconheceram que haviam menosprezado Bizet. Na noite de estréia, Eugène Cormon mostrou-se arrependido de não ter percebido seu verdadeiro valor, comentando com um amigo: "Se nós tivéssemos conhecimento do talento do Sr. Bizet, jamais teríamos dado esse drama a ele".

Além de lidar com um argumento banal, Bizet teve muito pouco tempo para compor a partitura. O libreto só foi oficialmente aprovado pela censura em princípios de agosto de 1863, o que deixou Bizet com apenas sete semanas para completar seu trabalho. Não é de estranhar, portanto, que o compositor tenha se utilizado, com prodigalidade, de música que ele havia criado anteriormente. Sabe-se hoje que a maior parte dos temas da *opéra-comique* em um ato *La Guzla de l'Émir* – que ele iniciara em Roma, mas jamais chegou a completar –, transformaram-se em passagens de *Os Pescadores de Pérolas.* Além disso, foi possível identificar a reutilização de uma série de outros trechos anteriores. O coro "Brahma, divin Brahma", que aparece na metade do primeiro ato e é repetido no fim do segundo, era, em sua origem, a passagem profundamente católica "Pleni sunt cœli et terra gloria tua", do *Te Deum* que Bizet compôs em Roma. Como se vê, a divindade mudou, mas o fervor permaneceu.

A barcarola "Ah! Chante, chante encore", entoada por Leïla, Nadir e coro no final do primeiro ato, foi emprestada da serenata "Senza strepito partiamo" da ópera *Don Procopio*, estreada apenas em 1906. Já a narrativa de Leïla no início do segundo ato, "O courageuse enfant, dit-il, prends cette chaîne", provém da cantata "Clovis et Clotilde", que Bizet preparou em 1857 para concorrer ao *Prix de Rome*, enquanto a introdução orquestral da marcha fúnebre "Sombres divinités", que se ouve quando Leïla e Nadir são conduzidos à execução, retoma o tema de uma *Marche funèbre* composta durante o período romano do autor.

Combinando esse material com novos temas impregnados de inspiração, Bizet logrou criar uma partitura com momentos de lirismo dignos da melhor escola romântica francesa. Basta lembrar o celebrado dueto tenor-barítono do primeiro ato, "Au fond du temple saint", o dueto soprano-tenor "Ton cœur n'a pas compris", do segundo ato, e a romança de Nadir do primeiro, "Je crois entendre encore", que muitos tenores famosos imortalizaram em disco no francês original ou, como o grande Beniamino Gigli, em sua versão italiana "Mi par d'udir ancora".

Diligente e preocupado, Bizet esforçou-se por revestir a obra de cor local, concebendo harmonias exóticas que embora nada tivessem a ver com a real música folclórica do Ceilão, soavam, para o espectador europeu de 1863, indiscutivelmente "orientais" ou "hindus", enquanto, no palco, desfilavam turbantes, sáris e túnicas indianas contra um cenário de luxuriante vegetação. Bons exemplos são o coro de introdução "Sur la grève en feu" e a serenata de

Nadir "De mon amie fleur endormie" – precedida de exóticos acordes dedilhados numa gusla –, que tem o imediato condão de evocar, a nossos ouvidos ocidentais, o mistério e a magia das noites do oriente.

Com dezoito récitas sucessivas na temporada de estréia, não se pode dizer que *Os Pescadores* tenha sido um fracasso. Mas tampouco foi um grande sucesso. A imprensa, como vimos, criticou principalmente o libreto, mas menosprezou também a música. Uma única voz solitária se levantou em defesa da alta qualidade musical da partitura: Hector Berlioz.

Após 1863, a ópera desapareceu. Bizet, que morreu em 1875 aos 36 anos, jamais voltou a vê-la encenada novamente. Em seu funeral, com o texto de *Pie Jesu*, cantou-se a melodia do dueto "Au fond du temple saint".

Curiosamente, deve-se aos italianos a recuperação de *Os Pescadores*. Após adquirir os direitos das óperas de Bizet para a Itália, o editor Edoardo Sonzogno, na esteira do grande sucesso obtido com *Carmen*, fez encenar no Teatro Alla Scala de Milão, em 20 de março de 1886, uma versão italiana intitulada I *Pescatori di Perle*. Foi recebida com tamanho entusiasmo que, em pouco tempo, os melhores tenores italianos nela passaram a se apresentar, sempre muito aplaudidos, nos mais importantes teatros peninsulares.

Isso estimulou Sonzogno a levar sua versão a Paris em 1889, apresentando-a na *Expo Universelle*. Vinte e seis anos depois de rejeitada, a pérola rara entre as óperas de Bizet voltava para casa cantada em italiano. Foi um duro golpe no chauvinismo francês, obrigado a assistir calado à trajetória vencedora de I *Pescatori di Perle*, a qual, discretamente, passou a figurar com regularidade no repertório dos principais teatros líricos do circuito internacional.

Publicado no programa de Les Pêcheurs de Perles, *Theatro Municipal de São Paulo, em setembro de 2005*

PARTE V

A ÓPERA NO SÉCULO XX

Cartaz para a "Semana Richard Strauss", de 23 a 28 de junho de 1910 em Munique.

A PEQUENINA GUEIXA DE PUCCINI

Noi siamo gente avvezza
alle piccole cose,
Umili e silenziose...[1]

LUIGI ILLICA E GIUSEPPE GIACOSA. Libreto de *Madama Butterfly*, trecho do dueto de amor, final do Ato I.

E o Santo Deus tocou-me com
seu dedo mindinho e me disse:
"Escreva para o teatro: tome
cuidado – só para o teatro".
E eu segui o supremo conselho.

GIACOMO PUCCINI

Se alguém menos avisado fosse visitar Giacomo Puccini em sua casa no período em que ele estava compondo *Madama Butterfly*, poderia facilmente imaginar que havia entrado por engano em alguma pitoresca espécie de posto avançado do Ministério da Cultura do Japão em Torre del Lago. Para inspirar-se, Puccini trabalhava literalmente cercado de objetos japoneses. Em seu estúdio, repleto de livros sobre arte e arquitetura nipônicas, amontoavam-se ainda publicações

1. Somos gente habituada / às pequenas coisas, / humilde e silenciosa.

sobre usos, costumes e ritos religiosos do Japão, ao lado de pilhas de partituras e discos de canções japonesas.

A preocupação obsessiva de estabelecer em suas óperas um ambiente musical autêntico, de forte cor local, sempre foi uma das mais marcantes características puccinianas. A criação de *Butterfly*, seu primeiro mergulho num ambiente exótico, não europeu, transformou-o num especialista em assuntos relacionados com o país do Sol nascente. Além das incessantes leituras, a busca incansável de detalhes que pudessem conferir à ópera o aspecto mais realista possível levou-o a entrevistar várias vezes a esposa do embaixador do Japão na Itália, de quem recebeu preciosos conselhos sobre os nomes dos personagens e uma coletânea de canções folclóricas, que a embaixatriz cantou especialmente para ele. Na primavera de 1902, a famosa atriz japonesa Sada Jacco, que fazia uma rápida turnê pela Europa, apresentou-se em Milão. Puccini correu a visitá-la. Queria registrar o timbre característico de uma voz feminina japonesa expressando-se em seu idioma natal, para reproduzi-lo na ópera.

O Puccini *delle piccole cose* ("das pequenas coisas"), o miniaturista musical, emerge em toda a sua plenitude em *Madama Butterfly*, ao criar, como já havia feito em *La Bohème*, aquelas células musicais que sublinham um gesto, uma atitude, um detalhe. Ao associá-las a um personagem ou a um momento dramático, Puccini realiza a mágica de falar musicalmente ao nosso inconsciente de uma maneira tão natural, tão aparentemente simples, que quase nunca nos damos conta de como é sofisticada a partitura desta ópera.

Para caracterizar os americanos, música que o espectador no teatro reconhece imediatamente como "ocidental", Pinkerton e Sharpless brindam em bom inglês – "America forever"– ao som do hino norte-americano *Star-Spangled Banner*. Para a criação da atmosfera oriental, exótica e misteriosa, Puccini compõe várias melodias no melhor estilo japonês e os combina com temas musicais nipônicos autênticos, entre os quais a "Canção da Primavera", ouvida quando Butterfly entra em cena pela primeira vez, o Hino

Nacional Japonês, que anuncia a chegada do comissário imperial, e o tema religioso cantado por Suzuki em sua oração no segundo ato. O motivo de um antigo canto popular é associado à desgraça da família de Butterfly, e a "Canção da Flor de Cerejeira" evidencia o momento em que ela mostra seus poucos objetos a Pinkerton. Quando a cerimônia de casamento termina, as amigas se inclinam diante da noiva ao som da canção popular "Nihon Bashi". No segundo ato, para caracterizar o Príncipe Yamadori, Puccini escolheu a música com título perfeito: a canção "O Meu Príncipe".

Vale a pena citar literalmente uma arguta observação do Dr. Mosco Carner, um dos mais respeitados biógrafos de Puccini:

> Deve-se observar [em *Madama Butterfly*] um aspecto completamente novo em Puccini: o aroma exótico que perfuma grande parte da ópera. Assim como a protagonista é inseparável do seu ambiente peculiar, o exotismo é inseparável da partitura. Não é um elemento sobreposto – uma mera *japonaiserie*. A atmosfera era um potente estímulo criador para Puccini, e nesta ópera, vêem-se os resultados fecundos da perfeita assimilação de características próprias da música japonesa. Porque, não obstante o uso contínuo de melodias autênticas, da escala pentatônica e de certos exotismos instrumentais, a partitura não contém um só compasso que não seja da mais pura estampa pucciniana.

As partes de tenor e barítono são curtas em *Madama Butterfly* e não necessitam de intérpretes excepcionais, apenas de bons cantores que disponham das notas necessárias e estejam habituados ao canto italiano. O grande tenor Beniamino Gigli costumava repetir uma antiga anedota, dizendo que o ato favorito dos intérpretes de Pinkerton é o segundo, aquele em que o tenor não entra em cena. Talvez pelo fato de, como em *La Bohème*, o barítono nos mostrar que afinal seu personagem não precisa ser um mau sujeito nem estar envolvido em conspirações contra o tenor, Puccini não lhe tenha dado nem mesmo uma pequena ária em nenhuma das duas óperas. Assim, Sharpless exercita toda a sua bondade e compreensão em duetos com o tenor e com o soprano.

O grande desafio desta ópera está no papel da protagonista, que é tipicamente um soprano *lírico-spinto*, cuja voz deve ter corpo suficiente para fazer-se ouvir nas passagens em que os metais da orquestra pucciniana soam com grande volume, como no agudo final da famosa ária "Un bel dì vedremo". Além disso, deve ser capaz de expressar vocalmente as mudanças psicológicas da heroína através dos três atos da ópera. Butterfly é uma personagem em constante evolução: no primeiro ato, ela é uma menina de quinze anos, não muito diferente de Gilda do *Rigoletto* verdiano, e seu canto deve expressar a ingenuidade da adolescente que se apaixona pela primeira vez. No segundo ato, embora com apenas dezoito anos, Butterfly, rejeitada por toda a sua família, já é mãe. A voz da intérprete deve registrar este sofrido amadurecimento e a fé que Butterfly tem no retorno do marido. E finalmente no último ato, quando a desgraça se abate sobre ela, a voz deve ter tons mais dramáticos, mais escuros, como no grande momento da leitura da frase gravada na lâmina do punhal de suicídio ritual: "Con onor muore chi non può serbar vita con onore"[2], que tantos sopranos deixam passar em branco no teatro. Não é um papel para iniciantes esforçadas. Para interpretá-lo como Puccini o concebeu, o soprano deve ter no mínimo dez anos de experiência no palco em partes importantes. A grande Renata Tebaldi, uma das mais consagradas intérpretes dessa personagem, estreou em ópera em 1944, mas só cantou sua primeira Butterfly em 1958, aos 36 anos. Maria Callas tinha 32 anos ao arriscar-se no papel. Pode parecer estranho que a cantora ideal para a Butterfly tenha no mínimo o dobro da idade da jovem gueixa, mas, quando a voz soa de maneira adequada e consegue despertar a fantasia do público, ninguém se incomoda com esta diferença.

Argumentos ambientados no país das cerejeiras já não representavam nenhuma novidade nos meios culturais

2. Com honra morre quem não pode conservar a vida com honra.

quando Puccini decidiu compor *Madama Butterfly.* Várias óperas a antecedem. A primeira delas, composta em 1872, é *La Princesse Jaune*, de Saint-Saëns; entre tantas outras, as mais conhecidas são *The Mikado* (1885), de Sullivan, e *Iris,* (1896) de Mascagni.

Na verdade, a "moda japonesa" na Europa teve início por volta de 1860, quando o Japão, após permanecer mais de dois séculos hermeticamente fechado para o mundo exterior, começou, pouco a pouco, a permitir a entrada de visitantes estrangeiros. Ao regressar ao Ocidente, alguns deles, além de trazer consigo biombos e outros objetos decorativos, dedicaram-se a descrever o modo de vida do então desconhecido país oriental. O primeiro romance nessa linha foi o autobiográfico *Madame Chrysanthème*, de autoria de um oficial da marinha francesa, Pierre Loti. Este livro viria, anos depois, a inspirar um conto realista publicado em 1898 na revista americana *Century Magazine*, que narrava a história de uma gueixa que havia tido um filho com um oficial da marinha americana e depois fora abandonada por ele. Escrito por John Luther Long, um advogado da Filadélfia, o conto se intitulava *Madam Butterfly*. Sua extraordinária repercussão despertou o interesse de um dos dramaturgos mais importantes dos Estados Unidos, David Belasco, que se dispôs a transformá-lo numa peça de teatro, associando-se para isto ao próprio Long.

A peça *Madam Butterfly* estreou em Nova York em 1900. Seu retumbante sucesso valeu a Belasco um convite para montá-la em Londres logo em seguida. E foi assim que, no verão londrino de 1900, Puccini se enamorou perdidamente da pequenina gueixa.

Nosso compositor tinha ido à Inglaterra para supervisionar pessoalmente a estréia da *Tosca* naquele país. Sempre à procura de argumentos para novas óperas, aproveitou uma noite de folga para assistir à nova peça de Belasco. Embora seu domínio do idioma inglês naquela época fosse tão exíguo que ele não conseguia sequer pedir uma refeição num restaurante, a encenação deixou-o profundamente comovido. Ao final da récita, levado pela emoção, ele correu ao camarim de Belasco, abraçou-o fortemente e lhe pediu permissão para converter *Butterfly* em uma ópera. É o próprio David Belasco que nos descreve a cena:

> Não apenas concordei imediatamente, mas lhe disse também que ele poderia fazer com a peça o que quisesse, e que eu assinaria qualquer tipo de contrato, porque é impossível discutir detalhes de negócios com um italiano impulsivo, com lágrimas nos olhos, que aperta os dois braços em torno de nosso pescoço.

Madama Butterfly levou quatro anos para ficar pronta. Sua estréia foi marcada para 17 de fevereiro de 1904, no Teatro Alla Scala de Milão, com um elenco de cantores hoje legendários: o soprano Rosina Storchio, o tenor Giovanni Zenatello e o barítono Giuseppe de Luca.

Poucas óperas foram preparadas com tamanho cuidado e com tanto entusiasmo, contagiando desde o mais simples maquinista até os cantores solistas. Conta-se que quando o ensaio final terminou, toda a orquestra se levantou espontaneamente e tributou um grande aplauso ao compositor. Em meio àquela atmosfera de alegria e expectativa, Puccini jamais poderia imaginar que a noite de estréia lhe reservava um dos maiores desastres de sua carreira e à sua *Butterfly* um dos maiores fracassos da história do Alla Scala.

Raras vezes aquele recinto presenciou um pandemônio de tais proporções, com um público descontrolado que assobiava, gargalhava e gritava obscenidades em voz alta. O espetáculo foi pontilhado de incidentes grosseiros, o pior dos quais aconteceu durante o belíssimo *intermezzo* orquestral com o qual Puccini descreve o amanhecer. Com a intenção de obter um efeito mais realista, o diretor de cena, Tito Ricordi, havia espalhado pela sala alguns de seus auxiliares que, naquele momento, fizeram soar apitos imitando gorjeios de pássaros. Parte do público, já então completamente histérico, respondeu com um festival de zurros, relinchos, balidos e cacarejos, e essa réplica infeliz da Arca de Noé não permitiu que a orquestra fosse ouvida.

Os jornais do dia seguinte, alegremente impiedosos, publicaram manchetes que diziam: "Puccini vaiado", "Fiasco no Alla Scala" e a pior de todas, "*Butterfly*, ópera diabética, resultado de um acidente" – alusão de péssimo gosto a um desastre de automóvel ocorrido em 1903, em que Puccini quebrou o fêmur e em conseqüência do qual descobrira que estava com diabetes.

Uma análise equilibrada mostra que as falhas apresentadas por *Butterfly* não eram tantas nem tão graves a ponto de justificar tamanho escândalo. Sabe-se hoje que os detratores de Puccini, invejosos de seu sucesso – um grupo no qual se misturavam inimigos gratuitos e compositores rivais mal-sucedidos – pagaram uma claque para arruinar o espetáculo, como já haviam tentado, sem sucesso, na estréia da *Tosca*.

No dia seguinte, Puccini devolveu ao teatro os honorários relativos aos direitos de apresentação e retirou a ópera de cartaz. A versão original jamais foi ouvida novamente. Puccini efetuou uma criteriosa revisão, suavizando a parte de Pinkerton, que antes fazia referências desonrosas à cultura japonesa, e principalmente transformando os dois longos atos originais em três[3], além de eliminar cenas periféricas que interrompiam a ação. O tempo total da ópera foi reduzido em quase trinta minutos.

A versão revista foi apresentada em Brescia, três meses depois, em 28 de maio de 1904, com Salomea Krusceniski como Butterfly, pois Storchio teve de viajar para Buenos Aires. O restante do elenco foi o mesmo. Naquele dia, *Butterfly* e seu criador foram redimidos. A trajetória de sucesso de *Madama Butterfly* é enorme. Desde a apresentação em Brescia, não se passou um ano sequer sem que a ópera fosse apresentada em pelo menos um importante teatro do circuito internacional.

3. O curioso é que nas apresentações atuais, a maioria dos maestros apresenta o segundo e o terceiro atos sem intervalo.

Madama Butterfly compareceu pontualmente à primeira temporada do Theatro Municipal em 1911, com o soprano Adelina Agostinelli no papel-título. No ano seguinte, coube à criadora do papel, Rosina Storchio, usar o quimono no palco da praça Ramos de Azevedo. Ao todo, até o ano 2000, *Butterfly* integrou 37 temporadas em nosso Theatro.

Às vésperas de seu primeiro centenário, ela continua emocionando as platéias do mundo com sua suavidade e delicadeza.

O público jamais deixou de amar a pequenina gueixa de Puccini.

Publicado no programa de Madama Butterfly,
Theatro Municipal de São Paulo,
em agosto de 2002

A CRIAÇÃO DE *JENŮFA*

Její Pastorkyňa, expressão que pode ser traduzida como "a enteada dela", é o título de uma das obras fundamentais do teatro realista tcheco. Sua autora, Gabriela Preissová, tornou-se muito conhecida ao publicar, entre 1886 e 1889, uma coletânea em três volumes denominada *Quadros da Eslováquia Moravia*.

Nela, Preissová registrou, sob a forma de curtas narrativas, uma série de fatos verídicos recolhidos cuidadosamente em meio à população rural do sul da Morávia, território que por ser ainda escassamente industrializado, havia preservado o folclore e mantido praticamente intactas muitas das tradições centenárias de comportamento e hierarquia familiar. Embora nascida na Boêmia, a escritora viveu por nove anos na Morávia, na região de Slováčko, onde foi morar quando se casou, em 1880, com um engenheiro contratado para trabalhar numa usina açucareira local.

Em 1889, a direção do Teatro Nacional de Praga encomendou a Gabriela uma peça de teatro baseada em um dos contos de seu livro. Surgiu assim *Gazdina Roba* (A Jovem Administradora da Fazenda) cujo sucesso fez com que ela, a partir de outra de suas narrativas, escrevesse imediatamente *Její Pastorkyňa*, que estreou em 9 de novembro de 1890. Com essas duas peças, Gabriela criava a chamada Escola do Drama Camponês, responsável pela renovação do teatro realista tcheco ocorrida na última década do século XIX.

A estréia de *Její Pastorkyňa* desencadeou uma batalha literária de grandes proporções, pois a peça não respeitava as filigranas elegantes do pós-romantismo a que o substrato mais conservador da sociedade praguense estava habituado. A crua narrativa das desventuras da jovem Jenůfa – que após ser desfigurada por um pretendente não correspondido que lhe corta o rosto, é abandonada grávida pelo namorado e tem seu bebê afogado pela própria madrasta – deixou o público chocado e a crítica enfurecida. Os jornais desancaram tanto a peça quanto a autora sem dó nem piedade.

Por outro lado, os modernos realistas, os quais Gabriela esperava que viessem em sua defesa, viraram olimpicamente os rostos para o outro lado. Afinal, eram seguidores ferrenhos do naturalismo materialista difundido por Émile Zola, e não podiam suportar a religiosidade da personagem, que orava fervorosamente nos momentos de grande provação. Assim, Gabriela conseguiu realizar a difícil proeza de não agradar a nenhum dos dois lados. Sozinha, defendeu-se bravamente por meio da imprensa, provando inclusive que sua história se baseava em dois fatos reais, noticiados anos antes pelos jornais. Mas foi tão cruelmente massacrada por seus inimigos que acabou perdendo a coragem de reagir, e os contos e crônicas que produziu daí em diante foram todos bem-comportados, evitando quaisquer polêmicas.

O Teatro Nacional apressou-se, com todo esse escândalo, a retirar a peça de cartaz, o que não impediu, porém, que *Její Pastorkyňa* fosse montada novamente em Brno, a cidade mais importante da Morávia, onde estreou em 10 de janeiro de 1891.

Não sabemos ao certo se o compositor Leoš Janáček, ativo participante dos círculos culturais de Brno, compareceu à estréia. Mas do que temos certeza é que seu envolvimento com a peça de Preissová fez com que ele deixasse de ser apenas uma pequena celebridade local e se transformasse não apenas num dos maiores compositores tchecos, mas também num dos maiores nomes da história da ópera. Sua *Její Pastorkyňa*, que fora da Tchecoslováquia ficou conhecida pelo nome de *Jenůfa*, é o marco inicial de uma carreira de operista que fará de Janáček um autor tão importante quanto o foram seus contemporâneos Richard Strauss e Giacomo Puccini.

Nono de treze irmãos, Leoš Janáček nasceu a 3 de julho de 1854 na aldeia morávia de Hukváldy, assim chamada por situar-se no antigo feudo do castelo medieval de mesmo nome. O castelo ainda existe, e abriga hoje um festival de música erudita denominado Janáček, homenageando o mais ilustre dos filhos da terra.

Jiří, o pai de Leoš – assim como fora seu avô antes dele – era o mestre-escola da aldeia, e embora fosse tão pobre a ponto de toda a família viver em apenas um aposento, não descuidou da educação de seus pequenos. Leoš transcorreu literalmente seus primeiros anos dentro da escola do pai, a qual funcionava precariamente no mesmo recinto úmido e frio que no passado havia servido como depósito de gelo do senhor feudal do castelo. Nessas difíceis condições, quatro de seus irmãos não sobreviveram, e o próprio pai morreu prematuramente em 1866. Mas um ano antes, Jiří havia conseguido matricular Leoš, então com onze anos, no internato mantido pela Ordem dos Agostinianos de Brno, cidade que o adotaria desde então. Foi ali, através de seu professor Pavel Křižkovský, um conhecido compositor de peças para coral, que o jovem Janáček consolidou sua formação musical.

Janáček completou sua educação musical no Instituto Pedagógico de Brno, onde viria a lecionar mais tarde, e em seguida estudou por dois anos na escola de órgão de Skuherský em Praga. Depois, seguiu cursos nos conservatórios de Leipzig e Viena entre 1879 e 1880.

De regresso a Brno, envolveu-se, nos anos seguintes, num sem-número de atividades. Em 1881, fundou uma escola para organistas nos moldes daquela que havia freqüentado em Praga, destinada a transformar-se, em 1919, em conservatório. Além de compor e lecionar entre trinta a quarenta horas semanais, tornou-se maestro do coro Svatopluk e regente da Sociedade Filarmônica de Brno, de cuja orquestra ajudou a estabelecer uma sólida reputação. Junto a alguns amigos, fundou o Clube dos Amigos da Arte e o Círculo Russo, com o intuito de estudar a música e a literatura daquele país, que visitou em 1896 e cuja cultura admirava profundamente. Como jornalista, fundou a revista *Hudebni Listy* (A Folha Musical), da qual durante muitos anos foi editor-chefe e o principal crítico musical, tendo sido também colaborador de *Lidové Noviny* (Notícias do Povo) e editor musical do jornal *Moravské Listy* (A Folha da Morávia).

Ao contrário do acontecido com a maioria dos compositores de ópera famosos, a atração de Janáček pelo teatro lírico surgiu tardiamente. Embora tivesse assistido a alguns espetáculos durante seus tempos de estudante em Leipzig, não se sentiu nem um pouco estimulado na ocasião. Seu interesse por essa forma de arte seria despertado quando ele já contava trinta anos, graças à inauguração, em 6 de dezembro de 1884, do Teatro Provisório de Brno, que propunha um repertório de peças de teatro e óperas em língua tcheca, principalmente de Smetana. Foi quando, entusiasmado, além de fundar *A Folha Musical*, na qual informava religiosamente ao público todas as atividades do Teatro de Brno escrevendo numerosas e detalhadas resenhas, Janáček resolveu compor sua primeira ópera.

Em 1887, após dois anos de rodeios, lendo e rejeitando argumentos, decidiu-se finalmente por um libreto baseado em temas mitológicos da Boêmia, recheado de armas mágicas e mulheres guerreiras. Seu título era *Šárka*, de autoria do poeta simbolista Julius Dreyer, que havia oferecido o texto, sem sucesso, a Dvořák e a Smetana. Ingenuamente, Janáček começou compor, e somente quando a ópera estava quase pronta lembrou-se de pedir licença a Dreyer. Este, em vez de alegrar-se, sentiu-se muito ofendido, e, contrariando as expectativas do músico, negou sua permissão. A pobre *Šárka* foi enfiada num baú e de lá só saiu para ser estreada 38 anos depois, quando o Teatro Nacional de Brno, em 1925, resolveu encená-la, agora sem nenhuma oposição, durante as comemorações do septuagésimo aniversário do autor, então um monumento vivo na Tchecoslováquia.

Para curar-se das decepções, o incansável compositor apontou suas baterias em outra direção. Profundamente nacionalista, ele vivia um momento no qual buscava identificar-se culturalmente com suas raízes étnicas e produzir uma arte tipicamente tcheca. Nesse processo, foi pouco a pouco se dando conta, fascinado, da riqueza contida no folclore e nas tradições tchecas, principalmente nos de sua Morávia natal. Associando-se ao etnólogo František Bartoš, conduziu a partir de 1888 uma minuciosa pesquisa de campo sobre o assunto, que redundou, em 1892, na publicação de uma série de livros em formato pequeno, contendo um total de 174 canções para voz desacompanhada, logo seguida por uma coleção de 53 peças para canto e piano agrupadas sob o título de *Kytice z Národních Písní Moravských* (Ramalhete de Canções Populares Morávias). Entre 1891 e 1893, foram publicadas também uma série de danças populares coletadas nos distritos de Láquia, Valáquia e Haná. As pesquisas trouxeram à tona sentimentos patrióticos intensos que Janáček trazia escondidos dentro de si. Havia vislumbrado a mensagem que sua música deveria levar aos seus compatriotas, e passou imediatamente a utilizar o material recolhido em novas composições. Nasceu assim uma série de danças orquestrais (1889), às quais se seguiu o balé *Rákos Rákoczy*, de 1891.

No ano seguinte, escreveu sua segunda ópera, *Počátek Románu* (Início de Romance), uma história romântica em que a moça mais bela da aldeia hesita entre o amor de um camponês e o de um barão. Aproximadamente dois terços da partitura são constituídos a partir da harmonização das danças e canções folclóricas que Janáček já havia publicado.

Počátek Románu assinala o primeiro contacto de Janáček com Gabriela Preissová, autora do conto de mesmo nome que serviu de base à ópera. Como ela não quis escrever o libreto, a incumbência foi atribuida a František Rypácek, o qual, sob o pseudônimo de Jaroslav Tichý, produziu um texto de baixa qualidade que não faz jus à novela original, e é o principal motivo pelo qual a ópera não atingiu o sucesso esperado. Temperado pelos reveses, Janáček amadurecia lentamente. Aprendia com seus erros, e embora ainda não o soubesse, preparava-se para *Jenůfa*.

Ventos de realismo na ópera sopravam da Itália, trazendo os ecos do enorme triunfo da escola verista, inaugurada em 1890 pela *Cavalleria Rusticana*, que tem muitos pontos em comum com *Jenůfa*, já que ambas as óperas se passam numa pequena aldeia onde uma jovem é abandonada pelo namorado depois de entregar a ele sua virgindade.

Její Pastorkyňa atraiu Janáček pela possibilidade de escrever uma ópera imersa num moderno ambiente realista, mas que lhe permitisse refletir a identidade nacional, utilizando-se do folclore musical.

Quando a idéia de compor *Jenůfa* se tornou realidade, o compositor tomou a importante decisão de trabalhar com o texto em prosa para conferir mais realismo à opera. Autorizado por Preissová, com quem mantinha relações amigáveis desde a composição de *Počátek Románu*, ele próprio, sem confiar em ninguém, tratou de transformar a peça em libreto, respeitando o original o mais possível, e atribuindo a cada um dos personagens um tipo de fala compatível com sua instrução e hierarquia. Para isso, utilizou-se de um estudo muito particular que vinha conduzindo há tempos sobre os ritmos e entonações da fala das pessoas comuns, por ele denominado de Melodias da Fala, e com o qual encheu cadernos e cadernos com anotações recolhidas nas ruas, nos mercados, nos campos e nas aldeias, reproduzindo pregões populares e o modo de falar da gente humilde. "Cada palavra", dizia ele, "tem um pedaço de vida preso a ela".

Em seu livro sobre a ópera tcheca, o crítico musical Lauro Machado Coelho, profundo estudioso da obra de Janáček, anota no capítulo dedicado ao autor de *Jenůfa*:

> O estilo vocal é de modo geral silábico e calcado nas inflexões da linguagem falada, levando adiante as experiências da escola russa. Janáček anotava os modos de falar das pessoas, colecionava intonações e ritmos característicos, tentou até mesmo classificá-los de acordo com seu conteúdo afetivo ou semântico. Embora, no tcheco, sempre se acentue a primeira sílaba, a sua acentuação nem sempre obedece às regras de prosódia e à metrificação normativa, pois elas incorporam também efeitos expressivos que deslocam as tônicas com finalidades dramáticas – mas sempre respeitando a dinâmica da frase falada. A declamação melódica de Janáček oscila permanentemente entre o recitativo e o arioso, e as linhas vocais muito sinuosas permutam constantemente os seus motivos com os da orquestra. Os arquivos Janáček conservam esboços de trabalho em que se observa a sua vontade de dar independência ao acompanhamento instrumental, sobretudo mediante a adoção de métricas diferentes para as vozes e a orquestra. [...] [Em *Jenůfa*] o arioso de estilo silábico predomina. São raras as passagens líricas, reservadas a momentos de emoção intensa, em que as curvas melódicas são mais flexíveis e utilizam-se notas de valor mais longo. São pouco freqüentes também os duetos e trios em que as vozes são simultâneas e, quando isso acontece, é apenas durante alguns compassos, ao sabor de uma aproximação afetiva irrefreável. Infelizmente, Janáček destruiu todos os manuscritos da *Jenůfa*, não existindo, portanto, meios de mapear o longo caminho que faz com que, de *Počátek Románu* para ela, haja um inacreditável salto qualitativo. [...] Janáček dá preferência aos contrastes entre as vozes elevadas: por exemplo, dois tipos de soprano e de tenor diferentes, na *Jenůfa*[4].

Em *Jenůfa*, o estilo musical de Janáček se consolida definitivamente. Ele usa células melódicas pequenas, e não as desenvolve da maneira tradicional. Faz a ópera evoluir por

4. *A Ópera Tcheca*, São Paulo: Perspectiva, 2005, p. 106-107.

meio de um sistema de repetições obsessivas, com modulações ou variações em dinâmica, andamento e tonalidade.

Voltemos ao livro de Lauro Machado Coelho:

> Os diversos tipos de melodia folclórica serão o modelo sobre o qual Janáček edificará seu idioma musical da maturidade. Ele vai constatar que, nessas canções ou danças acompanhadas de canto, as melodias nascem das palavras, e o desenho musical sempre se estabelece a partir do ritmo dos versos. Como as palavras, na língua morávia, são em geral curtas e, na poesia popular, é costumeira a declamação com ritmo abrupto, serão sempre breves e sincopadas as melodias que Janáček escreverá daí em diante. É o que explica as células curtas, obsessivamente repetidas, que caracterizam um estilo diametralmente oposto à tradição européia da melodia operística longa e flutuante, à maneira de Bellini, por exemplo. A ofegante frase musical de Janáček está intimamente ligada à natureza de uma língua onde há predomínio de consoantes, tônicas que caem sempre na primeira sílaba, e vogais longas que agem como subtônicas[5].

O ritmo, em suas óperas, recorre à recriação dos cantos e danças folclóricos, sim. Mas também a uma polirritmia firmemente integrada ao fluxo melódico – e que é muito pessoal, fazendo uma utilização individual dos chamados "ritmos espelhados", que são comuns na música étnica eslava. Nesse sentido, a polirritmia janáčekiana é algo que surge de um impulso interno, de dentro para fora, em vez de ser um recurso técnico aplicado de fora para dentro, como no caso de Darius Milhaud.

É também muito pessoal a técnica de orquestração de Janáček: econômica mesmo quando ele utiliza grandes massas orquestrais, pois sempre joga com os naipes de forma camerística, de modo a obter combinações insólitas e envolventes de colorido – o que torna sua música essencialmente timbrística e, portanto, moderna para a época em que foi criada. Nesse sentido, é interessante estabelecer, desde já, uma comparação entre ela e a do russo Módest Mússorgski, de quem Janáček sofreu sensível influência tanto na escrita de melodias vocais decalcadas sobre ritmos naturais da fala, quanto na incorporação, à música erudita, de procedimentos típicos do repositório folclórico. Para Mússorgski, a orquestração não é um dado essencial, tanto assim que deixou muitas de suas obras para serem orquestradas por outros; e seu uso da orquestra é sempre muito funcional, mas sem que nela haja achados realmente excepcionais.

5. Idem, p. 113.

Já para Janáček – tanto quanto para mestres como Berlioz ou Tchaikóvski, Strauss ou Rímski-Kórsakov –, a orquestração é uma componente fundamental do processo de criação musical. Ele pertence àquela família, não muito numerosa, dos compositores que já pensam a sua música, desde o ponto de partida, em termos da precisa conformação instrumental que terá depois de pronta. E muitas vezes, como o demonstram seus manuscritos, já escreve diretamente em forma orquestrada, sem passar pelo estágio preliminar da redução para piano. Esse fato é fundamental também para que se compreenda a formação do "som" extremamente característico que há em tudo o que Janáček escreveu[6].

Iniciada em 1894, *Jenůfa* levou nove longos anos para ficar pronta. O excesso de trabalho auto-imposto por Janáček em suas múltiplas e simultâneas atividades impedia-o de dedicar mais tempo à composição. Além disso, esse é um dos períodos mais conturbados de sua vida pessoal. Não havia ainda superado a perda de seu pequeno filho Vladimir, de apenas dois anos, vitimado pela escarlatina em 1890, quando viu sua filha Olga, após longa agonia, morrer de tuberculose aos 21 anos, em fevereiro de 1903. Segundo Zdenka, a esposa de Janáček, "meu marido costumava dizer que seu modelo para a personagem de Jenůfa tinha sido a nossa filha doente". A dor causada pela certeza da perda de Olga impregna profundamente a partitura da ópera. Em 18 de março de 1903, quando deu por encerrada a composição, Janáček escreveu: "Três semanas após a terrível luta de minha pobre Olga contra a morte. Terminou."

Janáček acreditava – e o tempo demonstrou que ele tinha razão – na grande qualidade de sua nova ópera, e desejava ardentemente estreá-la no mais importante dos teatros de ópera tchecos, o Nacional de Praga. Mas, por pura vingança, as portas daquela casa estavam fechadas para ele, pois seu diretor, o maestro e compositor Karel Kovařovic, tinha velhas contas a ajustar com o autor de *Jenůfa*. Em janeiro de 1887, Kovařovic tinha regido, em

6. Idem, p. 107.

Brno, sua ópera cômica *Ženichové* (Os Noivos). Janáček, então um jovem e arrogante idealista, publicou em sua *Folha Musical* uma crítica impiedosa, destruindo a ópera sistematicamente, pontilhando-a de observações ácidas como "a abertura deu provas de uma qualidade particular do talento musical do autor – aquela que induz à surdez!". De nada adiantaram as súplicas e humilhações contidas nas cartas que Janáček enviou a Kovařovic; o estrago causado pela crítica havia sido muito grande, e o ódio do diretor permanecia inalterado. Janáček, muito deprimido, recebeu a partitura de volta com a recusa definitiva de Praga em setembro de 1903, num momento em que seu casamento com Zdenka se deteriorava rapidamente. Havia deixado de amá-la, e se iniciava um processo que levaria ambos a viver como estranhos na mesma casa.

A ópera estreou então em Brno, no Teatro Nacional, em 21 de janeiro de 1904, com a presença de Gabriela Preissová, que se juntou ao público nos clamorosos aplausos dirigidos ao autor. Na própria Brno, e em outras cidades da Morávia, a ópera teve, até 1913, cerca de vinte produções.

Janáček publicou sua versão definitiva em 1908, incorporando uma série de alterações sugeridas por seu aluno Cyril Metoděj Hrazdira, que havia sido o regente da estréia.

Durante anos, uma série de amigos de Janáček empreendeu uma cruzada incansável para convencer Kovařovic a rever sua posição. Ele acabou cedendo parcialmente em 1915, desde que lhe fosse permitido "corrigir a orquestração desajeitada daquele artista provinciano". Janáček, vencido, não opôs nenhuma resistência. Queria ver sua ópera encenada em Praga. Kovařovic tratou então de "melhorar" a obra, buscando adequá-la ao gosto do público, procedendo a deformações similares às cometidas por Rímsky-Kórsakov na revisão do *Boris Godunov* de Mússorgsky. Trombones agressivos foram substituídos por trompas mais palatáveis, passagens de música angulosa foram arredondadas e a orquestração adquiriu um brilho típico do momento musical que a Europa vivia. Um dos trechos em que as alterações são mais evidentes é o final da ópera, no qual a escrita frugal de Janáček foi substituída por toda uma fanfarra, desenvolvendo o tema central de forma canônica.

Foi esta a versão, regida de maneira inspiradíssima pelo próprio Kovařovic, que estreou em Praga em 26 de maio de 1916, com um sucesso extraordinário e instantâneo. A fama chegara tarde. Desde o início da composição, havia se passado um quarto de século, e Janáček tinha 62 anos.

Traduzida para o alemão por Max Brod, o grande amigo de Franz Kafka, a ópera foi editada pela Universal Verlag de Viena em 1917. Foi Brod que, para contornar uma dificuldade na clareza da tradução literal da expressão *Její Pastorkyňa*, adotou o título de *Jenůfa*, com o qual a ópera se tornou a grande sensação dos teatros da Áustria e da Alemanha.

Mais uma vez, o destino brincava com Janáček. Sua notoriedade internacional estava finalmente construída, mas para que isso pudesse acontecer, o título da obra tivera de ser trocado, seu minucioso cuidado no uso do linguajar dos tchecos simplesmente substituído pela utilização do idioma alemão e a versão aceita e aclamada de sua ópera, tanto na Tchecoslováquia quanto fora dela, preparada por alguém que fora seu inimigo durante trinta anos. O mundo musical só viria a conhecer a versão verdadeira, de 1908, graças a Sir Charles Mackerras, o maestro australiano que regeu a edição crítica na Ópera de Paris em 1981 e a gravou em 1983.

A atual produção de *Jenůfa* no Theatro Municipal de São Paulo é um evento histórico da grande importância. É a primeira vez que se encena Janáček em todo o território brasileiro, passo importante para que, nos próximos anos, possamos ver representadas entre nós outras importantes óperas do mestre tcheco, como *A Raposinha Esperta*, *Kát'a Kabanová* e *O Caso Makropulos*. O caminho está aberto.

Publicado, de forma condensada, no programa de Jenůfa, *Theatro Municipal de São Paulo, em agosto de 2003*

O *ÉDIPO* DE STRAVÍNSKI

Natus sum quo nefastum est,
Concubui qui nefastum est,
Cecidi quem nestu est[7].

Oedipus Rex,
final do segundo ato

Culto e inteligente, o baixo Fiódor Ignatievitch Stravínski foi um dos cantores mais importantes do Teatro Maríinski de São Petersburgo, cantando em papéis de destaque nas estréias das óperas *Vakula, o Ferreiro*, *A Donzela de Orleãs* e *A Feiticeira*, de Tchaikóvski, assim como em *A Noite de Maio* e *A Donzela da Neve* de Rímski-Kórsakov. Feodor Ignatievitch alimentava fortemente a esperança de que seu filho Igor Fiódorovitch, nascido em 1882, se tornasse um advogado de sucesso, e por isso mesmo a educação musical

7. Nasci de modo maldito, / Deitei-me com alguém de modo maldito, / Assassinei alguém de modo maldito.

do menino foi limitada. Mas ele frustrou as expectativas familiares e tornou-se um dos maiores compositores de vanguarda do século xx. Para isso deve ter contribuído, além da herança genética, o próprio ambiente musical russo que Igor Fiódorovitch freqüentou desde pequeno, por força da própria profissão do pai. Muito cedo, foi apresentado às grandes composições russas para o palco lírico, além das óperas de Rossini, Bellini, Verdi, Gounod e Wagner, que o pai interpretava regularmente no Maríinski. Ainda criança, Igor Stravínski conheceu a legendária e velhíssima irmã de Glinka e o compositor Tchaikóvski. Mais tarde, enquanto cursava a Universidade de São Petersburgo, tornou-se íntimo de Nicolai Rímski-Kórsakov, de quem foi aluno entre 1903 e 1908.

Stravínski compôs por um largo período. Seu primeiro trabalho juvenil, uma *Tarantella para Piano*, foi escrita em 1898, aos dezesseis anos; sua última composição, a canção para soprano e piano chamada *A Coruja e a Gatinha*, é datada de 1966, quando ele já tinha 84 anos. Entre estes dois extremos, o pesquisador que se debruçar sobre o conjunto de sua obra encontrará, descrita em detalhes, a história da música erudita do século xx. Nenhum outro compositor desse período abraçou uma variedade tão grande de estilos. Suas primeiras partituras são influenciadas por compositores russos, como a *Sinfonia n. 1*, de 1907, que tem o estilo de Glazunov e a estética de Rímski-Kórsakov, dedicada "ao meu querido professor". Com *A Sagração da Primavera*, balé cuja estréia em 1913 em Paris, com coreografia de Nijínski, foi revestida de um escândalo tal que fez do autor um dos mais destacados membros da *avant-garde* intelectual parisiense, Stravínski criou uma sonoridade completamente nova, com um estilo rítmico complexo e uma harmonia que incluía o uso da politonalidade. Em 1918, aventurou-se pelo *jazz*, escrevendo *Rag-Time para Onze Instrumentos*. Em 1922, com a ópera cômica em um ato *Mavra*, uma sátira urbana baseada em Púschkin, iniciou-se o chamado período neoclássico da carreira de

Stravínski, onde se insere *Oedipus Rex*, e que iria perdurar até 1951, com a composição da ópera *A Carreira do Libertino*. Aproximadamente a partir de 1953, ele passou a dedicar-se a novas experiências atonais, no campo do dodecafonismo e da música serial, estudando os trabalhos de Webern e Schoenberg. Apesar de todas essas mudanças, certas características de sua música, como a limpidez dos sons e uma textura quase transparente graças à grande qualidade de sua orquestração, jamais se alteraram ao longo dos anos.

O primeiro grande sucesso de Stravínski, *Fogos de Artifício*, pequena peça orquestral composta em 1908, chamou a atenção de Sergei Diaghilev, que encomendou do jovem autor um novo balé para uma apresentação em Paris. Diaghilev havia fundado a companhia de música e dança denominada Les Ballets Russes, destinada a divulgar óperas e balés de autores russos na Europa Ocidental. Foi assim que surgiu o *Pássaro de Fogo*, estreado em 1910. A ele seguiram-se *Petrushka* (1913) e o já mencionado *A Sagração da Primavera*. Nesse período consolidou-se uma grande amizade entre Stravínski e Diaghilev, que durou ininterruptamente, embora com muitos altos e baixos, até a morte do empresário em 1929. Em 1971, Stravínski faleceu em Nova York e, conforme seu desejo, foi sepultado em Veneza, ao lado de Diaghilev.

Assim como mudou várias vezes de estilo musical, Stravínski mudou também de domicílio e de nacionalidade. Seu trabalho com Les Ballets Russes permitiu que ele passasse largos períodos na capital francesa, onde sua primeira ópera, *O Rouxinol*, foi estreada em 1914. Quando estourou a Grande Guerra, ele se refugiou na Suíça. Com a Revolução Russa de 1917, sua família perdeu todas as propriedades, e o pagamento de seus direitos autorais foi suspenso. Desgostoso, nunca mais voltou à Rússia. Ao findar a guerra, estabeleceu residência em Paris. Ali, faziam parte de seu círculo de amigos o compositor Claude Debussy, o pintor Pablo Picasso, o escritor Jean Cocteau, o poeta Paul

Valéry e o filósofo Jacques Maritain. Stravínski recebeu a cidadania francesa em 1934, mas durante os últimos anos da década de 30, enamorou-se dos Estados Unidos e, após visitar o país várias vezes, para lá se transferiu definitivamente em 1939, tornando-se cidadão americano a partir de 1945.

A cultura do helenismo foi uma das fontes de inspiração constantemente visitadas por Stravínski ao longo de sua carreira. Seu primeiro trabalho dentro deste universo é o ciclo de canções para *mezzo-soprano* e orquestra denominado *O Fauno e a Pastora*, de 1907, ano que viu nascer também a *Pastoral*, um vocalise para soprano e piano. Também dois de seus balés têm inspiração na mitologia grega: *Apolo Condutor de Musas*, estreado em Washington em 1928 e *Orfeu*, de 1957. Para o teatro lírico, a influência das lendas gregas sugeriu a Stravínski a criação do melodrama *Perséfone*, curiosa mistura de canto e dança com libreto de André Gide, estreado no Opéra de Paris em 1934. Antes dela, porém, Stravínski havia materializado uma das criações mais importantes de sua vida artística: a ópera-oratório *Oedipus Rex*, baseado na peça de Sófocles.

Abandonado quando muito pequeno por seus pais Laio e Jocasta, os reis de Tebas, Édipo foi criado como filho por Políbio, rei de Corinto. Já adulto, Édipo mata o velho Laio numa briga de estrada, sem saber sua real identidade. Ao chegar a Tebas, ele decifra o enigma da Esfinge que aflige a cidade, e como prêmio, recebe a mão de Jocasta e o trono de Tebas. Quando descobre a dupla desgraça que o destino lhe reservou – matar o pai e casar-se com sua mãe – Édipo fura os próprios olhos e é expulso de Tebas.

O argumento não era novidade para Stravínski, desde criança um ávido leitor. Quando adolescente, explorando a biblioteca do pai, ele havia descoberto, juntamente com as obras de Dante e Shakespeare, a tradução russa de Gnaditch daquela tragédia grega, e sua leitura o deixou muito impressionado.

Em suas memórias, Stravínski conta que logo depois de terminar sua segunda sonata para piano, a *Serenata* (1924), havia decidido escrever algo grandioso. Segue-se uma história um tanto quanto nebulosa, na qual ele explica que resolveu compor *Oedipus Rex* durante uma viagem para Nice em setembro de 1925. Partindo de Veneza, deteve-se alguns dias em Gênova e comprou, numa livraria, *A Vida de São Francisco de Assis*, de Joergenson. Lendo o livro, ficou sabendo que São Francisco se utilizava de dois idiomas, conforme a circunstância: o "provençal poético", para conceitos sublimes, e o "italiano vulgar", para conceitos comuns. Dessa leitura, teria nascido a idéia de usar um libreto em latim, tornando assim a obra majestosa e solene. Tempos depois da estréia do *Oedipux*, Stravínski diria que escolheu o latim porque esse idioma "tinha a grande vantagem de dar-me um meio não morto, mas petrificado, e tão monumentalizado que havia se tornado imune a qualquer risco de vulgarização".

Para o libreto, Stravínski pensou imediatamente em seu amigo Jean Cocteau. Tempos antes, ao assistir a adaptação da *Antígone* de Sófocles escrita e encenada por Cocteau, o compositor havia ficado muito impressionado com a extrema habilidade do dramaturgo em lidar com os mitos antigos no palco.

De regresso a Paris, Stravínski apressou-se em escrever-lhe uma carta, convidando-o a associar-se à empreitada, em que deveriam ser preservados apenas "os mais monumentais aspectos do drama".

Cocteau, encantado com a idéia, aceitou de imediato, e como não escrevia em latim, preparou rapidamente um texto em francês e o enviou ao amigo. Stravínski devolveu-o, pois o considerou "ofensivamente wagneriano". Cocteau, muito elegante respondeu: "Já que meu prazer em trabalhar com você é tão grande, meu caro, eu tentarei de novo". Mas a segunda versão foi também recusada: "é apenas um pouco menos wagneriana", escreveu Stravínski. Somente a terceira versão, suficientemente depurada, foi aceita. Após muitas revisões de detalhes, o texto de Cocteau foi traduzido para o latim pelo padre Jean Daniélou. Só então Stravínski passou a musicar a ópera.

Mas não era apenas de Wagner que Stravínski não gostava. Como deixou claro em mais de uma entrevista, ele odiava o verismo italiano e todos os seus exageros, tanto gestuais quanto vocais. Abominava pulos e gritos em cena. Seu *Oedipux* foi idealizado propositadamente como a antítese do verismo, onde a encenação deveria ter a mínima movimentação possível. Ele queria, como disse a Cocteau "uma natureza-morta" no palco, e fez a seguinte anotação na partitura:

> Com exceção de Tirésias, do pastor e do mensageiro, os personagens permanecem estáticos em seus trajes e máscaras. Somente a cabeça e os braços devem se mover. Eles devem dar a impressão de estátuas vivas.

Ainda segundo a concepção de Stravínski, os solistas deveriam ficar de pé em plataformas individuais, colocadas em diferentes alturas. Édipo deveria ser visível o tempo todo, enquanto Jocasta e Creonte seriam iluminados apenas durante suas árias, e assim *revelados* no palco no momento certo, em vez de entrar e sair de cena. Os membros do coro deveriam permanecer sentados no palco, em uma só fileira, lendo em pergaminhos que lhes ocultassem o rosto. A cegueira de Édipo, no final, seria indicada por uma troca de máscaras.

Devemos à insistência de Cocteau a existência, na ópera, de um narrador, que se expressa no idioma do país onde a encenação estiver sendo feita. Stravínski, num acesso de esnobismo, foi contrário à idéia, pois achava que todos no mundo conheciam a peça de Sófocles e dominavam o latim, e tal conhecimento tornava supérflua a existência do narrador. Mesmo depois de muitos anos, ele ainda se queixava da atitude intransigente do libretista, além de criticar o texto do narrador, dizendo-o cheio de "manchas de um sentimentalismo completamente estranho ao sentido da ópera". Num interessante ensaio sobre *Oedipux Rex*, Max Harrison demonstra quão benéfica foi a obstinação do libretista, facilitando a compreensão do ouvinte, tanto no teatro quanto em discos:

Primeiro, o conhecimento do latim e da literatura do mundo antigo hoje é menos difundido do que quando *Oedipus Rex* foi escrita. Segundo, o Narrador, graças à diferença dos dois idiomas, consegue afastar parcialmente o ouvinte dos terríveis acontecimentos da história. E em terceiro lugar, descrevendo antecipadamente os eventos em suas cinco intervenções, o Narrador remove os elementos de surpresa dramática, deixando assim o público completamente livre para se concentrar apenas na música.

Ao denominar seu *Oedipus* de "ópera-oratório", Stravínski poupou os musicólogos de uma interminável discussão para estabelecer a qual categoria a obra realmente pertence; tem um pouco de cada uma das duas. A estrutura básica é a da *opera a numeri* italiana, constituída de árias, duetos e coros, e um de seus aspectos mais importantes é a combinação de vários estilos musicais, dentro do espírito neoclassicista, que consiste, em sua essência, em tomar um clássico como modelo, renovando-o e atualizando-o.

Dos oratórios de Haendel, Stravínski tomou emprestado o aspecto exterior, hierático e solene, que o uso ritmado do latim ajuda a consolidar.

No tratamento musical dos solistas, Stravínski atribuiu a cada um deles um estilo canoro diferente. Assim, enquanto o canto de Creonte é puro classicismo, Giuseppe Verdi é evocado com freqüência nas líricas expansões das melodias de Jocasta. Para Édipo, o personagem com maior riqueza de detalhes, Stravínski utiliza de um típico expediente da ópera italiana, associando formas de cantar distintas aos distintos estados de espírito de Édipo. No início, o orgulhoso e arrogante rei de Tebas – "resolvi o enigma da Esfinge... salvarei Tebas outra vez" – se expressa por meio de um canto barroco, ornamentado, com escalas ascendentes e descendentes. À medida que o drama progride e Édipo vê desaparecer sua autoconfiança, a coloratura gradativamente diminui e a linha vocal vai deixando para trás o século XVII. Em suas últimas intervenções, o canto do rei é completamente plano, sem ornamentos, num ambiente onde o Puccini maduro se sentiria à vontade.

Enquanto o coro evoca, aqui e ali, certas melopéias eclesiásticas, nas partes de orquestra sucedem-se reminiscências de Bach, Beethoven, Bellini e Mussórgski. Em muitas passagens, o ritmo rígido, obstinadamente regular, sugere a implacável perseguição que o destino move a Édipo.

Terminada a composição, Cocteau e Stravínski resolveram dedicá-la a Diaghilev, por ocasião do vigésimo aniversário da companhia Les Ballets Russes. O empresário russo, porém, supersticioso como todo homem de teatro, não ficou muito feliz, chamando a oferta de *un cadeau très macabre* (um presente muito macabro). De qualquer forma, ele se sentiu na obrigação moral de montar a ópera. Como não acreditava muito no *Oedipus*, Diaghilev, que na ocasião não tinha muito dinheiro e não conseguiu financiamento, produziu a obra em forma de concerto, como segunda parte de um espetáculo que apresentou uma remontagem do *Pássaro de Fogo*. A estréia, em 30 de maio de 1927 no Teatro Sarah-Bernhardt de Paris, não foi propriamente um sucesso, pois a exuberância do balé ofuscou a introspecção da ópera. O Stravínski consagrado impediu o reconhecimento do novo Stravínski. No dia seguinte, a crítica publicada nos jornais chamava a ópera-oratório de "pastiche haendeliano, mal cantado por gente mal vestida". Mais de vinte anos deveriam transcorrer até que seu grande valor artístico e intelectual fosse reconhecido e ocupasse seu devido valor na história como uma das obras fundamentais do século xx.

Publicado no programa de Oedipus Rex,
Theatro Municipal de São Paulo,
em junho de 2003

O BEIJO DE SALOMÉ

La mich deinen Mund küssen, Jokanaan![8]

Salomé, no libreto da ópera

Parisiense, nascida em 1844, a diva Sarah Bernhardt foi, dentro e fora dos palcos, uma das personalidades mais fascinantes de sua época. A intensidade com que desfrutava a vida valeu-lhe uma legião de apaixonados entre a nobreza e a intelectualidade de Paris; a intensidade com que exercia a arte de representar fez dela o maior mito da história do teatro.

Especialmente para ela, o dramaturgo francês Victorien Sardou criou duas das mais fortes personagens de sua vasta galeria, escrevendo as peças que no futuro serviriam de base para os enredos das óperas *Fedora*, de Umberto Giordano, e *Tosca*, de Giacomo Puccini. Durante muitos anos, detalhes de representação criados por Sarah Bernhardt para compor

8. Deixa-me beijar a tua boca, Jokanaan!

ambas as protagonistas iriam influenciar a atuação cênica dos sopranos que viveram os papéis-título dessas óperas.

Salome, a terceira ópera de Richard Strauss[9], nasce também de um drama concebido sob medida para Bernhardt. Seduzido pela magia com que a atriz se conduzia no palco, Oscar Wilde, um dos maiores nomes da literatura inglesa, não hesitou em escrever a peça em francês para assegurar a presença da diva na criação de sua nova obra.

Em junho de 1892, Wilde escreveu um bilhete alvissareiro a seu amigo, o poeta e romancista francês Pierre Louÿs: "Você soube da novidade, não soube? Sarah vai representar *Salome* !!! Ensaiamos hoje!".

Entusiasmada por *Salome*, Sarah se dispusera a ir até Londres, levando consigo o galã francês Albert Damont para representar Herodes. Wilde, porém, não teve a mesma sorte de Sardou, que viu suas peças imortalizadas pela interpretação de Sarah. Os ensaios e a produção no Palace Theatre já se encontravam adiantados quando um tacanho funcionário da censura britânica considerou *Salome* obscena e conseguiu proibir sua encenação, invocando como pretexto um antigo estatuto que vetava temas bíblicos no teatro inglês. O drama só estreou em 1896, em Paris, com Lina Munte no papel principal. Sarah Bernhardt jamais o representou.

A obra de Wilde se baseia em alguns relatos do *Novo Testamento* contidos nos evangelhos de Mateus (14: 3-11) e Marcos (6: 17-28). Lá, ficamos sabendo que Herodes Antipas, o tetrarca da Galiléia, passou a viver maritalmente com a cunhada Herodíades, embora ela fosse ainda casada com Filipe, o irmão do tetrarca.

Como João Batista denunciasse publicamente o pecado contido nessa relação, Herodes mandou prendê-lo, mas evitou condenar o profeta à morte por considerá-lo santo. Em seu aniversário, o tetrarca ofereceu um banquete a seus dignitários. A filha de Herodíades dançou para os convida-

9. As duas primeiras óperas de Strauss foram *Guntram* (1894), um fracasso total de inspiração fortemente wagneriana, e *Feuersnot* (1901), que foi bem recebida.

dos e os agradou tanto a ponto de Herodes, publicamente, prometer-lhe a recompensa que ela quisesse, "mesmo que seja a metade de meu reino". Instigada pela mãe, a jovem pediu ao tetrarca a cabeça do Batista numa bandeja, e Herodes, profundamente entristecido, cumpriu sua promessa.

Nenhum dos evangelhos nos revela, porém, o nome da princesa, mencionada apenas como "a filha de Herodíades". Para saber como ela se chamava, devemos recorrer a Flavio Josefo, o notável historiador judeu que viveu no século I da era cristã. Cronista tão minucioso dos eventos da dinastia Herodes a ponto de registrar detalhes como a preocupação do vaidoso tetrarca em pintar seus cabelos de preto para parecer mais jovem, Josefo anotou em seus escritos que o nome da filha de Filipe e Herodíades era Salomé.

Embora de tema bíblico, a peça de Wilde não tem nenhuma conotação mística ou religiosa. O autor reconta a história sob a óptica do decadentismo, movimento do qual foi um dos principais representantes no campo literário, e a recheia de um erotismo irracional e doentio que redunda em um suicídio e dois assassinatos, com um tempero final de necrofilia. A música de Strauss conseguiu, com uma fidelidade raríssima na história da ópera, reproduzir todos os aspectos do drama sem distorcê-los.

Não correspondido, Herodes padece de uma mórbida obsessão sexual por sua enteada e sobrinha, que o excesso de vinho ajuda a potencializar. Salomé é também a causa do desejo incontrolável do capitão da guarda Narraboth, que se mata quando ela o ignora por completo ao ficar eroticamente hipnotizada pelo estranho aspecto de João Batista. O profeta, por sua vez, repele Salomé com violência e desprezo. Essa é a idéia central do drama: focar um grupo de indivíduos que embora juntos, estão absurdamente sozinhos, pois suas paixões não encontram resposta nem resolução. Tentam inutilmente, através de palavras e olhares lúbricos, sob um luar estranho e um calor pegajoso, comunicar, com desespero, o desejo que os consome e que só pode ser saciado por quem não quer nem mesmo ouvi-los.

Salomé, primeira das Lolitas da história, adolescente em busca de si própria num mundo depravado, não consegue controlar a lascívia despertada pelo aspecto repulsivo daquele estranho homem que, após meses de confinamento, emerge macilento e coberto de sujeira de um cárcere subterrâneo e se expressa de maneira incomum. Dentro dela, sensações físicas de fascínio sexual e de asco se alternam rapidamente quando a princesa observa o corpo e a cabeleira do profeta que a rejeita. Mas é à boca de João, vermelha "como um ramo de coral" que Salomé não consegue resistir. Torna-se seu fetiche, sua fixação. Se não puder beijá-la viva, beijará a boca que a recusa depois de morta. E, por isso, pede a cabeça de João a Herodes.

Salomé dançarina foi um mito recorrente na cultura ocidental até o final da Renascença, tanto nas artes visuais quanto na literatura. Após um período de hibernação, ressurgiu no século XIX com a expansão colonial européia no Oriente. Em muitas das abordagens literárias da lenda, confundem-se as atuações de Salomé com as de Herodíades. Na maioria das narrativas, o papel atribuído à mãe é mais importante do que o de sua filha adolescente, cuja sensualidade ao dançar é, via de regra, apenas um joguete utilizado por Herodíades em suas maquinações contra João.

A primeira fonte inspiradora nesse período parece ter sido o poema épico *Atta Troll* (1842), de Heinrich Heine, no qual Herodíades, possuída por uma incontrolável luxúria, gargalha loucamente enquanto beija os lábios da cabeça decepada do profeta.

Seguindo o exemplo de Heine, em 1871 o poeta simbolista Stéphane Mallarmé dedica-se a um longo poema que deixa inacabado, *Hérodiade*, e Gustave Flaubert publica, em 1877, o conto *Hérodias*[10], inserido em seu livro *Trois*

10. O conto de Flaubert serviu de base para a ópera *Hérodiade* (1881), de Jules Massenet, embora seu libretista Paul Milliet tenha introduzido distorções absurdas. Além de fazer com que Salomé e Herodíade só descubram que são mãe e filha no final da ópera, o libretista cria ainda um romance inverossímil entre Salomé e João Batista.

Contes. De todos eles, conforme admitiria despudoradamente anos mais tarde, Wilde plagiou uma passagem ou outra. No entanto, a influência mais direta teria vindo do poema dramático *Salome*, publicado em Massachussets em 1862 por um autor americano pouco conhecido, J. C. Heywood, e resenhado por Wilde para o *Pall Mall Gazette* de Londres em 1888. O texto de Heywood, além de todas as nuanças eróticas presentes na peça homônima de Wilde, tem também uma grande cena final onde Herodíade, a mãe, beija histericamente a cabeça do Batista antes de ser executada.

Em sua peça, Wilde faz Salomé assumir definitivamente o papel principal que terá por extensão também na ópera, deixando a mãe em segundo plano. Para isso, muito contribuiu o forte impacto que causou no autor a série de quadros do pintor simbolista francês Gustave Moreau cujo tema é Salomé. Podemos avaliar sua importância na época pela maneira como dois deles, pintados em 1876, *Salome dansant devant Hérode* e *L'Apparition* – no qual Salomé tem uma visão sobrenatural da cabeça iluminada de João – , são citados na novela *À Rebours* (1884), do escritor decadentista Joris Karl Huysmans. Além de comentar os detalhes de cada centímetro quadrado das pinturas, Huysmans busca descrever as sensações e a sensualidade experimentadas pelo protagonista do livro ao contemplar essas telas que acabou de adquirir.

O público alemão tomou contato com a *Salome* de Oscar Wilde pela primeira vez no ano de 1901, em Breslau, através da tradução preparada por Carl Kisper. Seu grande sucesso chamou a atenção do poeta vienense Anton Lindner, o qual imediatamente escreveu a Richard Strauss propondo a transformação do drama em ópera. Ante a aquiescência do compositor, que já havia musicado um de seus poemas na *Canção Nupcial opus 37*, Lindner preparou a versificação das cenas iniciais do libreto que pretendia escrever. Embora reconhecesse a qualidade dos versos, Strauss não conseguiu se entusiasmar com eles e não demonstrou maior interesse pelo argumento.

Tudo mudou, porém, em novembro de 1902, quando Strauss assistiu, no Kleines Deutsches Theater de Berlim, à estréia da famosa produção de *Salome* assinada por Max Reinhardt, com Gertrud Eysoldt no papel principal. Strauss ficou apaixonado pela primorosa tradução alemã em prosa de Hedwig Lachmann. Decidiu-se a compor no mesmo instante[11]. Conta-se que ao sair do teatro naquela noite, ele encontrou seu amigo Heinrich Grünfeld, que lhe disse: "Strauss, aqui há o tema para uma ópera!". A resposta: "Comecei a compô-la neste exato momento!".

Strauss trabalhou diretamente sobre a tradução de Lachmann, eliminando cerca de um terço dos diálogos para não retardar a ação da ópera. É possível examinar ainda hoje, entre os livros de sua biblioteca, o exemplar da peça em que ele assinalou as passagens removidas. Nas margens, anotou as idéias musicais que lhe foram ocorrendo durante a atenta leitura.

Salome ficou pronta em junho de 1905. Strauss ofereceu-a ao maestro Ernst von Schuch, da Semper Opernhaus de Dresden, que havia regido a estréia de sua ópera anterior, *Feuersnot*, no mesmo teatro. *Salome* foi agendada para o segundo semestre daquele mesmo ano. Mas nem o maestro, nem os músicos, nem os cantores contavam com as grandes dificuldades técnicas que a linguagem musical inovadora de Strauss semeou ao longo de toda a partitura, apesar das solenes advertências prévias do próprio autor. Só perceberam o quanto a nova ópera era difícil depois que os ensaios começaram e ficaram, a princípio, completamente perdidos com aquela escrita não-convencional.

Quando um aterrorizado oboísta disse a Strauss que uma passagem particularmente difícil poderia funcionar

11. Strauss não foi o primeiro compositor a usar a peça teatral de Oscar Wilde como argumento para uma ópera. Antes dele, o francês Antoine Mariotte já havia escrito uma Salome, que entretanto só estreou três anos depois de sua rival alemã, em 1908, na cidade de Lyon. Pelo visto, não deve ter agradado ao público, pois só durou uma récita.

no piano, mas não no oboé, a resposta do compositor foi: "Não se preocupe, tampouco funciona no piano".

Em seu livro de memórias, o maestro Karl Böhm se refere ao início dos ensaios:

> Antigos membros da Dresdner Staatsoper me contaram que todos os cantores declaram a ópera incantável, afirmando que ela arruinaria suas vozes. Schuch fez nova tentativa, convocando mais um ensaio com piano. Estavam todos lá, à exceção do Herodes, o tcheco Carl Burian, de quem me lembro como um dos melhores *Heldentenors* que já conheci. Depois de Salomé, Herodes é o papel mais difícil de aprender. Uma vez mais os cantores estavam dizendo que não conseguiam cantar isso, não conseguiam aprender aquilo. De repente, Burian chegou, e Schuch que, em geral, chamava todos os cantores de "você", exceto quando estava com raiva, virou-se para ele: "Atrasado, Herr Burian? Aposto que o senhor não tem a menor idéia de seu papel". Burian respondeu: "Pelo contrário. Eu o sei de cor". E começou a cantá-lo sem cometer um só erro e sem usar a partitura. Isso encheu os outros de vergonha e, a partir daí, os ensaios começaram a dar certo.

Enquanto isso, Willi Wirk, o diretor de cena, também enfrentava seus problemas. Particularmente preocupado com a *Dança dos Sete Véus*, sobre a qual Wilde havia deixado uma rubrica no texto da peça e que se constitui num dos pontos cênica e musicalmente mais importantes da representação, Wirk detalhou com muito cuidado as indicações para a coreografia de Salomé. Mas o encenador não estava preparado para a indignada reação do soprano Marie Wittich, a Salomé da estréia. Assustada com o dano que essa dança "escandalosa" poderia causar a sua carreira – afinal, Cosima Wagner já a havia convidado para cantar Isolda em Bayreuth no ano seguinte –, Wittich classificou as marcações de Willi Wirk como ofensivas e pervertidas e lhe disse claramente: "Não o farei. Eu sou uma mulher respeitável!". Diante do impasse, buscou-se uma solução de consenso: Marie Wittich foi substituída por uma bailarina. Desde então, esse artifício tem sido utilizado em todas as montagens em que o físico avantajado do soprano – ou sua idade – não lhe permita, de acordo com a visão do diretor de cena de plantão, executar a dança de forma convincente. Jogando com a possibilidade de trocar o soprano por uma bailarina, alguns encenadores, arrebatados pela exuberância oriental das passagens musicais da *Dança dos Sete Véus*[12], tendem a transformar a cena em uma superprodução hollywoodiana. Tal postura contraria a concepção original do compositor, como bem lembra o diretor Otto Erhardt, responsável por uma infinidade de preciosas montagens de óperas de Strauss:

> Com essa fantasia sinfônica, cria-se um novo tipo de movimento, não de balé, mas de expressão corporal; não exibicionismo erótico, mas pintura do interior de uma alma. O próprio Strauss exigia que, ao executar essa dança, Salomé se movimentasse num espaço restrito, como se estivesse de pé num tapetinho de orações, fazendo poses hieráticas que contrastem diretamente com a violência dionisíaca da música.

Contornadas as dificuldades, recuperou-se parte do tempo perdido, e a ópera finalmente estreou a 9 de dezembro de 1905, gerando uma grande celeuma entre os críticos. Adam Röder, numa frase cuja retórica o futuro Dr. Goebbels teria certamente adorado, identificou alarmado "uma conspiração para induzir o povo alemão em erro e enegrecer o reluzente ideal da arte germânica", enquanto Siegfried Wagner, o filho do sagrado compositor do *Anel*, tornou público seu medo de que "*Parsifal* seja representado no mesmo palco que essa coisa detestável". Arturo Toscanini, porém, também presente à estréia, gostou tanto que se dispôs a montá-la no Teatro Alla Scala de Milão em dezembro de 1906 e a regeu de cor.

Junto ao público, a aceitação foi extraordinária e imediata. O sucesso de bilheteria foi tal que os direitos autorais

12. Executada com freqüência como peça de concerto, a *Dança dos Sete Véus* funciona aproximadamente como um *intermezzo*, dividindo essa ópera de apenas um ato, com estrutura sinfônica contínua, em duas partes. A "Dança" foi o último trecho da ópera composto por Strauss, que nela utilizou temas musicais de várias outras seções de *Salome*

recebidos por Strauss lhe permitiram construir sua casa de Garmisch-Partenkirchen, e nos dois anos seguintes, apesar da forte oposição da Igreja Católica em Viena e de certos pseudomoralistas ingleses e nova-iorquinos, *Salome* foi produzida em cerca de cinqüenta teatros de vários países. Strauss entrava, definitivamente, no panteão internacional dos grandes compositores de ópera.

Ainda em 1905, enquanto os ensaios em Dresden progrediam, Strauss resolveu preparar uma adaptação de sua ópera para o francês, contando para isso com a ajuda de Romain Rolland, que ele havia conhecido na casa da família Wagner em 1891. Numa carta a Rolland, Strauss comentou:

> Wilde escreveu *Salome* originalmente em francês, e é seu texto original que eu quero utilizar para minha composição. Não posso confiar esse trabalho a um tradutor, pois espero preservar o original de Wilde palavra por palavra.

Para preservar a tonicidade típica do idioma francês, Strauss reestruturou quase toda a linha vocal da partitura. Terminou a revisão em novembro, escrevendo novamente a Rolland: "Você só terá uma idéia da extensão de meu trabalho quando tiver em mãos a versão alemã e comparar como alterei o ritmo e a melodia para ajustá-los às características da língua francesa".

Existe, porém, uma segunda versão francesa, datada de 1909. Nela, contrariando por completo a proposição original do compositor, a partitura estreada em Dresden se manteve inalterada, e o texto de Lachmann foi novamente vertido para o francês, convenientemente limado para ajustar-se à linha vocal alemã. Por mais incrível que possa parecer, Strauss a aprovou integralmente, e essa é hoje considerada a versão francesa oficial da ópera.

Em 1930, para o Jubileu de Prata de *Salome* em Dresden, Strauss efetuou novamente algumas alterações. Moderando principalmente os sopros em certas passagens densas para que a parte da protagonista, originalmente concebida para um soprano de características wagnerianas, pudesse ser interpretada na ocasião por Maria Rajdl – cuja voz, de caráter mais leve que suas antecessoras, corria o risco de sumir no meio dos instrumentos –, Strauss acabou criando uma versão alternativa da partitura. Essa abertura estabeleceu a possibilidade de ouvir-se como Salomé, além de consagrados sopranos dramáticos do calibre de Salomea Krusceniski, Ljuba Welitsch, Astrid Varnay e Birgit Nilsson, vozes mais líricas, de menor peso, como as de Lisa Della Casa, Montserrat Caballé, Teresa Stratas e Cherryl Studer.

Salomé não é papel para uma cantora de pouca experiência. Seu primeiro problema – que ocorre também com a protagonista da contemporânea *Madama Butterfly* pucciniana – é que a intérprete adequada deve ter, no mínimo, o dobro da idade da personagem.

Sem nos atermos, porém, aos problemas do *physique du rôle* – Strauss teria dito certa vez que a Salomé ideal seria uma Isolda de dezesseis anos – o grande desafio que um soprano enfrenta ao fazer Salomé é de ordem vocal, tanto técnica quanto interpretativa. Envolvida por um intrincado universo sonoro, onde uma orquestra de 105 instrumentos alterna cromatismos febris com passagens de grande sensibilidade lírica, não basta apenas à cantora produzir as notas corretas com o volume adequado. É necessário, antes de tudo, fazer teatro com a voz, criando junto ao público uma impressão psicológica que seja compatível com a jovem princesa. A voz deve manter uma característica "adolescente".

Principalmente em sua longa cena final, quando, após esperar ansiosa pela execução, Salomé recebe a cabeça do profeta, essa imposição se torna fundamental. Em meio a dissonâncias e distorcidas reexposições de temas musicais anteriores associados a ela e ao Batista, o monólogo de Salomé se desenrola de forma onírica, surreal. O canto da protagonista se reveste de um lirismo tão suave quanto inesperado, nascido em meio à violência da cena e da música. Ao beijar os lábios mortos do Batista, provando o "sabor amargo do amor", a linha vocal do soprano deixa entrever, através da sensualidade doentia de Salomé, a menina fragilizada e sem rumo que ela ainda é, brincando com a cabeça decepada como se fosse uma boneca. Grande Strauss!

Richard Strauss é um dos compositores historicamente mais negligenciados dentro da produção paulistana de óperas. A última vez que um trabalho seu subiu ao palco na cidade foi em 1959, quando uma companhia alemã, de passagem por aqui, encenou *Der Rosenkavalier* no Theatro Municipal.

Quanto a *Salome*, o número de anos decorridos desde sua última representação faz com que a montagem atual tenha o sabor de uma estréia, pois é muito pouco provável que ainda sobreviva alguém que tenha presenciado a produção anterior. Tendo estreado em São Paulo na versão em francês durante a temporada de 1920, com a belíssima cantora francesa Geneviève Vix, que executou a *Dança dos Sete Véus*, *Salome* retornou apenas uma vez mais ao Theatro Municipal. A última produção data de 1923, dessa vez em alemão, com o soprano Carlota Dahmen como protagonista.

Retomada em São Paulo após oitenta anos, a primeira obra-prima do teatro lírico alemão no século XX, soará, a nossos ouvidos, muito menos ousada e mais bem-comportada do que deve ter parecido a nossos antecessores. Espero que ao final das récitas, o público, ao deixar o teatro, possa tomar de empréstimo, com uma pequena modificação, a frase de Narraboth que abre o libreto, dizendo: "Como esteve bela a princesa Salomé esta noite!"[13].

Publicado no programa de Salome,
Theatro Municipal de São Paulo,
em outubro de 2003

13. A frase original de Narraboth é: "Wie schön ist die Prinzessin Salome heute Nacht!" (Como a princesa Salomé **está** bela esta noite!).

KATERINA ISMAILOVA

A segunda ópera de Dmitri Shostakóvitch, *Lady Macbeth do Distrito de Mtsensk*, conta a tenebrosa história de Katerina Ismailova, casada com Zinovy, homem doentio com o dobro de sua idade, proprietário rural em Mtsensk no século XIX. Na mesma casa mora ainda o pai de Zinovy, Boris, velho brutal e tirânico que vive tentando seduzir Katerina, cuja vida monótona e sem amor a enche de sofrimento e frustração. Numa das viagens do marido, a sensual Katerina apaixona-se loucamente por Serguei, empregado de seu marido, um jovem conquistador belo e rude, e os dois se tornam amantes. Surpreendida pelo sogro, que logo manda avisar o filho do adultério, Katerina assassina o velho, colocando veneno para ratos em sua sopa de cogumelos. Zinovy volta, e encontrando o cinturão de Serguei em seu quarto, dá com ele uma surra em Katerina, até que Serguei a acode, e o casal de amantes acaba por matar o marido a golpes de candelabro, escondendo seu corpo no porão. No dia marcado para o casamento de Katerina e Serguei, um bêbado encontra o corpo de Zinovy, avisa a polícia, e os dois são condenados à prisão na Sibéria. Na viagem, Serguei se desinteressa de Katerina, e conquista outra amante, a prisioneira Sonyetka. Ante o escárnio das outras mulheres da infeliz caravana, Katerina, transtornada pelos ciúmes, abraça fortemente Sonyetka ao passar por uma ponte e força a rival a pular com ela no rio. Ambas morrem afogadas, enquanto os outros prisioneiros continuam sua marcha inexorável para a Sibéria gelada.

Famoso desde os dezenove anos, época em que sua *Primeira Sinfonia* foi premiada, Shostakóvitch ainda não tinha completado trinta quando *Lady Macbeth do Distrito de Mtsensk* estreou no Teatro Mályi de Leningrado em 22 de janeiro de 1934. Vários estudiosos evidenciam o caráter eminentemente sinfônico da obra, como Lauro Machado Coelho, que destaca "a estrutura sinfônica quadripartite da ópera, elemento estilístico essencial para contrapor o mundo das aspirações irrealizadas de Katerina com a realidade brutal, grotesca e hostil – dois planos que são irreconciliáveis" ou Stephen Walsh, ao afirmar que "os cruciais interlúdios orquestrais ligam as cenas por meio de um fio músico-dramático ininterrupto, adicionando, ao mesmo tempo, profundidade psicológica e trágicos presságios à narrativa superficialmente áspera".

O próprio Shostakóvitch não deixava dúvidas a respeito de suas intenções, afirmando textualmente em *Reflexões sobre o Espetáculo Musical*, artigo publicado em dezembro de 1935:

> O desenvolvimento musical faz-se, todo o tempo, no plano sinfônico. Desse ponto de vista, a ópera não requenta os velhos dramas líricos construídos segundo o sistema dos números separados. O fluxo musical corre sem interrupção, interrompendo-se momentaneamente no final dos atos, apenas, para recomeçar, logo em seguida, no outro ato, e desenvolvendo-se não mediante pequenos fragmentos, mas de acordo com um grande plano sinfônico.

Essa linguagem moderna e ousada foi um dos fatores que certamente contribuíram para o grande sucesso popular que *Lady Macbeth* obteve a partir de sua estréia. Contrariando, porém, todos os prognósticos, a ópera teria vida curta na União Soviética. Seu destino foi selado quando o *Pravda*, órgão da imprensa oficial do governo, publicou, em 28 de janeiro de 1936, um virulento artigo anônimo intitulado *Caos em vez de Música*, em que todo mundo reconheceu a retórica característica do camarada Stálin. O ditador havia assistido à ópera em dezembro e se dissera chocado com o erotismo cru e explícito apresentado no palco. Logo, ele instruiu seus porta-vozes a produzir para o jornal um texto fantasiado de crítica erudita que demolisse e sepultasse a obra definitivamente. Vejamos algumas passagens do artigo:

> [A ópera é impregnada de um] espírito de inovação pequeno-burguês que leva à ruptura na arte verdadeira, na verdadeira literatura [...], mostrando no palco o naturalismo mais grosseiro sob uma luz uniformemente bestial [...] de forma primitiva, grosseira e vulgar. A música soluça, zumbe, ofega, sopra para representar com realismo as cenas de amor, emporcalhando-o das maneiras mais banais. [...] O compositor não se preocupou em dar ao público soviético o que ele procura na música. Escreveu de propósito uma música que mistura todas as sonoridades, de modo a que ela só possa atingir os estetas de gosto pervertido. Deixou de lado aquilo que a cultura soviética exige: expulsar a grosseria e a barbárie da vida soviética.
>
> [...] Esta *Lady Macbeth* foi apreciada no exterior pelo público burguês. Se o público burguês a aplaudir não terá sido porque esta ópera é absolutamente apolítica e confusa? Porque ela corresponde ao gosto degenerado dos burgueses por uma música barulhenta, contorcida e neurastênica?

Na verdade, o que fez com que o Guia Genial dos Povos erguesse, preocupado, suas grossas sobrancelhas, não foi nenhuma preocupação de caráter moral ou estético. Isso foi um mero pretexto. Stálin, ele próprio durante muitos anos um revolucionário, percebeu, com seu agudo faro político, uma série de críticas ao regime disseminadas dentro da ópera. E ele sabia perfeitamente o perigo representado pelo efeito que tais críticas, uma vez compreendidas e comentadas, poderiam ter na população. Na cena em que Zinovy se prepara para viajar – ele vai supervisionar as obras de reparo de um dique – os empregados entoam um coro propositadamente inadequado, com música e palavras pomposas, dizendo que sem a presença do patrão a vida, o lar e o trabalho não têm a menor razão de ser, numa sátira ao culto da personalidade que o stalinismo estava impondo à Rússia naquele momento. Também a cena magistral da delegacia, onde numa burlesca imitação de opereta, o chefe de polícia e seus comandados cantam um hino à propina e à corrupção, para logo depois conduzirem um absurdo interrogatório de um professor niilista, era, evidentemente, uma crítica ferina à burocracia e suas arbitrariedades e às instituições comunistas.

Orientada pelo comissário da cultura, Andrei Jdanov, a censura agiu rapidamente. Além de *Lady Macbeth* ter suas encenações posteriores vetadas na União Soviética, sugeriu-se ao autor que desistisse também de estrear sua *Quarta Sinfonia*, de caráter experimentalista, que já estava sendo ensaiada. Num período em que vários intelectuais russos começavam a ser perseguidos e presos, esta proibição das obras de Shostakóvitch configurava um recado muito claro a todos os compositores: deveriam enquadrar-se, imediatamente, "nos princípios do Realismo Socialista". Os tempos do liberalismo estético e da pluralidade cultural haviam terminado na União Soviética.

Shostakóvitch afastou-se por anos da cena lírica, dobrando-se à ventania da censura para não ter suas raízes arrancadas. Passou a compor cuidadosamente. E sobreviveu. Mas nunca deixou de amar, secretamente, sua *Lady Macbeth*.

No final da década de 50, o autor submeteu sua ópera proibida a uma profunda revisão, intitulando-a *Katerina Ismailova*. É uma versão purgada, bem-comportada de *Lady Macbeth*, em que as cenas que incomodaram as autoridades soviéticas de 1936 foram amenizadas ou eliminadas. Houve alterações também na orquestração e na linha vocal. André Lischke confrontou as duas versões:

> Se não temos elementos de comparação, *Katerina Ismailova* passa a sensação de uma força dramática verdadeira. No entanto, se compararmos as duas versões, veremos que o impacto do original é inegavelmente mais forte. Pois a pasteurização da segunda versão é patente, não só no que se refere ao texto, mas também no tocante à música. [...] Shostakóvitch arredondou os ângulos: suprimiu a ilustração sinfônica da cena de amor, igualou ritmos demasiado sincopados, em alguns lugares tornou as tessituras vocais mais fáceis e, sobretudo, atenuou a agressividade sonora da orquestra, diminuindo o papel dos timbres mais crus e estridentes, tais como as madeiras agudas, o trompete, o xilofone. *Katerina Izmáilova* oferece, assim, em muitos pontos, um material prudentemente compartilhado entre algumas madeiras e as cordas, enquanto *Lady Macbeth* se comprazia em utilizar toda a gama dos instrumentos de metal.

Em 26 de dezembro de 1962, o público que foi assistir a *Il Barbiere di Siviglia* no Teatro Musical Stanislávski-Nemiróvitch-Dântchenko de Moscou, foi avisado pouco antes do início da função que, devido a problemas técnicos inesperados, a ópera de Rossini não poderia ser apresentada. O teatro, porém, fazendo todos os esforços para não frustrar os respeitáveis espectadores, propunha, em seu lugar, uma obra de Shostakóvitch. Foi usando desse estratagema que *Katerina Ismailova* estreou diante de um público exultante com a novidade, cúmplice inocente de uma transgressão vestida de emergência. Eram os anos Kruchev, com uma certa atmosfera de distensão, e as autoridades não se manifestaram a respeito, o que levou o teatro a programar novas récitas imediatamente. Foi assim que a história da infeliz Katerina voltou a ser encenada na Rússia, e a carreira bem-sucedida da ópera, em suas duas versões, foi retomada.

Lady Macbeth do Distrito de Mtsensk foi o trabalho de um jovem idealista, que acreditava com fervor nas mudanças culturais prometidas pela revolução; *Katerina Ismailova*, a obra de um compositor maduro e experimentado, que aprendeu a mover-se dentro dos limites do possível e do aceitável, sem entretanto, deixar de produzir.

Publicado no programa da Sala São Paulo,
em junho de 2003

RACHMÁNINOV E *FRANCESCA DA RIMINI*

Ed ella a me: Nessun maggior dolore,
Che ricordarsi del tempo felice
Nella miseria; e ciò sa il tuo Dottore.[14]

DANTE ALIGHIERI (1265-1321)
Canto V, *Inferno, La Divina Commedia*

Francesca era filha de Guido da Polenta, senhor de Ravenna. Belíssima, de corpo perfeito, foi dada em casamento ao mais velho dos filhos do senhor de Rimini, Lanciotto Malatesta, que além de ter um aspecto sujo e repelente, era coxo e a tratava com brutalidade. Não tardou para que Francesca e o jovem Paolo, o formoso irmão mais novo de seu marido, se apaixonassem em meio à solidão do castelo de Rimini. As conseqüências foram fatais: surpreendendo juntos o irmão e a esposa, Lanciotto matou os dois.

14. E ela [Francesca] para mim: Nenhuma dor maior, / Que recordar-se do tempo feliz. / Na miséria; e teu Mestre [Virgílio] sabe disso.

Dante Alighieri tinha ao redor de vinte anos de idade quando essa tragédia aconteceu. Anos depois, ao escrever seu imortal poema, embora condoído da sorte dos amantes e reconhecendo a sinceridade de seus sentimentos, não pôde permitir-se perdoá-los por desrespeitar o sacramento do matrimônio, e apesar de descrever o episódio com muita compaixão, colocou-os entre os luxuriosos eternamente arrastados pela violenta e interminável ventania que assola o segundo círculo do Inferno.

Os versos da *Commedia* que abrem estas notas – ditos por Francesca a Dante quando o poeta, guiado por Virgílio, visita as regiões infernais –, além de utilizados no início do terceiro ato do *Otello* de Rossini para a canção do gondoleiro, inspiraram vários autores de dramas líricos a explorar o tema. Entre a ópera de Carlini (1825) e a de Zandonai (1914), existem quase trinta obras dedicadas à Francesca da Rimini. Na Rússia, precedendo a composição de Rachmáninov, o tcheco Eduard Nápravník, diretor artístico do Teatro Maríinski, estreou sua *Francesca da Rimini* em 1902.

Apesar de seu extremo talento para a criação de música vocal – basta examinar seus vários ciclos de canções, construídos com extrema sensibilidade –, nunca sobrou tempo suficiente a Serguei Rachmáninov para dedicar-se com afinco à composição de óperas. Além de ser um dos mais requisitados regentes de ópera russos no final do século XIX, vinha desenvolvendo uma brilhante carreira de pianista, e aproveitava as poucas horas que lhe sobravam para compor música sinfônica.

Rachmáninov é autor de apenas três óperas, todas curtas, de um só ato. A primeira delas, *Aleko*, composta como peça de graduação do curso que seguiu no Conservatório de Moscou, rendeu ao jovem compositor a medalha de ouro daquela instituição, foi muito elogiada por Tchaikóvski e estreou no Bolshoi em 1893.

O monumental fracasso de sua *Sinfonia n. 1 em Ré Menor op.13*, estreada em 1897, jogou Serguei numa profunda depressão que o fez deixar totalmente de compor por um período de três anos. Nesse meio tempo, ele aceitou o convite para tornar-se maestro da companhia de ópera do empresário Mamôntov em Moscou, onde se tornou amigo e colaborador do mais famoso dos baixos russos, Fiódor Chaliápin. Pouco a pouco, envolvido como estava pelo ambiente do teatro, convenceu-se que o caminho para voltar a escrever música passava pela ópera. Afinal, os círculos musicais da sociedade moscovita daquela época praticamente impunham que qualquer compositor de sucesso, além de produzir música sinfônica, escrevesse também para o teatro lírico. Procurando pelo dramaturgo e libretista Modest Tchaikóvski, irmão do famoso compositor, Serguei pediu-lhe um texto baseado em *Ricardo II* de Shakespeare. Modest retrucou oferecendo a história de *Francesca da Rimini*, que foi aceita pelo compositor. Apesar de o libreto ter sido entregue em 1898, a ópera só ficaria pronta cerca de sete anos depois. Rachmáninov reuniu a coragem suficiente para recomeçar a escrever música apenas em 1900, compondo o dueto de amor de Paolo e Francesca que hoje faz parte da segunda cena. Mas não completou a ópera. Guardou-a na gaveta por quatro anos, período no qual compôs uma série de canções, várias peças para piano e o famoso *Concerto n. 2 em Dó Menor para Piano e Orquestra op.18*, enquanto sua vida, tanto no plano profissional quanto no pessoal, passava por uma série de experiências enriquecedoras. Em 1902, casou-se com sua prima Natalia Satina. Grande parte da lua de mel foi dedicada a ouvir música em Veneza, Viena e Bayreuth, onde assistiram várias óperas de Wagner, abrindo-se a novas influências.

Em 1903, Rachmáninov começou a compor uma nova ópera, *Skupoy Rytsar'* (O Cavaleiro Avarento), baseado em Púschkin, pensando em Chaliápin para o papel-título. No ano seguinte, deixou a Companhia Mamôntov, aceitando o posto de regente no Teatro Bolshoi, o qual lhe abriu a possibilidade de encenar o *Cavaleiro Avarento*, cuja duração era curta, de apenas uma hora. Era preciso completar o programa da noite com outra ópera de igual tamanho. Foi quando Rachmáninov resolveu ressuscitar *Francesca da Rimini*.

Mas o libreto original era bem maior do que o de hoje. Além do prólogo e do epílogo, tinha quatro grandes cenas. Rachmáninov pediu a Modest Tchaikóvski que o reduzisse para adaptá-lo à necessidade do momento. As várias cartas trocadas entre compositor e libretista no decorrer do processo documentam um certo estado de tensão entre os dois, assim como a insatisfação final de Rachmáninov, que acabou por ter em mãos um texto muito mais curto do que esperava, com apenas duas cenas centrais. Talvez a necessidade de completar o tempo que afinal ficou faltando seja a explicação para a extensa introdução orquestral do prólogo, em que o inferno dantesco é descrito magnificamente com combinações timbrísticas de cores tão belas quanto assustadoras. Numa ópera de 75 minutos, a proporção entre as partes resultou desbalanceada. O prólogo leva aproximadamente vinte minutos, enquanto o epílogo dura pouco mais de três.

Esta desproporção não impediu o compositor, entretanto, de criar uma partitura de alta qualidade. À riqueza da melodia tipicamente russa, com raízes na tradição emocional herdada de Tchaikóvski, somam-se as harmonias e sonoridades de um sinfonismo nascido da pena de um conhecedor de Wagner. Apesar das influências, a obra carrega o estilo e a assinatura musical inconfundíveis de Rachmáninov, o último dos grandes românticos russos. Basta ouvir, entre tantas outras passagens dignas de nota, como ele cria, logo após as várias ondas emocionais do apaixonado dueto de amor, um pequenino interlúdio musical simbolizando a sublimação do amplexo entre os amantes, que vai se escurecendo sutilmente para anunciar a tragédia que se consumará dentro em pouco, com a violenta irrupção de Lanciotto e o conseqüente assassinato.

Ambas as óperas estrearam no Bolshoi em 24 de janeiro de 1906. Em vez de Chaliápin, o Barão do *Cavaleiro*

Avarento foi vivido pelo baixo Gyorgy Baklanov, que criou também a parte de Lanciotto Malatesta na *Francesca*. Paolo foi o tenor A. Bonacic e, a primeira Francesca, a famosa cantora russa Antonina Nezhdanova, cujo timbre de soprano lírico-ligeiro é bastante conhecido pelos colecionadores de discos das primeiras décadas do século XX.

Publicado no programa da Sala São Paulo, em junho de 2003

UM CHAPÉU SOB MEDIDA

Um dos motivos que certamente contribuíram para fazer de *Amarcord* meu Fellini favorito foi a forte impressão que sua trilha musical me causou nos anos 70, na primeira das muitas vezes em que assisti ao filme. Nos três ou quatro dias que se seguiram àquela exibição, aquelas pequenas células musicais, ora jocosas, ora nostálgicas, que constituem seu tema principal, hoje tão conhecido, não me saíam da cabeça, até que me vi forçado a comprar o disco. É uma situação que todos aqueles que gostam de música já vivenciaram. Foi a primeira vez que prestei atenção ao nome de Nino Rota, embora já conhecesse de ouvido outras de suas composições para o cinema como os temas de *La Strada, La Dolce Vita* e *Otto e Mezzo*, de Federico Fellini, e evidentemente o de *The Godfather*, de Francis F. Coppola, que no Brasil recebeu o título infeliz de *O Poderoso Chefão.*

Na verdade, Nino Rota havia começado a compor para o cinema em 1942, ano em que musicou dois filmes:

Giorno di Nozze, de Raffaelo Matarazzo, e *Zazà*, de Renato Castellani. Ao longo de sua carreira, assinou a trilha sonora de mais de 150 películas.

O grande sucesso obtido nessa área ofusca às vezes a visão do grande público para o fato de Rota ter sido um dos compositores eruditos italianos mais importantes do século XX. Nascido em 1911 numa família de músicos, foi aluno, em sua Milão natal, de Giacomo Orefice e de Ildebrando Pizzetti. Ainda criança, mudou-se para Roma, onde estudou com Alfredo Casella na Academia de Santa Cecília, graduando-se em 1929. Rota foi um menino-prodígio, tanto como maestro e pianista quanto como compositor. Seu primeiro oratório, muito bem recebido em Milão e em Paris, *L'Infanzia di San Giovanni Battista*, foi composto em 1923, quando ele tinha doze anos; aos quinze, escreveu sua primeira comédia lírica, *Il Príncipe Porcaro*, com base num conto de Hans Christian Andersen.

Entre 1930 e 1932, vamos encontrá-lo em Filadélfia, estudando no prestigioso Curtis Institute, onde seu professor de regência foi ninguém menos que Fritz Reiner. Ao voltar à Itália, graduou-se em literatura na Universidade de Milão. A partir de 1937, passou a lecionar harmonia e composição, tornando-se, em 1950, o diretor do Conservatório de Bari, cargo que ocupou até morrer, em 1979.

O catálogo de suas obras é vasto e impressionante. Rota compôs mais de trinta peças corais, entre as quais várias missas, quinze prelúdios para piano, quatro sinfonias, três concertos para piano, três para violoncelo, um concerto para harpa, um para fagote e um para trombone. Sem considerarmos suas composições juvenis, existem publicadas mais de cinqüenta obras de câmara, cinco balés e nove óperas, das quais *Il Cappello di Paglia de Firenze* é a terceira.

Il Cappello se baseia na comédia teatral extremamente bem-sucedida de Eugène Labiche e Marc Antoine Michel, *Le Châpeau de Paille d'Italie*, que ao estrear em 1851, revolucionou os tradicionais esquemas até então utilizados nesse tipo de representação, estabelecendo, nos dizeres de

Émile Zola, "um novo gênero de comédia". Ainda hoje, *O Chapéu de Palha da Itália* freqüenta com regularidade os palcos franceses. Sua importância fez com que, em 1927, fosse transformada pelo diretor francês René Clair num famoso filme mudo com o mesmo título, e nada nos impede de especular, tendo em vista a forte ligação que Nino Rota viria a desenvolver com o cinema, que aquele filme tivesse sido sua primeira inspiração para fazer da peça uma ópera.

Conta-se que Rota compôs a ópera em 1945 quase como uma distração; os autores do libreto são ele próprio e sua mãe, Ernesta Rota Rinaldi. A obra permaneceu engavetada por dez anos, até que um dia Simone Cuccia, o diretor do Teatro Massimo de Palermo, ficou encantado com a beleza da partitura quando ouviu Rota dedilhar alguns de seus trechos principais ao piano, e, sem sequer consultar o autor, incluiu *Il Cappello di Paglia di Firenze* na temporada de 1955 do teatro siciliano.

O sucesso foi imenso, raríssimo entre as óperas compostas naqueles anos do pós-guerra. Sua linguagem absolutamente tonal, simples e comunicativa, que é o que se espera de uma boa ópera cômica, fez com que o público italiano se apaixonasse imediatamente por ela. E fez também com que aquele setor da crítica, que sempre considerou o sucesso instantâneo imperdoável, taxasse Rota de antiquado, recomendando que permanecesse apenas no cinema, e perdendo assim uma ótima oportunidade de ficar calado. Felizmente, o tempo se encarregou de fazer justiça e atribuir-lhe a justa importância.

Em *Il Cappello di Paglia di Firenze*, Nino Rota presta uma grande – e muito bem-humorada – homenagem à tradição *buffa* italiana, usando, de propósito, a linguagem universalmente aceita do século XIX operístico e dando às vozes dos solistas o costumeiro lugar de destaque da ópera peninsular. Desde estudante, Rota, assim como seu mestre Casella, teve grande facilidade em reproduzir os estilos musicais de outros autores, e se utilizou dessa peculiar habilidade para introduzir, nesta ópera, citações e paródias de vários operistas do passado.

As coloraturas secundadas por arpejos de clarineta que Elena canta teriam sido assinadas com prazer por Donizetti, de cuja lavra um personagem muito famoso, o Sargento Belcore do *L'Elisir d'Amore*, é o modelo evidente para o truculento oficial Emilio, o amante de Anaide. O coche de Fadinard trota no mesmo ritmo da carroça de Alfio da *Cavalleria* de Mascagni, e para que não restem dúvidas a respeito, o coro cantará, logo depois, a frase "schiocchi la frusta". É Rossini, porém, a presença mais forte e mais constante em toda a ópera, não apenas na abertura (onde Mozart também é citado), ou na típica tempestade do quarto ato, mas também na magistral utilização rossiniana da técnica do *sillabato veloce*, presente numa das melhores passagens da ópera, a cena de conjunto "Io casco delle nuvole", cujo *crescendo* nos traz imediatamente à memória os fabulosos *concertati* que encerram os primeiros atos de *Il Barbiere di Siviglia* e de *L'Italiana in Algeri*.

Além disso, o compositor se reserva o direito de fazer autocitações. O Rota operista se diverte reproduzindo temas do Rota cinematográfico, que foram introduzidos na revisão feita em 1955 para a estréia da ópera. Há reminiscências das trilhas sonoras de *Il Biricchino di Papà* (Matarazzo, 1943), *Le Miserie del Signor Travet* (Mario Soldati, 1945) e *Lo Sceicco Bianco* (Fellini, 1952).

No *Chapéu de Palha de Firenze*, Rota potencializa o seu agudo senso teatral através de uma grande imaginação musical e de uma não menor habilidade instrumental, com as quais vai caracterizando melodicamente situações e personagens. Cria um amálgama em que se fundem o *vaudeville* francês original com as estruturas típicas da ópera *buffa* e da opereta e, ao mesmo tempo, homem do século XX, imprime à narrativa uma dinâmica cinematográfica, moderna, que lhe é familiar por força do contato íntimo com a sétima arte, em que as situações se sucedem sem desperdício de tempo e sem monotonia.

O maestro Jamil Maluf e *Il Capello di Paglia di Firenze* são velhos conhecidos. Em 1993, ele regeu a Orquestra Experimental de Repertório na estréia paulistana da ópera no Teatro Paulo Eiró. Agora, transcorridos dez anos, o maestro irá usar toda a sua experiência ao dirigi-la em sua primeira apresentação no Theatro Municipal de São Paulo. É uma maneira excelente de iniciar a temporada lírica 2003.

Publicado no programa de
Il Cappello di Plagia di Firenze,
Theatro Municipal de São Paulo,
em março de 2003

UMA ÓPERA EM CATIVEIRO

Em 1780, o imperador José II da Áustria fez construir uma pequena cidade-fortaleza cerca de cem quilômetros ao norte de Praga, e a chamou de Terezin, em homenagem à sua mãe, a imperatriz Maria Teresa.

Após a invasão nazista da Tchecoslováquia, os alemães mudaram seu nome para Theresienstadt, e a escolheram como uma espécie de entreposto sinistro que pudesse reunir em um só lugar os judeus espalhados em várias regiões, para aguardar suas transferências para os campos de morte do Leste.

Mas Theresienstadt não foi apenas mais um campo de prisioneiros ou outro gueto. Desde seu estabelecimento, em finais de 1941, o local transformou-se um uma usina de mentiras a serviço da propaganda delirante do Reich, servindo para mascarar o genocídio programado sob a burocrática denominação de Solução Final. Theresienstadt foi apresentada ao mundo – com direito à inspeção pela Cruz Vermelha – como uma cidade feliz presenteada por Hitler aos judeus. Para melhor construir esta farsa, para lá foram enviados judeus alemães condecorados na Primeira Guerra, além de artistas de teatro e de cinema, cantores, pintores, poetas, literatos e compositores. A esse último grupo pertencia Viktor Ullmann, internado em 8 de setembro de 1942.

Ullmann, nascido em 1898, na Tchecoslováquia, fixou-se em Viena a partir de 1914, onde foi aluno de Arnold Schoenberg. Após servir no exército austríaco, voltou a seu país natal. Recomendado por seu professor, conseguiu um emprego como assistente de Alexander Zemlinsky no Deutsches Theater de Praga, onde, entre 1920 e 1927, exerceu as funções de regente do coro e maestro associado. Data desse período sua primeira composição, *Variações e Fuga Dupla sobre um Tema de Arnold Schoenberg*. Em 1930, seu envolvimento cada vez maior com o movimento antroposófico de Richard Steiner levou-o a morar em Stuttgart, onde abandonou a música e abriu uma livraria especializada em obras daquela corrente filosófica. A ascensão dos nazistas em 1933 forçou-o a fugir da Alemanha. De volta a Praga, fez um pouco de tudo para sobreviver. Tocou piano, deu aulas de música, tornou-se crítico musical e radialista. Ao mesmo tempo, foi aluno do compositor tcheco Alois Hába no Departamento de Quarto-de-Tom na Escola de Música de Praga. Aos poucos, tornou-se uma das figuras mais importantes nos círculos musicais da cidade até sua prisão em 1942.

Sua chegada a Theresienstadt causou forte e positivo impacto no *Freizeitgestatung* (atividades de tempo livre), o departamento judaico – tolerado pelos nazistas em função da propaganda – que promovia competições esportivas, campeonatos de xadrez, palestras, leitura de poesias e espetáculos musicais e teatrais entre os prisioneiros. Imediatamente, Ullmann passou a organizar produções de música contemporânea e renascentista, fazendo ele próprio acompanhamentos ao piano. Deu palestras sobre Mahler e Schoenberg, e passou a ensinar composição. Além disso, nos dois anos em que lá permaneceu, Ullmann compôs 23 obras, quase uma por mês. É como se buscasse compensar, com trabalho intenso, a tensão diária que os prisioneiros eram obrigados a vivenciar. Seu diário sugere que ele retirava essa energia de sua crença nos princípios da antroposofia.

Algumas das partituras criadas por Ullmann em Theresienstadt foram milagrosamente preservadas, como o *Quarteto de Cordas n. 3* e o melodrama *Die Weise von Liebe und Tod des Cornets Christoph Rilke* (A Balada de Amor e Morte do Porta-Estandarte Christoph Rilke), baseado no famoso poema de Rainer Maria Rilke. Salvou-se também *Der Kaiser von Atlantis oder Die Tod-Verweigerung* (O Imperador da Atlântida ou A Recusa em Morrer) a última das quatro óperas de Ullmann. Suas composições anteriores para o teatro lírico tinham sido *Peer Gynt* (1928), *Der Sturz des Antichrist* (A Queda do Anticristo, 1936) e *Der zerbrochene Krug* (O Jarro Quebrado), terminada pouco antes de sua prisão.

O libreto de *Der Kaiser von Atlantis* é uma parábola sobre as origens do pensamento nazista e do pouco valor por ele atribuído à vida humana. Seu autor foi Peter Kien, poeta e pintor, contemporâneo de Ullmann na prisão. Sobreviveram duas versões do texto. Ambas foram escritas no verso de fichas cadastrais de detentos, uma manuscrita e a outra datilografada.

Tendo em vista os poucos recursos disponíveis na cidade-prisão, Ullmann escreveu a partitura orquestral empregando apenas treze instrumentos, entre os quais um banjo e um sax contralto. A parte vocal pede sete cantores, e é prevista a participação de duas bailarinas. A ópera é constituída por recitativos, árias, duetos e trios. Tanto o prólogo quanto os dois *intermezzi* – *A Dança da Morte*, antes da cena dois, e *Os Mortos-Vivos*, antes da quatro – são coreografados. O estilo de Ullmann é eclético. Ao longo da ópera, encontramos ensinamentos oriundos da Segunda Escola Vienense, influências de Kurt Weill, Richard Strauss e até mesmo passagens baseadas em canções norte-americanas, indicadas na partitura como *blues* e *shimmy*. Além disso, Viktor Ullmann toma emprestado, embora com modificações, uma série de temas de outros compositores que o público culto de Theresienstadt não demoraria a identificar. A ária de Arlecchino,

"Der Mond geht auf den Fisrten" ("A Lua Anda pelos Telhados"), repete a melodia de "Der Trunkene im Frühling" ("O Bêbado na Primavera"), quinto movimento da *Canção da Terra* de Mahler. Da *Sinfonia em Dó Menor op. 27* de Josef Suk também chamada de *Sinfonia Asrael* – o nome do Anjo Exterminador –, peça muito conhecida até 1938 na Tchecoslováquia, obrigatoriamente executada em funerais de Estado, Ullmann extraiu o tema da Morte, usando-o com freqüência no *Kaiser* como uma espécie de *leitmotiv*.

As alegorias pretendidas pelo libreto são muito bem explicitadas pela partitura. Quando, na primeira cena, a moça do tambor apresenta o Kaiser, cujo nome é Überall (Acima de Todos), ela enumera todos os títulos do imperador ao som de uma distorção grotesca do hino alemão *Deutschland über alles*. O coro final, cujo texto enfatiza que a vida deve terminar através da dignidade da morte natural e não por meio de uma matança sem sentido, começa pelas palavras "Komm Tod, du unser werter Gast" ("Vem, Morte, nossa digna convidada"). É impossível não notar a triste ironia da utilização, neste trecho, da melodia do tradicional hino luterano *Ein' feste burg ist unser Gott* (Deus é nossa fortaleza), empregado anteriormente por compositores judeus como Meyerbeer e Mendelssohn, cujas obras haviam sido banidas pelos nazistas.

Peter Kien e Viktor Ullmann jamais viram a estréia de sua obra. O último ensaio geral, em setembro de 1944, foi assistido por um grupo de oficiais SS que – corretamente, diga-se de passagem – reconheceram, ultrajados, uma caricatura de Hitler na figura do imperador. Foi o bastante para que a ópera fosse banida.

Ullmann e Kien foram deportados para Auschwitz em 16 de outubro de 1944, e morreram na câmara de gás no dia seguinte.

Publicado no programa de
O Imperador de Atlândida,
Teatro Alfa, em junho de 2005

AMOR GOURMET

There are most lovely things in the piece,
my dear, wich give one enormous pleasure...

Benjamin Britten, em carta a Sir Lennox
Berkeley acerca de *A Dinner Engagement*

Para ser absolutamente franco, devo confessar que antes de ter lido o libreto de *A Dinner Engagement*, eu jamais ouvira falar em picles de nozes. Talvez seja uma excentricidade culinária da região inglesa de Chelsea, onde a ópera se passa. Mas sua receita é fundamental para o final feliz da história, pois uma discussão em torno da quantidade correta de mostarda a empregar-se em sua elaboração é que faz com que Susan, a filha rebelde dos arruinados Lady e Lord Dunmow e o príncipe Philippe, filho da grã-duquesa de Monteblanco, venham a se interessar um pelo outro.

A história de amor entre eles é imediata e fulminante: esquecendo-se das nozes, Susan faz com que o príncipe prove da conserva de cerejas que ela preparou, cuja excelência leva ambos a sonhar juntos com uma sopa fria de cerejas, o prato favorito de Philippe. Em êxtase, como que transportados pela sensação poderosa da descoberta do amor, ambos se abandonam às delícias de cozinharem juntos. Com as almas vibrando em um só diapasão, preparam juntos o jantar, assando os famosos tomates à Monteblanco, recheados de queijo *gruyère*. E vivem felizes para sempre.

Esta parábola romântico-gastronômica, cuja moral nos ensina que a verdadeira felicidade se encontra nos pequenos prazeres da vida partilhados a dois, é repleta de momentos do mais puro *humour* inglês, sublinhados por música de alta qualidade. Seu libreto é escrito por Paul Dehn que, além de crítico musical e autor de peças de teatro, musicais e operetas, teve uma carreira muito bem-sucedida como roteirista de cinema, assinando, entre outros filmes, *007 contra Goldfinger*, *Assassinato no Orient Express* e vários episódios da série *O Planeta dos Macacos*. Com muita elegância e bom humor, o texto de Dehn descreve a difícil situação financeira em que vários nobres ingleses se viram mergulhados no período pós-guerra. Lord Dunmow (literalmente "dizimado pelos credores"), antigo embaixador plenipotenciário inglês no grão-ducado de Monteblanco, hoje se encontra aposentado, vivendo em uma pequena casa e completamente sem dinheiro, como fica claro tanto através da esgrima verbal com o rapaz do armazém que lhe apresenta as contas penduradas quanto pela negociação com a cozinheira acerca do preço de seu dia de trabalho. Mas o casal Dunmow – como seria de se esperar de verdadeiros nobres ingleses –, além de acatar a adversidade filosoficamente, não perde a classe em nenhum momento, afinal, nesta noite, receberão convidados ilustres em casa. De visita à Inglaterra, a grã-duquesa de Monteblanco, soberana daquele país imaginário, virá jantar acompanhada do filho e herdeiro Philippe. Os Dunmow acalentam uma esperança: se o príncipe se interessar por sua filha Susan e vier a firmar com ela um compromisso, todos os seus problemas financeiros estarão resolvidos, da maneira mais aristocrática possível. E, como já vimos, embora os acontecimentos não se desenrolem como planejado pelo casal de lordes arruinados, o resultado é satisfatório para todos, graças ao inesperado encontro dos jovens na cozinha.

O autor da partitura, Sir Lennox Randal Francis Berkeley, que viveu entre 1903 e 1989, desenvolveu, ao longo de sua carreira, um estilo que, embora ancorado no linguajar tradicional da tonalidade, era muito particular e distinto, e tinha como características principais, na opinião expressa por Francis Routh em sua profunda análise da obra do compositor,

> uma luminosidade de textura e lucidez, uma harmonia de sabor picante, uma galanterie típica do século XVIII e uma brevidade temática; estas qualidades intrínsecas se evidenciam muito mais em formas intimistas do que em grandes estruturas, em trabalhos em que o âmbito emocional é limitado e preciso, como a ópera de câmara *A Dinner Engagement*.

Lennox Berkeley nasceu em uma família de aristocratas. Teria sido o nono conde Berkeley, mas o título não chegou até ele porque seu avô não era legalmente casado quando o pai de Lennox nasceu. Após uma infância tipicamente inglesa transcorrida em Oxford, Berkeley passou a ter um contato constante com a França, onde vivia a família de sua mãe. É impossível deixar de notar certas semelhanças entre situações da ópera e a vida de seu autor. Assim como o simpático Lord Dunmow da peça, também o pai de Berkeley pertenceu ao serviço diplomático inglês, tendo sido cônsul da Inglaterra em Nice e em Mônaco. A forte ligação de Berkeley com a cultura e o idioma franceses aparece logo no início da ópera, tanto na ária de Dunmow "In the Summer of my Time" – cujo texto, pura descrição de um quadro impressionista, é recheado de expressões francesas – quanto na impagável cena com a cozinheira, em que Lady Dunmow lê para ela uma receita de seu livro – em francês, é claro – enquanto o marido vai traduzindo as palavras uma a uma.

Em 1925, logo depois de se formar em Filologia em Oxford, Berkeley mudou-se para Paris, tornando-se amigo de Poulenc e Ravel. Foi este último que, após examinar algumas partituras que o jovem inglês escrevera, convenceu-o a estudar com Nadia Boulanger. A lendária professora transformou o principiante em verdadeiro profissional, transmitindo-lhe sua grande paixão pela música e treinando-o rigorosamente nas artes do contraponto.

Inicialmente inseguro quanto a suas composições, Berkeley continuou estudando e trabalhando com firmeza. A primeira consagração viria em 1936 com uma composição que se tornou um clássico do repertório inglês, a *Serenade op.12*, para orquestra de cordas. A maturidade viria a partir de 1940, com a *Sinfonia n. 1 op.16*, à qual se seguiram uma série de composições importantes, entre as quais *The Four Poems of St. Theresa of Avila, op.27*, para contralto e orquestra, estreado por Kathleen Ferrier, e o *Stabat Mater op.28*, escrito para o English Opera Group, que era então comandado por Benjamin Britten.

Britten e Berkeley eram velhos amigos. Juntos, em 1936, haviam escrito uma suíte de danças catalãs chamada *Mont Juic*. Encarregado da direção do Festival de Aldeburgh de 1954, foi Britten quem encomendou de Berkeley uma ópera de câmara para seu Opera Group. Assim nasceu *A Dinner Engagement*. A música para o palco não era estranha a Lennox Berkeley. Já havia composto *Nelson*, uma ópera de grandes proporções baseada na vida daquele almirante inglês, com libreto de Alan Pryce-Jones. Após o sucesso de *A Dinner Engagement*, a dupla Berkeley-Dehn voltaria ainda uma vez ao palco, em 1967, com *Castaway*, cujo principal personagem é Ulisses.

A Dinner Engagement não é um banquete musical que tende a empanturrar o ouvinte com uma profusão de sons e melodias. Pelo contrário: é uma elegante sessão de degustação, apropriada – como bem diria o afável Lord Dunmow – para *gourmets* e *conoisseurs.*

Bom apetite!

Publicado no programa distribuído nos jardins da casa de Bea Esteve, durante a encenação privada de A Dinner Engagement, *em outubro de 2005*

O MELHOR DOS MUNDOS POSSÍVEIS

"Cela est bien dit," répondit Candide, "mais il faut cultiver notre jardin".

Candide de Voltaire, última frase[15].

Em 1717, circulou em Paris uma pesada sátira anônima que ridicularizava Filipe II, duque de Orleans e então regente do trono. Graças a um delator, descobriu-se que o autor era um jovem parisiense de apenas 23 anos chamado François-Marie Arouet, que por conta disso acabou indo parar na cadeia. Nos onze meses em que foi hóspede da Bastilha, Arouet aproveitou para revisar sua primeira peça de teatro, *Oedipe*, que o tornaria bastante conhecido ao sair da prisão. Libertado em abril de 1718, mudou seu nome para Voltaire, iniciando uma carreira literária cujos

15. "Muito bem dito", respondeu Candide "mas convém que cultivemos nosso jardim".

primeiros anos foram marcados por vários sucessos e alguns fracassos.

Em 1725, um bate-boca com o Chevalier de Rohan, arrogante membro da nobreza, teria redundado em uma segunda temporada na Bastilha se Voltaire não tivesse se exilado na Inglaterra. Não se podia ofender um nobre impunemente, mesmo se o ofensor – como era o caso – estivesse coberto de razão. Este episódio causou uma profunda e duradoura impressão no espírito de Voltaire. A partir de então, seus textos passaram a batalhar pela distribuição equânime da justiça e a combater os privilégios imerecidos da nobreza. Voltaire enxergou claramente que, enquanto a aristocracia era corrupta e parasita, a burguesia francesa, além de pequena, era ineficaz, e o povo ignorante e supersticioso. A Igreja, fortalecida pela cobrança do dízimo obrigatório, representava um poder independente e temível que se opunha à monarquia. Talvez por ter estudado em um colégio de rigorosos jesuítas em seus primeiros anos, Voltaire era assumidamente anticlerical e foi sempre um crítico feroz das instituições religiosas. Isso lhe valeu a proibição de muitas de suas obras. Embora responsável por suas grandes fama e fortuna, a explosiva combinação de uma língua ágil e uma pena sarcástica e ferina motivou, ao longo de toda a sua vida, uma série de fugas repentinas e mudanças inesperadas de residência.

Em 1759, aos 65 anos, vamos encontrá-lo na Suíça, residindo numa imponente casa de campo chamada Les Délices, nas proximidades de Genebra, onde recebe regularmente visitas das mais celebradas cabeças pensantes da Europa. Neste ambiente ideal, ele concebe sua obra-prima, a novela filosófica *Candide ou L'Optimisme*. Com múltiplas narrativas aninhadas num grande painel de viagens através de três continentes, o livro lança mão de um variado arsenal de violências e desgraças que vão desde batalhas sangrentas, naufrágios, escravidão e terremotos até mutilações físicas, prostituição, sífilis e roubos, sem deixar de passar por um auto-da-fé, um enforcamento e alguns estupros. Com esses elementos, Voltaire constrói uma crítica muito bem-humorada sobre a hipocrisia da sociedade e a filosofia de sua época, sem se esquecer de tratar autoridades civis e eclesiásticas com comicidade e desprezo corrosivos. Além disso, caçoa o tempo todo da profunda crença que os aristocratas tinham em sua própria superioridade como direito de nascença.

O personagem-título, cuja personalidade corresponde exatamente ao nome que carrega, é gentil, muito simples e incorruptível. Criatura inocente no início da narrativa, sua fé na humanidade vai sendo posta à prova por meio dos acontecimentos. Altamente influenciável, Candide tem verdadeira adoração por seu mestre, o Dr. Pangloss, que a ele "ensinava metafísico-teólogo-cosmolonigologia", observando fatos irrefutáveis como ter o nariz sido feito especialmente para apoiar óculos, ou as pernas especialmente projetadas para servir nas meias, para concluir "que não há efeito sem causa". Numa paródia escancarada à corrente filosófica otimista então em voga, Voltaire tomou emprestada uma famosa frase do criador daquela linha de pensamento, o filósofo e matemático alemão Gottfried von Leibniz, e a pôs na boca de Pangloss. "Vivemos no melhor dos mundos possíveis" tornou-se a expressão mais conhecida da obra. O pobre Candide só se liberta completamente de sua convicção acerca da verdade da teoria panglossiana no final do livro, quando – candidamente, como não poderia deixar de ser – conclui que é preciso cultivar nosso jardim. A felicidade relativa que podemos alcançar está ao simples alcance de nossas mãos. O modesto otimismo com que Voltaire encerra seu texto é muito mais amadurecido do que o proposto por Leibniz e por Pangloss.

Recebido com unânime animosidade por vários setores do *establishment*, *Candide* foi queimado em praça pública em Genebra, proibido em Paris e colocado no *Index* do Vaticano. Entretanto, foi um sucesso enorme de vendas, esgotando rapidamente uma edição atrás da outra. O mundo inteiro leu *Candide*. Sua fama e o grande respeito granjeado pelo livro chegaram intactos ao século XX.

Também ao século XX chegou, igualmente intacto, o espírito da Inquisição, que se manifestou pontualmente nos Estados Unidos. Teve por moderno Torquemada um alcoólatra chamado Joseph McCarthy, eleito senador por Wisconsin. Na direção do HUAC (House Un-American Activities Committee), o Comitê de Atividades Antiamericanas, o diligente McCarthy declarou aberta, no início dos anos de 1950, a temporada oficial de caça aos comunistas, estimulando delatores e forçando testemunhas a forjar listas de nomes. Poucas vezes, na história, a comunidade artístico-intelectual foi tão atingida e dizimada. Em 1951, por ter se recusado a fazer denúncias perante o HUAC, o escritor Dashiell Hammett – autor da novela policial *O Falcão Maltês*, que o cinema adaptou com muito sucesso – foi condenado a seis meses de prisão. Sua companheira, a escritora Lillian Hellman, embora tivesse se recusado a depor, não foi presa, mas viu sua carreira de roteirista em Hollywood ser destruída. Não convinha à saúde da indústria cinematográfica trabalhar com suspeitos, pois o braço do HUAC era longo. As portas de todos os estúdios se fecharam para Lillian a partir de 1952.

Muito conhecida no meio literário desde a década de trinta, Lillian Hellman obtivera um êxito estrepitoso na Broadway com a comédia *The Little Foxes*, que serviu de base para o libreto da ópera *Regina*, de Marc Blitzstein, estreada em 1949 em Nova York. Foi durante os ensaios de *Regina* que Hellman conheceu o talentoso músico que auxiliava a produção, um regente e compositor de trinta anos que ficara famoso da noite para o dia em 14 de outubro de 1943, ao substituir, de última hora, o maestro Bruno Walter à frente da Filarmônica de Nova York num concerto no Carnegie Hall que foi transmitido pelo rádio para todo o país. Era Leonard Bernstein.

Embora de forma mais branda, Bernstein também viria a sentir o peso das garras do HUAC. Em fevereiro de

1953, ele havia estreado sua comédia musical *Wonderful Town* no Winter Garden de Nova York. O jornal *National Guardian*, de tendência esquerdista, havia comprado uma série de ingressos para uma data determinada, com cuja revenda pretendia angariar fundos para pagamento de fiança de prisioneiros. A récita foi sumariamente cancelada por ordem superior.

Foi provavelmente nessa época que Lillian Hellman propôs a Bernstein juntar as forças de ambos no sentido de adaptar, para a Broadway, o *Candide* de Voltaire que, com suas alusões explícitas à Inquisição, poderia funcionar como uma espécie de denúncia sutil dos excessos da caça às bruxas promovida pela caterva de McCarthy, cujo poder, atolado no lamaçal de sua própria incompetência e arrogância, declinava rapidamente em 1954. Nesse ano, Hellman e Bernstein deram início a seu *Candide*, mas o fizeram lentamente, pois estavam envolvidos em outro projeto conjunto, *The Lark*, a adaptação de *L'Alouette*, peça teatral do francês Jean Anouilh sobre a vida de Joana D'Arc. Enquanto Lillian preparava o texto em inglês, Leonard compunha a música incidental e, nos intervalos, trabalhava já em *West Side Story*.

Candide ficou pronto apenas em 1956. As letras das canções foram, na sua maioria, escritas por Richard Wilbur. Algumas outras foram assinadas por Dorothy Parker e também por John La Touche, e os próprios Bernstein e Hellman também contribuíram com algumas letras.

Após estrear em Boston a 29 de outubro, passou por New Haven e chegou finalmente ao Martin Beck Theater de Nova York, onde foi apresentada a 1º de dezembro. Com 73 récitas nessa primeira temporada, teria sido, como comentaram vários autores, um êxito estrondoso em termos de uma nova ópera, mas configurou um completo fracasso comercial em se tratando de um musical da Broadway. Nesse campo, a escala de medida de sucessos tinha parâmetros muito maiores. *My Fair Lady*, que estreou na Broadway no mesmo ano de *Candide*, teve 2717 récitas ininterruptas, estendendo a duração de sua temporada inaugural por dez anos.

Ao ouvirmos a opereta que resultou das sucessivas transformações do musical original, fica difícil entender o fracasso de uma peça que tinha tudo para ser bem recebida pelo público: boa música, cenários ambientados nos quatro cantos do mundo com seus respectivos figurinos e um argumento recheado de um sarcasmo insinuante que permitia à comédia passar uma mensagem crítica e séria em seu pano de fundo. Apesar disso, Hellman afirmaria algum tempo depois que aquela foi a mais desagradável de suas experiências teatrais e proibiu que seu nome permanecesse associado às futuras montagens de *Candide*. Outros participantes assumiram sua própria porção de culpa. O letrista Richard Wilbur afirmou que, naquele momento, tinha sido "muito literário e muito teimoso". Sir Tyrone Guthrie, o elegante inglês que havia dirigido a cena, comentaria depois com sua verve característica que a montagem tinha sido "um desastre artístico e financeiro" e que sua direção "andava aos pulos, com a mesma graça de um trem de carga muito carregado no declive de um precipício... Parecia que Rossini e Cole Porter, juntos, tinham rearranjado *O Crepúsculo dos Deuses*".

Enquanto Bernstein deixava *Candide* para trás para dedicar toda a sua energia à finalização de *West Side Story*, coube a Michael Stewart, o futuro autor do texto de *Hello Dolly*, cuidar da primeira revisão para uma turnê pelos Estados Unidos ainda em 1957. Stewart tornou a revisar a peça para sua estréia londrina dois anos depois.

Ao longo dos anos, *Candide* foi cortada, costurada e rearranjada. Canções trocaram não apenas de posição, mas também de personagens, e cenas fundamentais como a seqüência de Lisboa – importantíssima por conter um julgamento da Inquisição parodiando as audiências do HUAC – foram simplesmente eliminadas.

Numa pesquisa meticulosa, o veterano crítico inglês Andrew Porter tabulou todas as produções de *Candide* e as alterações ocorridas em cada uma delas, que, como ele mesmo afirma, "são fascinantes ao pesquisar e muito chatas ao ler". Mas é importante mencionar a grande reforma que a peça sofreu em 1973, dando origem à versão *Chelsea*, em um ato, assim chamada por ter estreado num teatro do Brooklyn com este nome. Um novo texto, escrito por Hugh Wheeler, substituía o de Lillian Hellman; Stephen Sondheim dedicou-se a criar novas letras para algumas das canções, enquanto Hershy Kay, que havia trabalhado na partitura original – agora reduzida pela metade –, escreveu uma nova orquestração. A direção musical foi confiada a John Mauceri, e Harold Prince foi o diretor cênico.

Embora não tivesse tomado parte nas alterações, Bernstein aprovou a nova versão. Após algumas semanas de sucesso no Chelsea Theater, o novo *Candide* regressou à Broadway com ajustes adicionais feitos sob medida para vencer. Venceu. Ficou um ano em cartaz.

Em 1982, para uma apresentação no New York City Opera, Wheeler, Mauceri e Prince se reuniram novamente e transformaram a versão *Chelsea* numa opereta em dois atos, restaurando grande parte da música eliminada, embora em lugares errados. Algumas passagens nunca antes utilizadas, compostas para a produção original, foram agora adicionadas com orquestração de Mauceri. Esta versão, muito bem recebida pelo público que lotou o teatro do Lincoln Center, é conhecida como *City Opera*. Mais uma vez, embora não tivesse participado, Bernstein concordou com as mudanças.

Esse processo contínuo de emendas e remendos teve, entretanto, um preço. Tanto a *Chelsea* como a *City Opera* afastaram-se completamente do propósito inicial dos autores. De Voltaire sobrou tão pouco que o próprio Mauceri, com rara honestidade, se viu compelido a afirmar: "Este *Candide* transformou-se em uma enorme piada. O coração, as lágrimas e a fé – claramente algumas das razões para que Voltaire escrevesse *Candide* – não se encontravam em nenhum lugar das versões pós-Lillian Hellman. Também a música estava fora de ordem"

Mauceri conseguiu convencer Bernstein a trabalhar com ele em parceria. Juntos, examinaram o material musical sobrevivente, e o autor manteve as mudanças que enriqueceram a partitura ao longo dos anos, ao mesmo tempo em que restaurava as passagens pertencentes à composição original por ele consideradas melhores do que suas substituições. Como Wheeler já havia falecido, John Wells assumiu seu lugar. O resultado do trabalho foi excelente, conseguindo resgatar as intenções que haviam movido os compositores nos anos de 1950. Vamos ouvir, mais uma vez, John Mauceri:

> A nova versão restaura muito de Voltaire no texto de Wheeler... Agora, o *Lamento* de Candide está colocado no lugar que o compositor sempre quis, próximo ao início do espetáculo. A música de Paris está em Paris, a de Veneza em Veneza. *We Are Women*, escrita para Londres, foi restaurada pela primeira vez em 31 anos. *Nothing More Than This*, escrita nos anos 50, foi devolvida à partitura e colocada na posição desejada pelo compositor. *A Canção das Risadas* de Martin, escrita em 1971, é uma das restaurações principais. Desde a entrada em Veneza até o final do espetáculo, os números musicais fluem quase sem nenhum diálogo, em direção ao glorioso final.

Após 35 anos, *Candide* encontrava, finalmente, seu formato definitivo. A versão renovada foi produzida em 1988 pela Scottish Opera e, no ano seguinte, gravada em Londres com um elenco estelar regido pelo próprio Leonard Bernstein.

Se o Dr. Pangloss pudesse ter estado presente às sessões de gravação, sairia do estúdio cheio de motivos para afirmar que com essa música alegre, colorida e inspirada, nós vivemos no melhor dos mundos possíveis. Pudera! Iluminado à distancia pelo espírito de Voltaire, Leonard Bernstein cultivou, com muito apuro e carinho, seu próprio jardim.

Publicado no programa de Candide,
Theatro Municipal de São Paulo,
em outubro de 2005

PARTE VI

INICIANDO O SÉCULO XXI

João Guilherme Ripper, fotografado no Rio de Janeiro em 2005, aos 46 anos de idade. Ripper é o compositor de O Anjo Negro, *a primeira ópera brasileira a estrear no século* XXI. *Foto: Beto Felício.*

HAROUN NO JARDIM

Um velho professor meu costumava afirmar que a História se assemelha a uma mola helicoidal. Assim como os círculos de arame de aço que se sobrepõem, os eventos se repetem ciclicamente, ligados pelo fio contínuo e ascendente da passagem do tempo. Se compararmos a grande produção de óperas na Itália, durante o século XIX, com a febre composicional que tomou conta do gênero nos Estados Unidos durante os últimos, digamos, vinte anos, a assertiva do meu velho mestre mostra-se absolutamente verdadeira. Um rápido levantamento aponta cerca de 230 estréias de óperas americanas apenas nos últimos cinco anos.

A sistemática é idêntica nos dois casos. Da mesma forma que os teatros italianos de então, fundações e teatros americanos de hoje comissionam autores para criar novas óperas. Na maioria das vezes, os libretos continuam nascendo da literatura corrente, de peças teatrais ou livros. Assim como Verdi e Puccini se inspiraram respectivamente nas obras de Victor Hugo e Victorien Sardou para criar *Rigoletto* e *Tosca*, André Previn compôs *Um Bonde Chamado Desejo* a partir da peça de Tenessee Williams, e William Bolcom escreveu *Panorama Visto da Ponte,* baseando-se em Arthur Miller. No passado, Carlos Gomes transformou o livro de José de Alencar em *Il Guarany;* em 1999, Lowell Liebermann converteu em ópera a famosa novela de Oscar Wilde, *O Retrato de Dorian Gray.*

Assim também procedeu Charles Wuorinen, ao adaptar para o palco lírico a deliciosa fábula contemporânea de Salman Rushdie, *Haroun e o Mar de Histórias.* Wuorinen – compositor, maestro e pianista – é um nome importante no meio musical erudito norte-americano. Nascido em 1938, este nova-iorquino que recebeu das mãos da viúva de Stravínski os últimos esboços musicais deixados por seu marido para serem usados num *Relicário para Igor Stravinsky*, tornou-se em 1970 o mais jovem compositor a receber o Prêmio Pulitzer de Música.

Ele começou a escrever música aos cinco anos de idade e tem em seu ativo, até o momento, mais de duzentos composições que se estendem desde balés e concertos até música eletrônica, passando por canções, peças corais e música de câmara. A ópera também não é um gênero novo para ele: em 1967, escreveu *The Politics of Harmony: A Masque*, e em 1975, *The W. of Babylon or The Triumph of Love over Moral Depravity.*

Não é difícil compreender o fascínio que a história de *Haroun* exerceu sobre Wuorinen.

O pequeno livro de Salman Rushdie é uma grande obra, com uma dimensão intelectual muitas vezes maior do que seu tamanho físico. Tão simples na linguagem quanto profunda na mensagem, a narrativa é recheada de citações facilmente identificáveis pelos leitores que, como eu, pertencem à mesma geração de Rushdie, nascido em 1947.

Haroun, o personagem principal, e seu pai Rashid Khalifa, têm seus nomes derivados do legendário califa

Harun-al-Rashid[1], presente em um grande número de contos de *As Mil e Uma Noites*, cujos heróis povoaram nossa imaginação quando crianças. Através dessa simples referência, o autor situa sua história, já nas primeiras páginas, no mesmo mágico mundo oriental habitado por Simbad e Ali-Babá.

Nossas lembranças infanto-juvenis são reavivadas também em uma série de outras passagens. Tanto a viagem interplanetária de Haroun para Kahani, a segunda Lua da Terra, quanto a expedição do exército Gupi para resgatar a princesa e combater o sinistro Mestre do Culto, com seus líderes montando cavalos mecânicos alados, parecem extraídas das excelentes tiras de quadrinhos desenhadas por Alex Raymond em seu *Flash Gordon no Planeta Mongo.*

Aqui e ali, o autor semeia suas *private jokes.* Algumas são divertidas, como a citação de autores famosos quando o Guerreiro das Sombras gagueja dizendo "Gogogol" ou tosse formando o som "Kafkafka". Outras têm um sabor um pouco mais amargo, como apelidar o pai de Haroun de "o Xá do Bla-bla-blá", e batizar sua mãe, que abandona o lar, de Soraya, o mesmo nome da esposa repudiada pelo Xá do Irã.

Como sabemos, depois que o Xá foi deposto e o aiatolá Khomeini assumiu o governo, Rushdie teve sua cabeça posta a prêmio pelo novo regime iraniano, devido a certas afirmações feitas em seu livro *Versos Satânicos.* Foi neste contexto que Salman Rushdie criou *Haroun e o Mar de Histórias*, destinado a explicar a seu filho pequeno a necessidade constante de lutar contra as mordaças, físicas e intelectuais. A moral desta fábula moderna, que emprega os desastres ecológicos e a poluição causada pela indústria como tristes metáforas, é mostrar como a alegria e a graça da vida dependem da

1. Harun-al-Rashid, cujo nome os antigos compêndios portugueses grafam como *Hárune Arraxide*, existiu realmente. Nasceu na Pérsia em 763, e viveu até 809. Foi o quinto califa abássida do império muçulmano oriental. Grande estudioso, chamado de "o chefe dos crentes", apoiou sempre a música e as artes, e viajava freqüentemente disfarçado para melhor conhecer as condições de vida de seu povo.

liberdade de expressão, que deve ser conservada a qualquer custo. É uma mensagem de esperança.

O libreto da ópera segue de perto o original de Rushdie. Foi escrito pelo respeitado literato e poeta inglês James Fenton, que acrescentou a figura de um narrador para melhor unir as partes. A *premiere* oficial da ópera de Wuorinen está prevista para outubro de 2003, na New York City Opera, com direção de Mark Lamos.

Não satisfeita apenas em trazer as partituras dos melhores trechos da composição para o Brasil, Bea Esteve dispôs-se carinhosamente a divulgá-los nos jardins de sua casa, reunindo para isso os artistas necessários e adequados.

Graças ao discreto mecenato de Bea, os paulistanos poderão conhecer, antes da estréia, a música de uma das primeiras óperas do terceiro milênio.

Publicado no programa distribuído nos jardins da casa de Bea Esteve, durante a encenação privada de Haroun and the Sea of Stories, *em outubro de 2003*

ANJO NEGRO: CRÍTICA

Anjo Negro é uma ópera feita para quem gosta de ópera, sem a mínima intenção de ser experimental ou de inventar uma nova escola. Inspiradíssimo, o compositor carioca João Guilherme Ripper realizou uma partitura moderna que respeita, como ensinou mestre Giuseppe Verdi, todos os valores tradicionais que a arte do teatro lírico acumulou durante sua existência. Transformação sem ruptura.

Temos assim, por exemplo, no primeiro ato, uma magnífica *Ave Maria* sob forma de *concertato* cantado pelas senhoras no velório do pequenino filho de Ismael e Virginia, personagem que depois ganha uma ária importante, de muita dramaticidade e de grande beleza. A ópera tem também o equivalente moderno de uma cena de loucura, confiada à tia, com enorme carga emocional. Há duetos e trios, e todos os episódios se sucedem de forma contínua, interligados por grandes ariosos, e vez ou outra por trechos *parlati*, únicos momentos em que o autor, com muito bom gosto, se serve da ferramenta da atonalidade. A música vocal é toda tonal. Ripper, profundo conhecedor de vozes, cria forte tensão teatral quando a narrativa assim o exige, escrevendo saltos de oitava que levam os cantores de sua região central a agudos extremos, com ótimo resultado dramático. Mas teve o cuidado de respeitar os cantores, adaptando a linha vocal de cada um dos personagens às possibilidades de cada um dos intérpretes escolhidos. Enquanto isso, no conjunto de câmara, vão brotando evocações de Puccini e Shostakóvitch, sublinhados por ritmadas percussões indiscutivelmente brasileiras.

Ripper, assim como Debussy havia feito com o texto de Maeterlinck em seu *Pelléas et Mélisande*, dispensou a elaboração de um libreto. Com um mínimo de alterações, sua música foi composta diretamente sobre as falas da peça homônima de Nelson Rodrigues, respeitando-se assim as intenções originais do dramaturgo, cuja peça tem uma carga operística natural, em função dos arquétipos que brotam dos personagens.

Nossos cantores, muito bem escolhidos, mostraramse à altura da pesada tarefa. O barítono Sebastião Teixeira compôs um Ismael assustador física e vocalmente, conferindo ao personagem grande autoridade, enquanto o *mezzo* Regina Elena Mesquita, com seu suntuoso colorido vocal, se transformou completamente em Virginia no palco. Andréa Ferreira, que hoje vive e trabalha na Itália, voltou ao Brasil especialmente para participar da estréia de *Anjo Negro*; embora sua personagem tenha uma parte pequena, entrando apenas no terceiro ato, ela soube usar toda a melancolia presente na gama de cores de seu registro de soprano lírico para construir uma Ana Maria de pungente inocência. Rubens Medina vive o apogeu de sua voz de tenor *lírico-spinto*, e interpretou Elias com agudos seguros e bonitos, e um *legato* muito bem construído. Destaque para as três primas rodriguianas: os tons prateados do soprano lírico Solange Siquerolli estabeleceram um belíssimo contraste com o veludo escuro e cálido dos *mezzos* Magda Painno e Adriana Clis. Ao mesmo tempo, Edna D'Oliveira, nosso soprano *lírico-leggero* por excelência, usando das qualidades que sempre a distinguiram, aliou seu timbre delicado e doce a uma elegante movimentação cênica na criação da personagem de Hortência.

A cena da alucinação da velha tia, da forma como foi cantada e representada pelo soprano Maude Salazar, destina-se a marcar época como um dos grandes momentos da história da ópera contemporânea. Eduardo Amir, Murilo Neves e Carlos Eduardo Marcos, os carregadores, tiveram também uma atuação irrepreensível.

A direção de André Heller, que leva a ópera no coração, fez de todos os cantores grandes atores. Sua concepção de movimentos, sempre marcados em cima da música, trouxeram grande fluidez e plasticidade à cena.

O maestro Abel Rocha, diretor musical do espetáculo, demonstrou, no decorrer do árduo processo que se faz necessário para o preparo da estréia absoluta de uma ópera, ter atingido definitivamente sua maturidade profissional e intelectual. Foi possível apreciar o fruto de todo esse preparo acompanhando sua regência. Contida quando a partitura assim o exigia, arrebatada – mas sem descabidos exageros teatrais – quando se tratava de destacar emoções, a regência de Rocha trouxe um aporte de qualidade à recém-nascida partitura, que poderia ser arruinada por um outro maestro que não tivesse a capacidade de ler aquilo que o autor escondeu atrás das notas escritas no papel.

O pequeno conjunto de câmara esteve à altura do espetáculo, muito bem preparado e ensaiado, com destaque para o violino de Maria Ester Brandão e o violoncelo de Ana Chamorro, que não tiveram praticamente um só momento de descanso durante toda a execução.

Viram? O texto de um dramaturgo brasileiro, tratado musicalmente por um compositor brasileiro, se transforma numa ópera que é brilhantemente produzida e apresentada apenas por intérpretes e diretores brasileiros. Assim, não dá gosto de ser brasileiro?

Publicado no site Movimento.com,
em 14 de julho de 2003, por ocasião da estréia
absoluta da ópera Anjo Negro, *de Ripper*

PARTE VII

ÓPERA NO RÁDIO

O autor, nos estúdios da Rádio Cultura FM de São Paulo. Foto: Geraldine Quaglia.

MARIA PADILLA

Maria Padilla é a 66ª ópera de Gaetano Donizetti, composta para a inauguração da temporada 1841-1842 do Teatro Alla Scala de Milão. Foi a última das cinco óperas que ele escreveu sob encomenda para aquela sala. As anteriores foram *Chiara e Serafina* (1822), *Ugo Conte di Parigi* (1832), *Lucrezia Borgia*(1833), e *Gemma di Vergy* (1834).

O empresário do Teatro Alla Scala, Bartolomeo Merelli, que passou à história por ter induzido Verdi a compor o *Nabucco*, era um velho conhecido de Donizetti. Ambos haviam nascido em Bergamo, e Merelli foi o libretista de quatro das primeiríssimas óperas de Donizetti, entre as quais a *Zoraida di Granata*, que fez com que o compositor ficasse conhecido. Com o passar dos anos, Merelli tornou-se um empresário teatral muito importante. Em 1836, ele assumiu, praticamente ao mesmo tempo, a administração do Teatro Alla Scala de Milão e do Kärntnertor de Viena.

Havia um certo ressentimento não explicado de Merelli contra Donizetti, cujo motivo nunca ficou muito claro, talvez uma ponta de inveja da fama que o compositor vinha construindo. Embora o Scala programasse óperas conhecidas de Donizetti, Merelli, em seus cinco primeiros anos, manteve Donizetti afastado de novas produções, sem contratá-lo para compor nenhuma ópera nova.

Merelli era muito pouco escrupuloso ao tratar de negócios. Em 1839, ele obteve, não se sabe por que meios, a partitura de uma ópera inédita de Donizetti, *Gianni di Parigi*, que o autor havia composto como um presente para o tenor Giovanni Battista Rubini, e que jamais tinha sido montada. Merelli a estreou no Scala sem avisar – e nem pagar – nada a Donizetti, que nesta época já morava em Paris. O compositor escreveu duas cartas indignadas, dirigidas à direção do Scala e à Casa Ricordi. Isso deve ter agravado ainda mais o ressentimento do empresário.

Mas o que Merelli não podia mais ignorar era o fato de que em 1840, Donizetti era o maior compositor italiano vivo. Os ecos de seus grandes sucessos chegavam constantemente de Paris, e seu nome representava garantia de um bom retorno financeiro por meio da bilheteria. Por outro lado, o que Donizetti não podia – e não queria – ignorar é que o Scala era o teatro mais importante da Itália e uma das salas mais importantes da Europa, e ele morria de vontade de voltar a trabalhar ali, o que não acontecia desde 1835.

Merelli, que era antes de tudo um empresário, resolveu fazer as pazes e, aproveitando uma visita de Donizetti a Milão em 1840, encomendou não uma, mas duas óperas, uma para o Scala, que seria *Maria Padilla* e a outra para Viena, que viria a ser *Linda de Chamounix*.

A Gênese

Foi o próprio Donizetti que escolheu o argumento, baseado na peça teatral *Maria Padilla*, de François Ancelot, que estava sendo representada em Paris em 1838, ano em que Donizetti se mudou para lá.

Maria Padilla foi uma personagem histórica real, a amante do rei Pedro I de Castela, o Cruel, uma ligação que começou muito tempo antes e continuou muito tempo depois do casamento do rei com a princesa francesa Blanche de Bourbon.

O resumo do argumento é o seguinte: a ópera se passa em meados do século XIV, na Espanha, no reino de Castela. Maria Padilla, filha de Don Ruiz de Padilla, e o príncipe Pedro se apaixonam. Antes de fugir com Maria para a corte, Pedro jura diante da cruz que ela será sua esposa. Quando Pedro se torna rei, ele e Maria estão casados. Maria jurou manter a união em segredo, e vive no palácio real em Sevilha oficialmente como amante do rei. Por motivos políticos, combina-se o casamento de Pedro com Blanche de Bourbon, que chega à corte para ser coroada rainha de Castela. Na cena final, Maria arranca a coroa da cabeça da princesa francesa, grita a todos que ela é a verdadeira esposa do rei, a única rainha, e se apunhala mortalmente.

Cuidadoso, Donizetti elaborou um esboço e o enviou para Merelli em abril de 1841 – a ópera deveria estrear em dezembro – para obter a aprovação da censura. Merelli só respondeu em julho – três meses perdidos –, dizendo que a censura havia liberado e indicou como libretista Gaetano Rossi, decano dos poetas teatrais italianos. A primeira parte do texto de Rossi só chegou às mãos de Donizetti em Paris no final de julho, e aí ele começou a compor imediatamente.

Rossi era um libretista da velha escola, autor de mais de cem libretos e tinha trabalhado com Mayr, Rossini, Meyerbeer; ele não estava, entretanto, conseguindo atender às necessidades dramáticas de Donizetti; suas cenas eram rebuscadas, estavam longas demais. Preocupado, Donizetti acabou vindo a Milão em setembro, para trabalhar pessoalmente com Rossi no texto, e acabou se tornando co-autor do libreto. É por isso que algumas publicações atribuem o libreto a Gaetano Rossi e a Gaetano Donizetti.

O extremo cuidado de Donizetti com o libreto e a partitura tinha sua razão de ser. Ele ansiava – e suas cartas demonstram isso – por um grande sucesso no Scala, onde ele não trabalhava há sete anos, desde a estréia da segunda versão de *Maria Stuarda* em 1835.

Os Cantores

Como de costume, Donizetti fazia música vocal sob medida para os cantores escalados para a estréia. Este é o motivo pelo qual ele atribuiu o principal papel masculino, o do rei Pedro, ao barítono, quando, dentro dos padrões do romantismo, o jovem apaixonado normalmente seria um tenor. Acontece que o tenor contratado pelo Scala era Domenico Donzelli, também nascido em Bergamo, velho amigo de Donizetti. Mas Donzelli estava com 51 anos, cantava há mais de trinta – estreou em 1809 – e sua carreira se aproximava do fim; era um intérprete do pré-romantismo de Mayr, Paisiello e Rossini, e encontrava alguma dificuldade na nova música romântica de Donizetti e Bellini. Donizetti escreveu para ele então o papel de Don Ruiz, o pai de Maria, compatibilizando inclusive seu *physique du rôle* com o personagem, e atribuiu o papel de Don Pedro, o jovem rei apaixonado, ao barítono Giorgio Ronconi, um de seus cantores favoritos. Ronconi foi o primeiro intérprete em seis de suas óperas, estava então com apenas 31 anos e, três meses depois, passaria à história como o criador de Nabucco na ópera homônima de Verdi.

Ajustar o primeiro soprano, a *prima-donna*, foi um pouco mais complicado. Ainda em Paris, Donizetti escreveu quase meia ópera pensando no soprano Erminia Frezzolini para a parte de Maria Padilla. Frezzolini era uma grande intérprete donizettiana, e tinha feito um sucesso extraordinário em Milão com a *Lucrezia Borgia*. Mas, neste meio tempo, ela ficou grávida e esperava o filho para dezembro ou janeiro, e não poderia portanto cantar. Para substituí-la o teatro chamou o soprano alemão Sophia Löewe, que embora fosse também uma grande cantora, tinha um tipo de voz totalmente diferente. Frezzolini executava com grande facilidade coloraturas "estratosféricas"; Löewe embora tivesse uma voz maior, não tinha tanta facilidade no canto *fiorito*.

Para que o ouvinte possa entender melhor a diferença entre as duas, Frezzolini foi a primeira Giselda em *I Lombardi*, e a primeira *Giovanna D'Arco* de Verdi, enquanto Sophia Löewe passou à História por ter criado a parte de Elvira no *Ernani*, do mesmo autor.

Assim, Donizetti, sem tempo para reescrever a ópera, teve que adaptar sua primeira metade para a voz de Sophia Löewe, simplificando alguns *abellimenti* e simplesmente cortando certos outros trechos que ela não conseguia cantar, pois a estréia se aproximava e não havia tempo a perder.

Últimos Problemas

Poucos dias antes do ensaio geral, marcado para 10 de dezembro de 1841, Donizetti recebeu uma má notícia. Embora originalmente a censura tivesse aprovado o esboço, tinha agora vetado o final, que era o mesmo da peça de teatro, com o suicídio de Maria em cena. Maria estava proibida de suicidar-se em público.

Não se sabe ao certo o que se passou na cabeça dos censores, pois a *Lucia de Lammermoor* – que termina com o suicídio de Edgardo em cena – havia sido liberada sem cortes pelos mesmos censores algum tempo antes.

O motivo dos censores nunca ficou muito claro, mas é provável que, além do suicídio, o fato de Maria arrancar a coroa da cabeça da princesa fosse encarado como atitude de lesa-majestade, inadmissível nos domínios do império austríaco ao qual Milão pertencia. A verdade é que Donizetti recebeu uma sugestão muito "gentil" da censura, com duas opções. Ou se alterava o final, ou não se representava a ópera. Donizetti, evidentemente, escolheu a primeira.

De acordo com os censores, o rei deveria reconhecer Maria como sua verdadeira esposa e ela então morreria de alegria, de uma overdose de felicidade, com direito inclusive a arrancar a coroa da rival francesa, pois, agora, ela era rainha.

Donizetti, muito a contragosto, pressionado pelo tempo e pelo teatro, foi obrigado a aceitar essa solução, da qual ele não gostou nem um pouco. Além de, sob o aspecto teatral, a cena ficar muito fraca, distorcia-se completamente o caráter, a forte personalidade da personagem, que embora amasse Pedro, amava mais ainda o trono. Não era do tipo de morrer de contentamento assim que virasse rainha, sem desfrutar do posto.

A alteração do final obrigou Donizetti a cortar a cabaleta irada que Maria cantava antes de apunhalar-se. Sem uma peça de efeito no final, tão ao gosto do público italiano, o autor ficou muito receoso quanto ao sucesso da estréia; felizmente os temores foram infundados e a nova ópera foi muito bem recebida pelos espectadores no teatro.

Maria Padilla inaugura então a temporada do Scala em 26 de dezembro de 1841, temporada importantíssima para a história da ópera, pois é nela, em março de 1842, que Verdi estréia seu *Nabucco*.

Para que se tenha uma idéia do grande prestígio de Donizetti, basta comparar alguns números: *Nabucco*, que transformou Verdi instantaneamente num compositor famoso, teve oito récitas na temporada. *Maria Padilla* teve 24, com a casa sempre lotada. A partir da terceira récita, o entusiasmo do público e da imprensa não parou de crescer.

Comentários sobre a Partitura

O Donizetti que volta agora ao Scala é um autor que viveu por três anos na capital musical da Europa, Paris, e apesar de manter-se *integralmente um autor italiano*, assimilou os diversos tipos de ópera francesa, *grand-opéra*, *opéra-comique*, o que lhe permitiu romper um pouquinho com certas fórmulas rígidas utilizadas na composição italiana, aquelas *cadenzas*, as cabaletas intermináveis que passam agora a ser um pouco mais livres; além disso, a França lhe ensinou o uso da cor local na partitura, procurando associar certos momentos da música ao país onde o argumento da ópera se passa.

Na *Lucia de Lammermoor*, escrita seis anos antes, não encontramos nenhuma nota musical sequer que faça alguma menção à Escócia; mas agora, na *Maria Padilla*, por exemplo, o coro que abre o segundo ato, "Nella reggia dell'amor", com seu ritmo fervilhante de *jota*, nos conduz imediatamente à uma corte espanhola.

Além disso, Donizetti encontrou em Paris orquestras de um nível profissional elevadíssimo, como ele jamais havia conhecido na Itália – o que, aliás, já havia acontecido com Rossini antes. Donizetti aproveitou o contato com essas formações para enriquecer sua orquestração, não em volume, mas na delicadeza das figurações, na variedade e riqueza das cores. Não é nenhuma mudança brusca de estilo, nenhuma revolução. Este cuidado na instrumentação já existia em algumas óperas anteriores – como na cena da prisão de *Roberto Devereux* – mas a partir da *Maria Padilla* passa a ser a regra e não mais a exceção.

Quanto à parte vocal, embora tenha utilizado formas um pouco mais livres, como já foi dito, Donizetti lançou mão de todas as convenções italianas possíveis: estava compondo para o público do Alla Scala de Milão. Há cabaletas brilhantes, repletas de coloratura, para cada uma das irmãs Padilla – são dois sopranos; uma ária de *vendetta* para o pai de Maria, um tenor; e um desafio para um duelo – Don Ruiz, o pai de Maria desafia o rei, um barítono, no mesmo estilo usado no dueto-desafio da *Lucia di Lammermoor* para os mesmos registros vocais.

Há também uma grande cena de loucura; não uma ária, mas uma grande cena, que leva mais de vinte minutos.

Donizetti já havia escrito cenas de loucura para barítono no *Il Furioso all'isola di San Domingo* e no *Torquato Tasso*, para baixo no *L´Esule di Roma*, para soprano na *Lucia*. Desta vez, na *Maria Padilla*, quem enlouquece é o tenor. Após desafiar o rei, que não o reconhece, Don Ruiz vai para a prisão e é submetido ao castigo infame do *bastinado*, que consistia em levar umas bastonadas nas nádegas e na planta dos pés, destinado apenas à ralé. Don Ruiz enlouquece não de dor, mas de vergonha, no melhor estilo do romantismo. O tenor tem de usar uma voz incerta, sofrida, envelhecida.

Mas o trecho mais famoso da ópera é o dueto das irmãs do segundo ato, "Ah figlia incauta", cuja secção final é uma digna descendente do *Mira o Norma* da Norma de Bellini.

Trajetória da Ópera

Após o grande sucesso de Milão, a ópera foi produzida em março de 1842 – três meses depois – no Teatro Grande de Trieste. Donizetti, que não tinha concordado com o final imposto pela censura de Milão, criou um terceiro final, um *lieto fine* (final feliz), onde Maria Padilla não morria mais.

No novo final, após Maria arrancar a coroa da cabeça da princesa francesa, o rei, comovido, abandona as razões de estado, deixa-se vencer pelo amor e proclama ante todos – espanhóis e franceses – que Maria é sua verdadeira esposa e rainha de Castela. O público de Trieste adorou o final, que embora não tivesse nada a ver com a peça de Ancelot, restaurava a verdade histórica de alguma maneira. Na vida real, Pedro, o Cruel, se separou de Blanche rapidamente, o casamento durou pouco, e Maria continuou sua amante até o fim de sua vida.

O soprano que cantou Maria Padilla em Trieste foi a grande Eugenia Tadolini, a responsável pelo sucesso posterior da ópera; "um canhão de voz" nas palavras de Donizetti, que escreveu especialmente para ela uma cabaleta brilhante para o final feliz e restaurou todas as coloraturas que haviam sido cortadas da partitura em Milão.

Esta permanece a versão definitiva da ópera, que corresponde à gravação que nós ouviremos, feita em um estúdio de Londres em junho de 1980.

Em seus primeiros dezoito anos de vida, além das montagens italianas, *Maria Padilla* foi apresentada com regularidade em toda a Europa: dez cidades diferentes da Espanha, muito provavelmente pelo interesse que o argumento despertava, na França, em Portugal, Viena, Ilha de Malta, até em Odessa. A partir de 1859 a ópera perde um pouco a força até desaparecer do repertório em 69, 28 anos depois da estréia. As únicas montagens de que se tem notícia fora da Europa são, curiosamente, em Lima, no Peru, e no Rio de Janeiro, essa em 1856 com o tenor Enrico Tamberlick, o primeiro Don Alvaro na *Forza del Destino* de Verdi.

Mais de um século depois foi redescoberta na Inglaterra e apresentada em Londres em forma de concerto, em 1973. Na década de 80 houve cinco novas produções, na Itália, nos Estados Unidos e na Inglaterra.

Uma última curiosidade: há uma passagem na cabaleta de Ines, a irmã de Maria, que é muito parecida com o "Gentile di cuore", a primeira ária de Ceci no *Il Guarany* de Carlos Gomes. A dúvida que fica é a seguinte: seria coincidência ou reminiscência? Teria Carlos Gomes alguma vez folheado uma velha partitura de Donizetti? Sabemos que Carlos Gomes chegou à Itália pela primeira vez em 1863. A última produção italiana de *Maria Padilla* no século XIX aconteceu em Foggia, em 1869, um ano antes da estréia de *Il Guarany*.

Roteiro para apresentação da gravação completa da ópera Maria Padilla *pela Rádio Cultura* FM *de São Paulo, em 22 de agosto de 1999*

IL BARBIERE DI SIVIGLIA

Gênese

A primeira pergunta que se faz é por que Rossini, entre tantos outros temas, escolheu justamente *Le Barbier de Seville* de Beaumarchais, que representava um perigo potencial porque iria ser comparada – como de fato foi – com o grande sucesso que fazia a ópera sobre o mesmo argumento escrita pelo grande Giovanni Paisiello, que embora composta em 1782, tinha ainda grande número de entusiastas. A resposta é simples. Não foi Rossini que escolheu o tema; o argumento foi-lhe imposto pelo contrato. Vamos ver como essa história se desenrolou.

Em 1815, apesar de ter apenas 23 anos, Rossini já era um compositor de bastante fama, tinha escrito quinze óperas, entre as quais *Tancredi*, *L'Italiana in Algeri* e *Il Turco in Itália*. Rossini havia deixado Veneza e se fixara em Nápoles, contratado pelo prestigioso Teatro San Carlo.

Mas, nesse ano, houve uma violenta epidemia de peste em todo o sul da Itália e Rossini, prudentemente, tratou de escapar a tempo assinando um contrato para compor sua primeira ópera para Roma.

Em 1815, havia dois teatros de ópera famosos e rivais em Roma: o primeiro era o Teatro della Torre Argentina, assim chamado porque era vizinho do *palazzo della Torre Argentina* do Bispo de Estrasburgo. O Teatro Argentina, como era conhecido pelos freqüentadores, era a sede da ópera séria na cidade. O outro era Teatro Valle, que apesar de apresentar eventualmente óperas sérias, era o espaço oficial dedicado às temporadas de ópera bufa em Roma.

Rossini assinou seu primeiro contrato romano com o Teatro Valle, para compor *Torvaldo e Dorliska*, com libretto de Cesare Sterbini. Era uma ópera de resgate, aquele tipo em que um dos protagonistas está preso, e outro passa a ópera inteira tentando resgatá-lo, como o *Rapto do Serralho* de Mozart. *Torvaldo* é uma ópera semi-séria, com elementos bufos, e não fez muito sucesso na estréia.

Enquanto isso, o Teatro Argentina, que era dirigido pelo duque Francesco Sforza Cesarini, atravessava sérios problemas financeiros e estava a ponto de ir à falência. A última esperança de Sforza Cesarini foi contratar Rossini para compor uma ópera bufa, tirando-o do teatro concorrente. O duque esperava que uma ópera bufa com um autor de sucesso rendesse melhor bilheteria do que os dramas que ele vinha encenando. Originalmente, o tema escolhido para a nova comédia era a história de um triângulo amoroso escrita pelo poeta Jacopo Ferretti (futuro libretista de *La Cenerentola*), mas a trama era muito ruim e ninguém gostou.

Segundo Stendhal, o primeiro biógrafo de Rossini, o duque Sforza tinha problemas sérios com a censura, que vetava seus libretos um atrás do outro, até que uma tarde, Sforza perguntou ao governador de Roma: "Posso encenar uma nova ópera com o tema do Barbeiro de Sevilha?". Como o governador, muito enfadado naquele dia, não opusesse nenhuma objeção, o duque saiu correndo, contratou Cesare Sterbini para escrever o libreto o mais rápido possível. Sterbini trabalhou tanto com a peça original de Beaumarchais como com o libreto de Giuseppe Petrosellini que foi usado por Paisiello. Assim, Rossini não teve muita voz ativa na escolha do argumento, porque o duque tinha muita pressa.

Rossini, por sua vez, ficou preocupadíssimo com esta "concorrência" involuntária e escreveu uma carta muito respeitosa a Paisiello, o qual, do alto de sua fama, respondeu elegantemente desejando sorte ao jovem compositor. No libreto, Rossini assinou uma longa nota ao público, mencionando seu "respeito e veneração pelo compositor que o precedeu".

Na verdade ele tinha medo de uma reação enfurecida do público, o que realmente aconteceu na estréia porque *Il Barbiere di Siviglia* de Paisiello, apesar de ter sido composta há 34 anos, era ainda uma das grandes favoritas do público. Inicialmente, por respeito à obra de Paisiello, a composição Rossini-Sterbini recebeu o título de *Almaviva, ossia L'Inutile Precauzione.* Só mudou de nome para *Il Barbiere di Siviglia* ao estrear em Bolonha meses mais tarde, quando a ópera já era um sucesso enorme.

Nós não devemos nos esquecer que repetir um argumento era prática comum naqueles anos. Um mesmo libreto de Metastasio chegou a ser musicado por setenta autores diferentes, e o próprio Paisiello, sem muito sucesso, já havia escrito uma versão de *La Serva Padrona*, a famosíssima ópera de Pergolesi.

O duque Sforza, que precisava desesperadamente de um sucesso financeiro, conhecia muito bem o público italiano da época. Eram bem pouco educados, conversavam em voz alta, comiam, riam, e era mais fácil para eles acompanhar uma historia já conhecida, prestando atenção principalmente às árias e aos números de efeito do que se concentrar num argumento novo. Este é o motivo fundamental pelo qual Sforza escolheu *Il Barbiere.*

É bom lembrar também que Rossini não foi o primeiro, mas também não foi o último compositor a usar esta peça de Beaumarchais como argumento de ópera. Nem tampouco Paisiello. O primeiro compositor a escrever uma ópera chamada *Le Barbier de Seville* foi o próprio Beaumarchais em 1772, letra e música. Quando o Teatro Opéra-Comique recusou a ópera, Beaumarchais fez sucessivas mudanças e a transformou numa *comédie a vaudevilles*, ou seja, uma comédia com canções, com trechos cantados, que estreou em 1775.

Devido a sua origem operística, fica facílimo para os libretistas adaptarem a peça para o formato de uma ópera. Na verdade são quatorze as óperas escritas sobre o tema, a primeira de Johann André, logo no ano seguinte (1776), e a última em 1924 por um certo Torazza. Sem considerar a ópera do próprio Beaumarchais, que nunca foi encenada, antes de Paisiello existiram três versões, e entre Paisiello e Rossini mais seis óperas. Como se vê, o tema era muitíssimo conhecido, auxiliando a fácil assimilação do novo espetáculo.

Motivos do Fiasco da Estréia

A estréia do *Barbiere* foi confusa, conturbada, e as vaias correram soltas mesmo antes da ópera começar.

Num vasto artigo publicado em defesa de Rossini, o contralto Geltrude Righetti-Giorgi, a primeira intérprete de Rosina, que havia sido amiga de infância do compositor, descreve o clima antes da estréia:

> Quantas coisas foram ditas naqueles dias nas ruas e nos cafés de Roma. Invejosos e maldosos pretendiam que Rossini já tivesse esgotado sua antiga inspiração e manifestavam a maior surpresa ao ouvir que o nobre empresário do Teatro Argentina o contratara para uma ópera. Assim, todos se preparavam para sacrificá-lo e, para melhor consegui-lo, começaram a criticá-lo por ter escolhido um assunto já tratado por Paisiello; "vejam", dizia-se nas rodas, "até onde chega o orgulho de um jovem sem critério. Ele pretende

aniquilar o nome imortal de Paisiello, mas o insensato vai se arrepender".

Esse era então o clima que Rossini encontrou ao chegar ao Teatro Argentina, em 20 de fevereiro de 1816. Antes que a ópera começasse, assim que Rossini se dirigiu para o *fortepiano* – não era mais cravo – de onde ele iria dirigir a orquestra, rebentou uma tempestade de vaias. Eu prefiro citar a descrição que o próprio autor faz do acontecido:

> Eu estava usando um terno em estilo espanhol cor de avelã, com botões de ouro, que me caia muito bem (*a meraviglia*, no original) e que meu alfaiate tinha assegurado ser do maior bom gosto. Quanto a mim, eu o achava gracioso. Desafortunadamente, o público do Argentina não era do mesmo parecer, e minha entrada na orquestra excitou a unânime hilaridade dos meus juízes. Choviam zombarias de todas as partes sobre minha roupa; era natural que o proprietário de uma roupa que desagradava tanto o público devesse por ele ser julgado um estúpido e um ignorante. E sob esta encarniçada prevenção teve início a sinfonia.

Na verdade, além dos inimigos de Rossini, o teatro estava cheio do público habitual de ópera bufa, muito irritado por ter de trocar de teatro vindo ao Argentina, pois o Valle, como dissemos, era a casa da ópera bufa. Por conta disso, vaiaram também.

Aí, houve uma série de incidentes posteriores, na verdade hilariantes, que contribuíram para aumentar o clima de mercado de peixe que deve ter sido esta estréia. Vejamos:

O tenor era o famoso cantor espanhol Manuel Garcia. Sua primeira serenata não era ainda o *Ecco ridente in cielo*, que Rossini só compôs no dia seguinte, mas uma canção espanhola que Garcia fez questão de arranjar pessoalmente e acompanhar ao violão. Acontece que as cordas do violão quebraram. O público se matou de rir enquanto Rossini fazia gestos desesperados para que o violoncelista fizesse um *arpeggio in pízzicato* para substituir o violão, mas o músico evidentemente não entendeu nada e as risadas só aumentaram.

Quando Fígaro entrou para o "Largo al Factoctum" carregando um outro violão, as risadas explodiram num volume tão alto que não foi possível ouvir a voz do barítono Luigi Zamboni.

O contralto Righetti-Giorgi, que era conhecida e querida pelo público romano, também foi vaiada com vigor logo de cara. Na sua rápida intervenção durante a segunda ária do Almaviva, "Se il mio nome", no momento em que ela diz apenas "Segui o caro, deh segui così", o público esperava uma cavatina como era de praxe, que não aconteceu, porque a grande ária de Rosina vem na cena seguinte, e foi suficiente para que a gritaria continuasse.

Rossini, impavidamente passou a aplaudir de pé os intérpretes após cada ária. Aí o bom humor de alguns freqüentadores se transformou em raiva, quando alguém gritou: "Vejam! O casaco de avelã está caçoando da gente!".

O azar continuou. O baixo Zenobio Vitarelli, que fazia Basilio, tropeçou num alçapão aberto no palco, teve uma queda feia e quase quebrou o nariz. Como resultado, cantou "La Calunnia" com um lenço no nariz – que não parava de sangrar –, enquanto o público, imaginando que a história do lenço fizesse parte da cena, considerou esse detalhe de muito mau gosto e passou a assobiar delirantemente, arruinando a ária do pobre baixo.

No início da *stretta* final do 1º ato, no momento em que todos cantam "Quest'avventura, a come diavolo mai finirà", um gaiato na galeria gritou "Eis os funerais do duque Cesarini!". O duque Francesco Cesarini, o empresário, tinha morrido durante os ensaios do *Barbiere*, e nem depois de morto foi poupado pelo público raivoso, que após ouvir o grito se pôs a vaiar novamente.

No segundo ato, houve a antológica história do gato que entrou em cena e assistiu a ópera do meio do palco, até levar um pontapé do baixo Bartolomeo Botticelli, que o despachou de volta para a coxia. Mas o gato, teimoso, voltou, e foi passando pelo meio das pernas de todos os cantores, que pulavam para evitá-lo. Não satisfeito, o bichano enfiou-se entre as saias da Rosina, de onde só se livrou após um pouco de luta, mas continuou no palco, correndo para cima e para baixo; enquanto a orquestra tocava, os cantores tentavam cantar como podiam e o público, em vez de agora assobiar, miava muito alto em coro.

Rossini foi para casa levando uma coleção de vaias nos bolsos do casaco cor de avelã. Devia ser extremamente controlado, pois quando os cantores foram até lá consolar o maestro, já o encontraram dormindo. Na noite seguinte, segunda récita, Rossini tratou cautelosamente de ficar doente e de não ir ao teatro. Ele contou, depois, que já estava dormindo, quando ouviu um barulho infernal na rua, e se escondeu aterrorizado, até que ouviu o povo gritando "Viva Rossini!". O *Barbiere* tinha triunfado na segunda noite, e seu sucesso não diminuiu até hoje.

O Contrato e a Urgência da Composição

Quando pensamos que hoje um compositor leva de três a quatro anos para compor uma ópera, é de se espantar com a rapidez com que uma obra-prima como *Il Barbiere di Siviglia* foi composta.

O contrato entre Rossini e o duque Sforza Cesarini foi assinado em 15 de dezembro de 1815. Até 17 de janeiro ainda não havia sequer libretista, Ferretti tinha sido rejeitado, e o jeito foi contratar Cesare Sterbini, que havia acabado de trabalhar com Rossini no *Torvaldo e Dorliska*.

Sterbini entregou o texto do primeiro ato em 25 de janeiro de 1816, e o segundo ato quatro dias depois, em 29 de janeiro. Apesar dessa pressa maluca, *Barbiere* tem o melhor libreto de todas as óperas rossinianas e um dos grandes responsáveis por seu sucesso.

Rossini entregou a música do primeiro ato ao copista em 6 de fevereiro. Não conheço a data precisa do término do segundo ato, mas a ópera estreou em 20 de fevereiro de 1816. Com toda esta corrida, Rossini tomou emprestado de si mesmo uma série de trechos de outras óperas anteriores, adaptando-as para a situação. O autor Charles Osborne identificou oito passagens:

1 – A abertura do *Barbiere* é exatamente a mesma de *Aureliano in Palmira*. Já tinha sido usada também, embora com pequenas variações, em *Elisabetta Regina d'Inghilterra*;

2 – A serenata de Almaviva, "Ecco ridente in cielo" vem do coro dos sacerdotes de *Aureliano in Palmira* ;

3 – A segunda parte da ária de Rosina "Io sono docile" é o rondó de Arsace "Non lasciarmi", no *Aureliano in Palmira* e também aparece na primeira cabaleta da rainha em *Elisabetta Regina d'Inghilterra*;

4 – O começo da ária de Basílio "La Calunnia", deriva também do *Aureliano*, do dueto Arsace-Zenobia . O crescendo vem do dueto Ladislao-Aldimira da ópera *Sigismondo*;

5 – Dentro do dueto Fígaro-Rosina "Dunque io son" a passagem cantada por Rosina sobre as palavras "Ah tu solo Amor tu sei", no finzinho do trecho, deriva da ária "Vorrei spiegarvi il giubilo" cantada por Fanny na *Cambiale di Matrimonio*;

6 – Na ária "A un dottor della mia sorte", enquanto Bartolo canta "I confetti alla ragazza, i ricami sul tamburo" a orquestra toca a melodia de um dueto do *Signor Bruschino*;

7 – No trio do segundo ato, a melodia cantada por Rosina no trecho "Dolce nodo avventurato" deriva do trecho "Voi che amato compiangete", da cantata *Egle ed Irene*;

8 – A música da tempestade no segundo ato já havia sido usada tanto em *La Pietra del Paragone* como em *L'Occasione fa il Ladro*;

Além disso, a *stretta finale* do primeiro ato "Mi par d'esser con la testa" vem do final do segundo ato de *La Vestale* de Spontini, do trecho "De son front, que la honte"; o início do trio do segundo ato, "Ah quel colpo inaspetatto", tem exatamente a mesma melodia da primeira ária de Simon nas *Estações* de Haydn. E ainda se comenta que a ária de Berta teria sido tirada de uma canção folclórica russa.

Como curiosidade, a última ária do tenor, "Cessa di più resistere", dificílima, iria ser aproveitada no rondó final de *La Cenerentola*, composta um ano depois.

Dois aspectos interessantes do contrato de Rossini:

Primeiro: o preço. Rossini recebeu quatrocentos escudos pelo *Barbiere*, o que dá menos de dois mil reais em valores atualizados, provavelmente muito menos do que recebeu a *prima-donna*.

Segundo: uma das cláusulas estipulava que durante o período do contrato, Rossini teria direito a alojamento gratuito, na mesma casa em que estava instalado o cantor Luigi Zamboni, o primeiro intérprete do papel de Fígaro. Esta proximidade – e amizade que surgiu entre os dois – teve conseqüências muito importantes para a história da ópera. Zamboni era classificado como baixo, embora tivesse uma tessitura mais clara, mais aguda, e ao adaptar o papel especificamente para a voz deste cantor, podemos dizer, embora o próprio Rossini ainda não soubesse, que ele inventou a voz de barítono.

Ilustrações para os intervalos da ópera
Il Barbiere di Siviglia, *transmitida ao vivo*
pela Rádio Cultura FM *de São Paulo do*
Metropolitan Opera House,
em 2 de fevereiro de 2002

LUISA MILLER

A Criação da Ópera

Luisa Miller estréia em Nápoles, no Teatro San Carlo, em 8 de dezembro de 1849. Mas a história de sua composição começa quatro anos e sete óperas antes.

Na época da produção da *Alzira*, que estreou no mesmo Teatro San Carlo em 1845, Verdi e Cammarano, que trabalhavam juntos pela primeira vez, haviam, no entusiasmo do momento, assinado um novo contrato para compor uma nova ópera para a temporada de 1847. Mas depois da estréia de *Alzira* – e de seu relativo insucesso– com algumas críticas pesadas e ofensivas por parte da imprensa napolitana, Verdi sentiu-se um pouco agastado com Nápoles, e passou os três anos seguintes tentando se livrar do contrato. Respondia as cartas que vinham do San Carlo com evasivas, procurando sempre adiar o projeto.

Neste período, entre 1845 e 1849, o mundo de Verdi fica muito maior. Sua importância cresce. Depois do sucesso do *Macbeth* em Florença, ele vai a Londres, estréia *Il Corsaro*, e em 1847 vai para Paris, onde fica por muito tempo, pois reencontra Giuseppina Strepponi, o soprano que havia cantado o papel principal do *Nabucco*, e se apaixona perdidamente por ela. Giuseppina viverá ao lado de Verdi até o fim de sua vida.

Nós estamos acostumados a pensar num Verdi velho, com aspecto de patriarca, de barbas brancas, mas nessa época ele tem apenas 35 anos, e, já famoso e financeiramente bem-sucedido, ao lado de Giuseppina, não tem nenhuma pressa de voltar. Fica na França por quase dois anos. Neste período, ele fez duas rápidas viagens à Itália em 1848, a primeira para comprar a fazenda de Sant'Agata, e a outra, no fim do ano, para os ensaios e estréia de *La Battaglia di Legnano*, a grande ópera patriótica que ele compôs em Paris com o libretto que Cammarano ia enviando aos poucos pelo correio.

Em 1848 houve uma série de revoluções liberais na Europa. Na Itália, além do famoso episódio conhecido como *Cinque Giornati* (cinco dias) em Milão, Veneza expulsou os austríacos e proclamou a República. Em Nápoles, que era um outro estado, o chamado reino das duas Sicílias, o rei foi forçado a outorgar uma constituição.

Em meio a toda essa confusão, a direção do Teatro San Carlo mudou de mãos e Verdi, de Paris, mandou uma carta ao empresário Vincenzo Flauto, considerando-se desobrigado do contrato. Mas não era esse o entendimento do teatro. Acontece que Salvatore Cammarano morava em Nápoles, era súdito do reino. A direção do San Carlo ameaçou mandar prendê-lo se a nova ópera, com música de Verdi, não ficasse pronta. Cammarano, que tinha mulher e seis filhos, e era muito amigo de Verdi, escreveu uma carta em forma de súplica utilizando provavelmente toda a sua retórica de excelente libretista, e conseguiu convencer o compositor a concordar.

Através de cartas eles consideraram inicialmente para argumento *O Assédio de Firenze*, um episódio patriótico italiano que a censura napolitana não deixou passar, porque mostrava o Papa e o imperador como inimigos encarniçados da liberdade italiana.

Em comum acordo, eles escolheram a peça de Schiller *Kabale und Liebe* (Intriga e Amor). Nas cartas, ela é tratada primeiro como *Eloisa Miller*, depois como *Luigia Miller* para finalmente tornar-se *Luisa Miller.*

Luisa Miller é a primeira ópera que Verdi compôs ao lado de Giuseppina Strepponi. Verdi voltou para sua Busseto natal com ela em agosto de 1849. Ele recebeu o libreto completo mandado de Nápoles por Cammarano e escreveu a música em seis semanas.

Como Giuseppina foi muito mal recebida pela sociedade provinciana de Busseto – não estavam oficialmente casados –, Verdi, talvez para adoçar Antonio Barezzi, seu benfeitor e sogro (pai da primeira esposa, Margherita, falecida), convidou-o para acompanhá-lo a Nápoles para a estréia de *Luisa.*

Partiram em outubro. A viagem foi complicada, eles foram por terra, em carruagem até Roma, onde havia uma epidemia de cólera; foram obrigados a ficar em quarentena quinze dias até poder partir para Nápoles, onde só chegaram em meados de novembro. Barezzi só assistiu aos ensaios, não teve tempo de ficar até a estréia. No caminho – a ópera era um assunto seríssimo naqueles dias – Verdi recebeu uma carta com duas más notícias: a primeira era que o tenor Bettini, escalado para a parte de Rodolfo, não iria mais cantar, pois estava sendo processado pela direção do teatro e ameaçado de ir para a cadeia por "cantar mal" (providência que se fosse tomada nos dias de hoje deixaria as prisões de certas cidades com lotação total). A segunda é que o Teatro San Carlo se encontrava em má situação financeira. Verdi havia combinado – estava no contrato – que ele receberia um terço do preço combinado, uma parcela de três mil ducados, logo após sua chegada. A direção, muito ríspida disse que iria pagar depois. Verdi, muito mais do que o dinheiro, tinha em alta conta o que ele considerava seu direito. Achando que havia sido desrespeitado, ele mandou um ultimato à direção do teatro por meio do empresário Flauto: ou pagavam o combinado, ou ele iria embora de Nápoles levando a partitura embaixo do braço.

O emproado diretor do San Carlo, o duque de Ventignano, ameaçou Verdi com uma lei napolitana que dizia que, caso o compositor falhasse em entregar a partitura no prazo previsto iria para a cadeia. Como se vê, o reino das duas Sicílias era tudo menos uma democracia. O duque pretendia evidentemente amedrontar Verdi. Mas o tiro saiu pela culatra. Verdi anunciou a todos os que quisessem ouvi-lo que estava pedindo asilo político para ele e para a partitura num navio de guerra francês que estava ancorado no porto de Nápoles. Pronto: criara-se um incidente internacional. Brigar com um compositor era uma coisa; brigar com a França – que gostava muito de Verdi –, era outra, totalmente diferente. Em 24 horas o dinheiro apareceu, Verdi entregou a partitura, e os ensaios começaram.

Da Peça de Schiller à Opera de Verdi/Cammarano

O processo de transformação de *Kabale und Liebe*, de Schiller, em libreto nos dá informações fascinantes sobre o método deste grande artesão que foi Salvatore Cammarano, que soube adaptar a história tanto às exigências da censura quanto às convenções do gosto do público napolitano. Os cinco atos da peça se transformaram em três na ópera.

A peça de Schiller é pesada, repleta de críticas sociais; um olhar desiludido, desenganado sobre uma sociedade oprimida por um governo totalitário, absolutista, onde naturalmente a corrupção financeira e moral florescem. A mensagem da peça é mostrar como a corrupção destrói a inocência. O grande vilão da história nunca aparece na peça e nem sequer será mencionado na ópera. Ele é o príncipe de um daqueles pequenos estados germânicos do século XVIII, que causa mal a todo mundo, oprime seus súditos, vende rapazes como mercenários para estados vizinhos, seduz todas as mulheres. Por tabela, os nobres que detém alta posição na administração do estado, usam de corrupção, intriga, dos piores métodos, enfim, para continuar no poder.

A história da peça é centrada no trágico amor entre o major Ferdinand Walter, o filho do presidente do Conselho e a jovem burguesa Luisa Miller. Ao pai de Ferdinand não interessa esta relação. Para assegurar uma posição de força na corte, ele força por todas as maneiras seu filho a casar-se com Lady Milford, uma nobre inglesa que é amante do príncipe. A peça termina como a ópera, com a morte dos dois namorados.

Cammarano removeu toda a crítica política – senão o libreto não passaria pela censura – e mudou a natureza dos personagens principais, de forma a torná-los mais compreensíveis e mais "reconhecíveis" pelo público.

O presidente do Conselho passou a ser o conde Walter, que mata um parente seu para herdar não um cargo, mas o título, o que era uma atitude que os italianos de todas as regiões compreendiam muito bem.

Seu filho, o major Ferdinand, é na ópera apenas o jovem e impetuoso Rodolfo, sem nenhum cargo militar ou profissão definida. Ele é apenas o filho do conde recém-chegado. Seu nome teve de ser trocado, pois Ferdinando era o nome do rei de Nápoles, e ninguém além do rei podia usá-lo.

A Lady Milford da peça se transforma, na ópera, na prima de Rodolfo, a duquesa Federica, que é o nome de uma personagem secundária da peça que é apenas mencionada, nem aparece. A duquesa Federica é uma viúva, mas amava Rodolfo desde pequena, muito antes de se casar com o duque falecido que lhe deu o título. Rodolfo e Federica cresceram juntos. A diferença da peça para a ópera é que quando o pai força o casamento de Rodolfo com a duquesa, ele não está fazendo isto para seu próprio proveito, e sim para assegurar ao filho um futuro garantido como nobre da corte. Federica é rica e pode fazer de Rodolfo um duque. Todas as maldades que o conde Walter faz com Luisa, ele faz por amor ao filho. Federica é um exemplo de um grande personagem perdido, que poderia ser, mas não foi. Verdi queria Federica tão forte quanto a Lady Milford da peça, inclusive com um grande dueto de confrontação com Luisa, ambas disputando o amor de Rodolfo. Mas aí, o sábio Cammarano advertiu Verdi que nenhuma *primadonna*, nenhuma cantora de primeira linha, iria subir ao palco do San Carlo, na capital do conservador reino das duas Sicílias para fazer o papel da amante, da favorita de um príncipe casado. A cantora poderia ficar mal-falada. Verdi rendeu-se ao bom senso do libretista, e a duquesa Federica virou um personagem menor. Verdi, porém, não abandonou a idéia e 22 anos depois, o grande confronto entre soprano e *mezzo* apaixonadas pelo mesmo homem iria aparecer em *Aida*, e inspirar os duetos de *Fosca* de Carlos Gomes e de *Gioconda* de Ponchielli.

E, finalmente – como bem observa o musicólogo Julian Budden – como camponeses são sempre mais românticos e bucólicos, o pai de Luisa, que era na peça um tranqüilo professor de música, passou a ser um velho soldado aposentado, orgulhoso, muito cioso de sua honra de militar, e que agora, viúvo, vive com sua linda filha Luisa numa aldeia rural. Isso permitiu a Cammarano e a Verdi abrir a ópera praticamente da mesma maneira que *La Sonnambula* de Bellini, com uma festa na aldeia em torno do soprano. Muitos anos depois, Mascagni ainda repetirá este procedimento em sua *Lodoletta*.

No fim, a remoção do elemento político feita por Cammarano e a transposição da cena para uma aldeia rural acabaram criando um contorno extremamente familiar para o público italiano, uma ambientação fácil de reconhecer, que existia na literatura e que freqüentou muitas vezes a ópera semi-séria: o esquema "senhor do castelo coloca em perigo a felicidade da mocinha camponesa linda e inocente da aldeia vizinha". *La Sonnambula*, *Linda de Chamounix* e *La Gazza Ladra* são três bons exemplos desta situação.

A Transição de Verdi para a Segunda Fase

O crítico Abramo Basevi, o primeiro autor a escrever um livro sobre Verdi – em 1859, dez anos depois da estréia de *Luisa* –, foi o primeiro a afirmar que *Luisa Miller* inaugura a "segunda maneira verdiana".

Na verdade, nós hoje a consideramos uma ópera de transição. O autor Charles Osborne, em seu livro sobre Verdi, tem uma frase muito feliz que eu gostaria de reproduzir aqui:

> *Luisa Miller* é um importante trabalho transicional marcando simultaneamente o fim do primeiro período de Verdi e o início do segundo. Pode-se dizer que a mudança ocorre entre o segundo e o terceiro ato, os primeiros dois atos habitando o mundo de Bellini e Donizetti, um mundo que Verdi abandona com o suave arrependimento na ária "Quando le sere al placido", enquanto o terceiro ato é, ao mesmo tempo, uma real antecipação do estilo musical e dramático de *La Traviata* e uma confiante afirmação da completa independência.

É no terceiro ato que a simpatia de Verdi para com os humilhados e ofendidos, com os marginalizados pela sorte, e sua preocupação com a injustiça social começa a expressar-se claramente. O nacionalista, que na primeira fase protestava politicamente, se transforma agora, no período romântico, no defensor dos oprimidos e abandonados. No terceiro ato de *Luisa Miller* surge o Verdi intimista, capaz de penetrar musicalmente no âmago das almas de seus personagens, penalizado pelo sofrimento da pobre Luisa, como ficará também penalizado com Rigoletto, com Azucena, com Violetta. Nesse ato, a orquestração muda: começa a ter peso teatral, a dar mais relevo ao drama, comentando inclusive gestos dos personagens. Além disso, Verdi começa aqui sua longa experimentação que vai se resolver anos depois em *Otello*, tentando superar a separação nítida dos números fechados, ligando mais os episódios sob o aspecto musical.

Vozes e Personagens

Escolher as vozes corretas para *Luisa* é o principal problema numa montagem desta ópera. Pode parecer uma afirmação óbvia, porque toda a ópera deve ter os cantores adequados, mas aqui o ajuste, a sintonia, deve ser extremamente fina.

Wurm, o vilão da história, um singelo bisavô do Iago do *Otello* e de Barnaba em *La Gioconda*, não ganhou uma ária para expressar sua maldade; ele tem de fazê-lo através de *pertichini*, aquelas pequenas intervenções que o comprimário faz na ária dos outros, ou em recitativos, como o do carta que ele dita e também no dueto com o conde. Precisa-se então de um grande baixo, que se submeta a ser o *secondo basso*, o segundo baixo – o primeiro é o conde Walter – e que tem de brilhar no seu pouco espaço. Tem sido difícil nos últimos anos encontrar um cantor à altura.

Luisa, por sua vez, foi descrita pelo próprio Verdi como sendo, ao mesmo tempo, ingênua e altamente dramática, e creio que ele falava principalmente na voz – ou nas três vozes necessárias. Minha opinião pessoal é que uma boa intérprete dos três atos de *La Traviata* é uma boa intérprete dos três atos de *Luisa Miller*. Na verdade, em muitos aspectos, o papel de Luisa é um ensaio para o de Violetta. Luisa é uma personagem em evolução, uma menina-moça apaixonada no primeiro ato, tipicamente *leggera*, com coloratura belliniana; no segundo ato, quando sai do casulo pastoral encantado e começa a perceber o mundo real, a maldade, a intriga, ela se transforma vocalmente num *drammatico d'agilità*, a coloratura não é mais *leggera*, é dramática, e no terceiro ato, embora haja um pouquinho de coloratura na ária "La tomba è un letto sparso di fiori"– afinal estamos ainda em 1849 –, a maioria do canto tende ao lírico, ou conforme o soprano escolhido, ao *lirico-spinto*, com canto *spianato*. Para mim, é evidente que *Luisa Miller* serviu de modelo, mais de cinquenta anos depois, para a caracterização vocal de *Madama Butterfly* de Puccini, cuja personagem também começa adolescente e também morre por amor. Guardadas as proporções, a seqüência evolutiva é extremamente parecida.

E Rodolfo, o tenor? Estudiosos como Budden gostam de afirmar, e eu acho que têm razão, que Rodolfo é a mais bem-sucedida e consistente criação entre os personagens desta ópera. Sua receita mistura impetuosidade da juventude com um lirismo juvenil e poético. É um apaixonado, cujo amor não consegue se expandir porque está encarcerado pela vontade pétrea do pai. Essas são, enfim, as emoções e os contrastes típicos do tenor verdiano da fase seguinte, da plenitude romântica. Encontramos essas características em Manrico, em Riccardo e em Radamés. Posso afirmar, sem medo de errar muito, que foi nesta ópera que Verdi inventou – embora ele ainda não soubesse – o tenor *lírico-spinto*. Basta comparar a ária "Quando le sere al plácido", cheia de lirismo e abandono, com a cabaleta que vem logo em seguida, a qual realmente exige uma voz *spinta*, que consiga furar a massa orquestral. Budden está correto ao afirmar que *Luisa Miller* é, antes de tudo, uma ópera de tenor.

Miller é um *barítono nobile*, papel criado para Achille de Bassini, nascido artisticamente – como tantos naqueles anos – nas hostes donizettianas. A extensão da sua escrita vocal lembra o Carlo em *Ernani* de Verdi, de alguns anos antes. Mas tem um traço de doçura na relação com a filha, preanunciando o *Rigoletto*. No terceiro ato, quando ele pede à filha que não se suicide, parece que estamos ouvindo a mesma música com que o bufão de *Rigoletto* implora aos cortesãos que lhe devolvam Gilda.

O conde Walter, finalmente, é um típico baixo verdiano. É um personagem granítico, inflexível, como já tinham sido Zaccaria em *Nabucco* e o velho Silva em *Ernani* e como serão no futuro Filippo II em *Don Carlo* e Ramfis em *Aida*.

Ilustrações para os intervalos da ópera
Luisa Miller,*transmitida ao vivo pela*
Rádio Cultura FM *de São Paulo*
do Metropolitan Opera House,
em 23 de março de 2002

O MORCEGO

Um Pouco sobre Strauss

Johann Strauss II nasceu em 1825 e morreu em 1899, sempre em Viena. Foi apelidado de "o rei da valsa". Antes dele, o "rei da valsa" era seu pai, o primeiro Johann Strauss, que tentou desencorajá-lo – felizmente sem sucesso – de seguir uma carreira de músico profissional.

Logo, Strauss II atingiu um sucesso tão grande ou maior do que o do pai, como compositor de valsas e maestro de sua própria orquestra, fazendo a felicidade tanto dos editores musicais de Viena como dos proprietários dos elegantes salões de baile da cidade, que se enchiam de casais que vinham dançar ao som da orquestra de Strauss. Ele era também um excelente violinista, solando durante as valsas executadas por sua orquestra.

Na década de 1860, quando Strauss tinha mais ou menos quarenta anos, Viena foi tomada pela febre de operetas de Offenbach. Strauss tornou-se internacionalmente famoso em uma série de *tours* que fez como maestro, apresentando-se nessas operetas. Aí entra em cena um cavalheiro chamado Maximilian Steiner. Ele era o diretor do importantíssimo Teatro an der Wien, que apresentava as operetas de Offenbach. Steiner estava muito preocupado com a predominância de música estrangeira – francesa, especificamente – no teatro musical vienense. Enfiou na cabeça que os vienenses tinham de criar sua própria tradição em operetas, com sua própria música, e chegou à conclusão de que apenas Johann Strauss reunia, naquele momento, todas as qualidades para fazer frente a Offenbach. Tinha toda a razão, como a História veio a comprovar depois.

Como atrás de um grande homem há sempre uma grande mulher, devemos aqui dar bastante crédito à cantora de ópera Jetty Treffz, a primeira esposa de Strauss. Foi ela quem levou os primeiros esboços musicais a Steiner, e teve um papel muito importante, conseguindo convencer Strauss a compor para o teatro, o que era uma coisa muito diferente do que escrever valsas de sucesso imediato.

Sua primeira opereta fica pronta quando ele já tem 44 anos. É *As Alegres Comadres de Viena*, de 1869, que nunca foi produzida. A composição seguinte, *Indigo e os Quarenta Ladrões*, estreou no Teatro an der Wien em 1871 sob a batuta do autor; foi malhada pela crítica, pois o libreto, além de não ser original, parece que não tinha crédito – a imprensa falou em *Índigo e Seus Quarenta Libretistas* –, mas literalmente enlouqueceu o público. Seu enorme sucesso em Viena levou-a a fazer o caminho inverso de Offenbach; *Índigo* estourou em Paris, em cuja luxuosa produção foi incluída a valsa que é sinônimo universal de Strauss, *O Danúbio Azul*. Pronto. Fama internacional consolidada.

Seguiu-se o *Carnaval em Roma*, de 1873, um sucesso ainda maior. *Die Fledermaus*, ou *O Morcego*, é a terceira opereta, estreada em 1875, ano em que Strauss completou cinqüenta anos.

No total foram catorze operetas, entre elas as famosas *Cagliostro em Viena*, *Uma Noite em Veneza* e *O Barão Cigano*. A última foi *Wiener Blüt*, ou *Sangue Vienense*, que tem uma valsa muito famosa com o mesmo título, datada do ano da morte do compositor, 1899. Na verdade é um pastiche organizado por seus amigos, uma junção de temas de Strauss que ele aprovou antes de morrer.

Por que o Morcego se Chama O Morcego *?*

Esta é uma boa pergunta, já que quando a gente assiste ou ouve *Die Fledermaus* pela primeira vez fica procurando, mas não vê morcego algum. Na verdade, não há nenhum morcego no *Morcego*, apenas uma referência a um fato anterior, e é narrada tão rapidamente num diálogo entre números musicais no segundo ato, durante a festa, que mesmo quem fala alemão – ou o idioma no qual a opereta está sendo representada – na maioria das vezes não percebe. A história é assim:

O marido de Rosalinde, Gabriel von Eisenstein, e o Dr. Falke são grandes e antigos amigos. Há três anos atrás, três anos antes de a opereta começar, os dois foram juntos a um baile à fantasia, Eisenstein vestido de borboleta e Falke fantasiado de morcego. Falke bebeu demais, e Eisenstein o encontrou na manhã seguinte, completamente bêbado, dormindo num banco do mercado. Não resistindo a uma brincadeira, Eisenstein levou embora o capote de Falke, o qual, quando acordou teve que cruzar toda a cidade vestido de morcego, e se transformou na pilhéria da cidade. Ainda hoje, três anos depois, o Dr. Falke é chamado de "Doktor Fledermaus", doutor morcego. É durante a trama da opereta que Falke vai se vingar de Eisenstein, executando finalmente a chamada "vingança do Morcego".

Usando de uma série de expedientes, Falke conseguiu convidar para a festa Rosalinde, a esposa de Eisenstein, sua criada Adele e o próprio diretor da prisão, Frank. Todos vêm, ou disfarçados ou com nomes falsos, e Eiseinstein tenta conquistar a própria esposa, que vem mascarada e que ele não reconhece.

As Origens de O Morcego

O libreto de *Die Fledermaus*, como tantas outras operetas vienenses que virão depois, tem origem francesa. *O Morcego* se baseia numa comédia *vaudeville* produzida em Paris, em 1872, apenas dois anos antes da estréia da opereta. O *vaudeville* se chamava *Le Reveillon*, da autoria de Henry Meilhac e Ludovic Halévy. Eles, por sua vez, se inspiraram na comédia teatral alemã chamada *Das Gefängnis* (A Prisão), da autoria de Roderich Benedix, que contava a história de uma jovem esposa cujo amante concorda em ir para a cadeia no lugar do marido, que é justamente o início da trama do *Morcego.*

Le Reveillon, pela sua própria natureza de *vaudeville* tinha muita música incidental, com grandes passagens extraídas das óperas *La Favorita* de Donizetti e de *Guilherme Tell* de Rossini. Seus autores, Meilhac e Halévy, tinham bastante experiência do palco lírico; além de escrever os libretos de várias operetas de Offenbach como *La belle Helène*, *La Vie Parisienne*, *La Périchole* e *La gran Duchesse de Gérolstein*, iriam passar à história dentro de muito pouco tempo como os autores do texto da famosíssima *Carmen,* de Bizet.

O Morcego tem, portanto, desde sua origem, vários pontos de contacto com a ópera. Talvez esse seja um dos motivos pelos quais, ao longo dos anos, apesar de ser, estruturalmente e formalmente uma opereta, tenha gradativamente deixado de ser produzida nos pequenos teatros de opereta e sendo cada vez mais apresentada em grandes teatros de ópera.

Le Reveillon, graças a sua trama viva e inteligente, foi extremamente bem-sucedida em Paris. Seus direitos foram adquiridos logo para Viena, e o empresário, cujo nome não consegui identificar, ofereceu o *vaudeville* ao Carltheater. Quando as tratativas com esse teatro não deram certo, o empresário dirigiu-se ao teatro rival, o An der Wien, que apresentava uma gama muito grande de espetáculos, que iam desde óperas leves e operetas até pequenos esquetes ou cenas com canções interpoladas. *Le Reveillon* se enquadrava perfeitamente, portanto, no tipo de programação do An der Wien, pois, como já dissemos, tinha muita música incidental, inclusive trechos de óperas italianas.

Mas quando a tradução alemã foi entregue e examinada em detalhes, surgiu um problema sério. Segundo a direção do teatro, seria impossível encenar um texto com certas passagens consideradas muito "parisienses" para serem aceitas pelo público vienense. Por "parisienses" entenda-se "licenciosas". O grande problema residia no segundo ato, onde, numa ceia íntima, para poucas pessoas, marcada à meia-noite, e daí o *Reveillon* do título. Durante a ceia, uma prostituta chamada Metella passava a noite inteira utilizando suas artes e encantos para seduzir o personagem equivalente ao Dr. Eisenstein de *Morcego*, em meio a rios de champanhe. Embora não houvesse problema em aludir à infidelidade de uma mulher casada (Rosalinde), desde que feita de forma elegante, exibir seu marido bebendo e jantando com uma prostituta não seria aceito, nos anos de 1870, em nenhuma cidade que não fosse Paris.

Como os direitos de *Le Reveillon* foram adquiridos para vários países, cada um deles encontrou sua solução particular. Londres, por exemplo, simplesmente removeu todo o segundo ato, e a peça perdeu toda a graça. Viena ofereceu uma solução melhor. Já que a peça era demasiado francesa, por que não transforma-la em vienense? Por que não transformar uma licenciosa ceia íntima parisiense num grande baile vienense, com toda a sua elegância? Foi daí que surgiu a idéia de transformar o *vaudeville* numa opereta de Strauss, pois, afinal, nada melhor existia em Viena para descrever um grande baile, para chegar rapidamente ao coração do público, do que a música do rei da valsa que agora brilhava com suas operetas.

Nessa re-elaboração, a prostituta desapareceu completamente e, na festa vienense, Eisenstein tenta seduzir – sempre com muita elegância – a própria esposa, que ele não reconhece, pois vem mascarada e disfarçada de condessa húngara.

Houve uma série de outras mudanças. Alfred, por exemplo, que a gente identifica imediatamente como um tenor italiano, apesar de não haver referência formal à sua nacionalidade, e que em alguns resumos mais antigos da ópera é citado como professor de canto, era na peça original um violinista e diretor de orquestra, idêntico a Strauss. Este deve ter seguramente pedido aos libretistas para mudar o personagem. Quanto ao Alfred da opereta, é bom avisar aos nossos ouvintes, pois às vezes não fica claro, era um antigo namorado de Rosalinde. Mesmo depois que ela se casou, Alfred continua apaixonado. Isso explica a familiaridade entre os dois e a indiferença com que ela trata um velho conhecido a quem já não ama, sem ficar espantada quando ele aparece de surpresa.

Mas a modificação mais interessante, embora um pequenino detalhe, é aquela que acabou dando nome à opereta. Na peça original, a fantasia do Dr. Falke não era a de um morcego, e sim do pássaro azulão.

Por outro lado, algumas coisas de *Le Reveillon* se mantiveram inalteradas. Todo o monólogo do terceiro ato, de Frosch, o carcereiro bêbado, que não canta, só declama, é uma tradução quase literal do original francês. E por incrível que pareça, não foi Strauss quem determinou que o papel do príncipe russo Orlovsky fosse interpretado por uma cantora. Na peça original era uma atriz, uma mulher, que fazia esse papel de um personagem que é muito jovem, quase adolescente e que foi confiado, na opereta, a um *mezzo-soprano*.

Os Libretistas

São dois os libretistas a quem o texto de *Die Fledermaus* é atribuído, Carl Haffner e Richard Genée. Mas nunca houve uma relação mais estranha e impessoal entre dois colaboradores. Na verdade, os dois nunca colaboraram porque nunca trabalharam juntos. Haffner e Genée nem sequer se conheciam; nunca se encontraram, e fizeram partes separadas do trabalho.

Foi Carl Haffner quem fez a tradução inicial, literal, do *vaudeville* francês para o alemão, que foi rejeitada. Sua colaboração se limitou a isso. Depois ele saiu de cena. Quando se decidiu transformar a peça em opereta, Richard Genée, que era um membro ilustre da equipe musical do Teatro An der Wien, foi convocado para criar o libreto alemão da opereta. Genée, além de libretista, era maestro e compositor de operetas ele mesmo.

Genée, inclusive, afirmava abertamente que ele não usou a tradução de Haffner, só manteve os nomes dos personagens e fez sua própria tradução do francês para o alemão. Jamais saberemos se é verdade ou não.

Mas, certamente, as letras das árias e das canções são totalmente da autoria de Genée. Além disso, como ele tinha, naquele momento, mais experiência teatral do que Strauss, funcionou como uma espécie de valioso assessor musical do autor durante a composição. Foi Genée também quem fez a redução da partitura do *Morcego* para canto e piano.

A Trajetória de Die Fledermaus

A opereta estreou no domingo de Páscoa, 5 de abril de 1874, e já vamos aproveitar para corrigir uma afirmação errada de alguns historiadores, que dizem que *O Morcego* não fez sucesso na estréia, alegando como prova o fato de que, depois de apenas dezesseis récitas, foi retirada de cartaz. O que acontece na verdade é que o teatro já tinha sido reservado para abrigar uma companhia de ópera italiana que ia se apresentar em Viena, que trazia como grande estrela o soprano Adelina Patti. Assim que os italianos terminaram suas apresentações, *O Morcego* voltou ao palco do An der Wien com grande sucesso.

A produção, entretanto, teve problemas. Após exatamente 49 récitas, mais ou menos dois meses depois, as apresentações tiveram de ser interrompidas, porque a cantora que fazia o papel de Orlovsky adoeceu.

Quando *O Morcego* voltou ao palco, no verão seguinte, sofreu mais uma baixa. O criador do papel de Falke, o barítono Ferdinand Lebrecht, numa noite em que cantava em outra opereta, morreu no palco. Foi contratado em seu lugar, às pressas, um jovem barítono. Era Alexander Girardi, que graças a essa oportunidade, tornou-se não apenas o mais conhecido intérprete de todas as operetas de Strauss, mas também o mais celebrado, o mais famoso dos artistas em toda a história da opereta vienense.

Die Fledermaus tem uma das maiores histórias de sucesso conhecidas no gênero. Apenas dois meses após a estréia, no mês de junho, subia à cena em Berlim e, em novembro do mesmo ano, no Stadt Theater de Nova York. Em dezembro de 1876, tornou-se a primeira opereta de Strauss apresentada em Londres.

Já a estréia em Paris enfrentou problemas, pois Meilhac e Halévy entraram na justiça exigindo direitos autorais. Os produtores então escreveram uma história completamente nova, e tentaram encaixá-la como puderam na música, apresentando, em outubro de 1877, um espetáculo denominado *La Tzigane*. O *Fledermaus* original só foi apresentado em Paris em 1904. Mas até hoje, quando encenam o *Morcego*, os franceses não usam os nomes dos personagens vienenses e mantém os nomes originais do *vaudeville*.

Segundo o *Viking Opera Guide*, ao redor de 1880, apenas seis anos após a estréia, a opereta já havia sido encenada em cerca de 170 teatros de língua alemã. Em 1894 ninguém menos do que Gustav Mahler regeu *O Morcego* na Ópera Estatal de Hamburgo, quando o conde Orlovsky foi interpretado por uma das maiores cantoras líricas alemãs da época, o contralto Ernestine Schumann-Heink. Nesse mesmo ano, a sisuda Ópera de Viena rendeu-se e incorporou *Die Fledermaus* a seu repertório. Em 1928, houve uma luxuosíssima produção na Ópera de Berlim assinada por Max Reinhardt; a partir desse ponto, nossa opereta passou a fazer orgulhosamente parte do repertório estável das grandes casas de ópera do mundo, e passou a chamar a atenção dos grandes maestros de ópera. Herbert von Karajan, por exemplo, fez duas gravações do *Morcego*.

A primeira apresentação no Metropolitan Opera House aconteceu em 16 de fevereiro de 1905, com o soprano Marcella Sembrich no papel de Rosalinde. Naquela noite, nasceu uma tradição muitas vezes repetida em produções do *Morcego*, tanto no teatro como em disco. Foi a primeira vez que, na festa do segundo ato, interpolou-se um concerto. Entraram em cena como convidados o soprano Lílian Nórdica, o contralto Louise Homer, o barítono Eugenio Giraldoni – que, para quem não lembra, foi o primeiro intérprete de Scarpia em *Tosca* –, e o tenor Enrico Caruso, que cantaram o quarteto do *Rigoletto* e depois se misturaram aos outros convidados. O concerto dos convidados, em que podem aparecer desde cantores de ópera até cantores populares – numa montagem eu me lembro, por exemplo, de Charles Aznavour –, acontece logo depois da ária de Rosalinde, a famosa *csárdás*, aí Eisenstein conta rapidamente a história da fantasia do Morcego e os convidados-cantores passam a entrar um por um e cantam o que bem entender.

Die Fledermaus teve várias versões em língua inglesa, com títulos como *The Merry Countess*, *A Wonderful Night*, *Champagne Sec*, *Night Birds* e *Rosalinda*, com libreto sempre revisto e adaptado para cada caso.

Houve até uma versão cinematográfica, em língua inglesa, datada de 1955, chamada *O Rosalinde*! em que Sir Michael Redgrave e Anneliese Rothenberger representavam e cantavam as partes de Eisenstein e Adele, enquanto os demais papéis eram dublados.

Comentários sobre O Primeiro Ato

O primeiro ato, que tem a fluência de uma comédia de prosa, nos apresenta rapidamente, sem complicações, quase todos os personagens e os define perfeitamente:

ADELE, a criada esperta que engana a patroa para ir ao baile (e usa um dos vestidos da mesma). Normalmente uma *soubrette* ou um soprano de coloratura.

O CASAL VON EISENSTEIN, GABRIEL e ROSALINDE. Gabriel, cavalheiro da alta sociedade, que adora levar bem a vida, freqüentar bailes e festas e conquistar belas mulheres fora de casa, embora ame sua jovem esposa, a qual retribui seu amor, mas não se incomoda de receber em casa, quando o marido sai, seu antigo namorado. (quando Gabriel sai, Rosalinde diz: "Como os homens são! Estou aqui só e abandonada... até que apareça outro homem!"). Gabriel normalmente é um barítono, embora pareça que a parte original foi escrita para um tenor. Rosalinde, um soprano lírico.

ALFRED, o antigo namorado de Rosalinde, a mais perfeita caricatura de um tenor italiano jamais concebida. Superficial, sempre tem uma passagem de ópera para cada momento. Só fala de seu amor por Rosalinde, que lógico, deve ser celebrado com brindes de bom vinho.

O ADVOGADO BLIND, graças ao qual Eisenstein, que deveria ser condenado a cinco dias na prisão por desacato à autoridade, teve sua pena aumentada para oito dias.

DR. FALKE, o amigo de Eisenstein. Vem buscar o amigo em casa para ir ao baile de Orlovsky logicamente escondido da esposa, antes que Eisenstein se apresente à prisão. Falke é um barítono.

FRANK, o diretor da prisão, que vem cumprir seu dever – levar Eisenstein para a cadeia – para poder ir ao baile depois. Acaba levando Alfred por engano, quando o encontra usando o *robe de chambre* de Eisenstein. Frank é um baixo.

Comentários sobre o Segundo Ato

É o ato mais brilhante da ópera, que concentra a melhor música, e que dá a "cara" vienense à ópera. É o ato do baile, da festa, que introduz um personagem que ainda não conhecemos: o jovem príncipe russo Orlovsky, recém estabelecido em Viena, que sofre de um tédio interminável, causado por sua interminável riqueza. É na festa que Falke arma sua vingança, aproveitando para tentar divertir Orlovsky com a intriga. Afinal de contas o milionário Orlovsky representa uma amizade interessantíssima para Falke.

Enquanto a bebida corre, os convidados, que já conhecemos do primeiro ato, vão se apresentando. Todos vêm com nome falso. A criada Adele se apresenta como Olga, uma aspirante a atriz; Eisenstein como um marquês francês (o Marquês Renard, que quer dizer raposa); Frank, o diretor da prisão, que se intitula *Le Chevalier Chagrin* (o Cavaleiro triste, cavaleiro da tristeza)

É muito engraçado o momento em que Orlovsky apresenta os dois "conterrâneos". Como são "franceses" devem falar francês entre si. Mas como não conhecem o idioma, dizem um monte de bobagens sem sentido, que varia um pouco de produção para produção. Um diz "pommes de terre" (batatas) o outro responde "chemin de fer" (estrada de ferro), "chateauneuf du Pape", "folies Bèrgere",etc.

Rosalinde é a última a chegar, disfarçada de condessa húngara, falando com um certo sotaque (a Hungria fazia parte do Império Austro-Hungaro). Vem mascarada, lindíssima e misteriosa, e o príncipe ordena que se respeite sua privacidade.

Os trechos musicais mais importantes de *Fledermaus* estão concentrados no segundo ato:

A ária de Orlovsky, "Ich lade gern mir gaste ein", onde ele diz que os convidados de suas festas merecem sempre o melhor, devem ficar à vontade, e repete várias vezes a expressão francesa "Chacun à son goût" ("cada um a seu gosto");

A ária de coloratura de Adele, "Mein Herr Marquis", na qual a criada trata de convencer seu patrão Eisenstein

– aliás, o Marques Renard – que ele está enganado, que ela não é sua empregada. Basta ver como ela fala, a beleza de suas mãos, seu refinamento.

O dueto "Dieser Anstand so manerlich" ("Estes modos, estas maneiras tão elegantes, tão charmosas") onde Eisentein, com a ajuda de um relógio de carrilhão, tenta conquistar a própria esposa sem reconhecê-la. Eles contam as batidas do coração dela com o relógio. No fim do dueto, ela se apodera do relógio e o enfia no decote, onde evidentemente, um cavalheiro vienense não pode ir recuperá-lo.

A famosa *czárdás Klänge der Heimat* (Sons de Minha Pátria), que Rosalinde, mascarada, canta para convencer a todos de sua nacionalidade húngara. Esta ária tem uma história: O papel de Rosalinde foi criado para o soprano Marie Geistinger, a principal cantora e uma das diretoras musicais do Teatro An der Wien. Na época em que o libreto do *Morcego* estava sendo criado, Geistinger deveria se apresentar num concerto beneficente em prol das vítimas de uma violenta epidemia que aconteceu na Hungria. Para essa ocasião, Strauss compôs especialmente para ela uma canção típica húngara, uma *csárdás*, cujo sucesso foi tanto que acabou sendo colocado na opereta.

A seguir vem o elogio ao champanhe. Orlovsky propõe um brinde ao – e com – o "rei dos vinhos", cantando *In Feuerstrom der Reben* (na torrente de fogo das uvas). Orlovsky canta seus versos, todos fazem o estribilho, e a melodia, com versos diferentes é repetida por Adele e depois por Eisenstein.

Depois, é a vez do balé. Originalmente, era constituído de cinco danças nacionais: espanhola, escocesa, russa, boêmia (com coro) e húngara. Mas, com o tempo, ele foi substituído por uma coreografia da Polka op. 341 de Strauss, *Unter Donner und Blitz*, que quer dizer "sob trovões e relâmpagos".

Quando o Príncipe Orlovsky finalmente interrompe a dança, para descanso dos bailarinos, ouve-se a famosa *Valsa do Morcego*, com coro, dançada por todos os personagens e figurantes, com o qual a festa termina com todo o brilho vienense da *belle-èpoque*. Este ato, por si só, já é uma opereta vienense completa.

Comentários sobre o Terceiro Ato

O terceiro e último ato, onde evidentemente todas as intrigas e confusões se resolvem, se passa na prisão e nos traz um último e divertidíssimo personagem, que não canta, é um papel falado. Trata-se de Frosch, o carcereiro, completamente embriagado já nas primeiras horas da manhã quando o ato começa. Ele não agüenta mais a cantoria de Alfred, que está preso no lugar de Eisenstein e ataca uma ária de tenor atrás da outra.

A distribuição das bebidas de acordo com o grupo socioeconômico dos personagens do Fledermaus merece uma rápida menção:

- Quando, no primeiro ato, Rosalinde e Alfred brindam antes do jantar, eles tomam vinho (o texto não especifica, mas deve ser vinho branco);
- Na festa de Orlovsky, apesar de ele tomar um cálice de vodka para evidenciar sua origem russa, a bebida que corre solta é o champanhe;
- Mas aqui no cárcere, Frosch consome quantidades industriais de *slivovitz*, que é uma aguardente de ameixas, com um delicioso e forte aroma da fruta, muito apreciado em todo o leste europeu. Chega a ser tão forte às vezes que a nossa cachaça perto dele parece guaraná. Apenas um dedal no inverno é o suficiente para esquentar a pessoa. Por isso é significativa a grande quantidade de visitas que Frosch faz à garrafa escondida de *slivovitz*.

Os trechos de destaque do terceiro ato são:

- *Spiel'ich* (quando eu represento), cantada por Adele, falando de suas qualidades de artista. Ela vem à prisão na manhã seguinte ao baile, com uma recomendação de Falke, pedir a Frank, o diretor da prisão, uma "mãozinha" em sua carreira.

- O trio entre o amante, a esposa e o marido. Disfarçado como o advogado Blinde, Eisenstein interroga Alfred – que ainda está com seu robe – e a esposa, que não o reconhece, pois Eisentein está com os óculos do advogado e imita a sua impagável gagueira. O marido quer saber até onde os dois foram. No momento em que ele perde a cabeça e se identifica, Rosalinde, com muita presença de espírito, extrai do decote o relógio roubado na festa. Eisenstein fica com cara de bobo. "Era você a minha misteriosa condessa húngara?" É Falke que arruma tudo com uma mentira caridosa, dizendo que a ida de Alfred à casa de Rosalinde fazia parte da vingança do Morcego.

- O Concertato final – *O Fledermaus* – onde todos reconhecem que a vingança do morcego foi muito bem-sucedida, e Rosalinde e Eisenstein atribuem a culpa dos excessos cometidos ao champanhe.

Semelhanças com Personagens de outras Óperas

Vienense como era, Strauss não deve ter sido indiferente a Mozart. Minha opinião pessoal é que alguns personagens do *Fledermaus*, se não se inspiram diretamente, guardam uma grande semelhança com personagens de *Le nozze di Figaro*. Eisenstein, conquistador elegante, é uma versão moderna, embora um pouco modificada do conde de Almaviva; Dr. Blind, o advogado, descende diretamente de Don Curzio, e a própria Adele, a criada, tem muito da vivacidade e da esperteza de Susanna.

Por outro lado – jamais saberemos ao certo – é muito provável que um outro Strauss, Richard Strauss, tenha se inspirado em Rosalinde para criar a Marechala de seu *Rosenkavalier*. Além disso, ter feito de seu Octavian, um jovem conde, um *mezzo-soprano* não poderia ser uma citação de Orlovsky?

Ilustrações para os intervalos da opereta
Die Fledermaus, *transmitida ao vivo pela*
Rádio Cultura FM *de São Paulo*
do Metropolitan Opera House,
em 11 de janeiro de 2003

FAUST

Faust representa uma das composições de maior sucesso em toda a história da ópera, e embora atualmente o número de suas encenações tenha diminuído sensivelmente, foi durante quase oitenta anos a ópera mais popular do circuito internacional. Só para que se tenha uma idéia, desde que *Faust* foi encenada pela primeira vez no Covent Garden em Londres, em 1863, jamais deixou de aparecer naquele teatro em nenhuma temporada até 1911, a ponto do crítico George Bernard Shaw implorar, na coluna que mantinha num jornal, que deixassem o *Faust* descansar, pois ele não agüentava mais. Foram 49 anos de representações contínuas. Quer dizer: imaginem um inglesinho que tivesse sido levado pela família, aos dez ou onze anos de idade, à opera pela primeira vez para ver o *Faust*. Ele teria continuado a assistir à mesma ópera no mesmo teatro, ano a ano, até quase seus sessenta anos de idade.

Dados Biográficos de Gounod

Todo mundo sabe que o autor de *Faust* foi Charles Gounod, mas a grande maioria sabe muito pouco quem foi Gounod. Era parisiense, nascido em 1818, numa família de artistas extremamente cultos. Seu pai, grande desenhista e pintor de certa importância, ocupava uma cátedra na Escola Politécnica e morreu em 1823, quando o pequeno Charles tinha cinco anos. A mãe, musicista, sustentou a família após ficar viúva dando aulas de piano. Foi ela que ensinou ao filho os rudimentos da música e estimulou seu potencial. Gounod permaneceu fortemente ligado à mãe durante toda sua vida. Foi ao lado dela, como ele mesmo descreve em sua autobiografia, que assistiu a um espetáculo que o deixou muito impressionado: o *Don Giovanni* de Mozart, que lhe despertou o desejo de ser compositor. Durante toda sua vida, Gounod foi um grande cultor da obra de Mozart. Logo depois, descobriu também o *Otello* de Rossini, e se ele ainda tivesse alguma dúvida quanto à carreira a seguir, essa dúvida desapareceu completamente quando, na Sociedade dos Concertos, ouviu pela primeira vez duas das sinfonias de Beethoven, a sexta, ou Pastoral, e a nona, a Coral. Pronto. A decisão havia sido tomada. Seria compositor.

Gounod completou o curso secundário formando-se em filosofia aos dezoito anos. Ao mesmo tempo, freqüentava o conservatório, tendo entre seus professores, Hálevy, o autor de *La Juive*. Em 1837 foi o segundo colocado no *Prix de Rome*, o famoso concurso musical que dava ao vencedor uma bolsa de dois anos em Roma, residindo e estudando música na Villa Médici. Gounod insistiu e, em 1839, aos vinte anos, ganhou o concurso, escrevendo uma cantata chamada *Fernande*. Foi para Roma, e lá se tornou muito amigo do pintor Ingres, diretor da Académie de France, que também gostava de música e tocava violino. Gounod o acompanhava ao piano em sonatas de Mozart e Haydn. Em contrapartida, Ingres o instruiu na arte de desenhar, e Gounod acabou por se tornar um pintor razoavelmente bom. Para um rapaz de vinte anos, Roma foi um banho de cultura. Descobriu e estudou profundamente Palestrina, vivia ouvindo música religiosa na Capela Sixtina e em outras igrejas. Assistiu óperas de Bellini, Mercadante e Donizetti. Quem lhe abriu as portas do ambiente teatral foi o *mezzo-soprano* Pauline Viardot, que ele conheceu na Villa Médici. Viardot o apresentou à irmã de Mendelssohn, Fanny Hensel, que o introduziu à música e à cultura germânicas.

Gounod compõe música o tempo todo. É nesse período romano que ele lê o *Faust* de Goethe pela primeira vez. Num passeio a Capri, ele escreve o esboço da música da noite dos Walpurgis, que usará quase vinte anos depois no início do quinto ato do *Faust*. Nesse período Gounod teve também transportes religiosos. Num determinado momento, passou a escrever somente música religiosa, e achou que tinha vocação para o sacerdócio. Anos depois, na França, chegaria a experimentar, tornando-se abade entre outubro de 1847 e fevereiro de 1848. Essa foi uma das características que marcaram sua vida: uma oscilação periódica entre o teatro e a igreja. Fases religiosas, fases operistas.

Quando a bolsa acabou, Gounod passou um ano entre a Áustria e Alemanha. Sempre ouvindo música, lá ele descobriu e estudou Bach, principalmente sua música religiosa. Com toda essa cultura acumulada aos 24 anos, estava pronto para voltar a Paris, então a cidade mais culta do mundo.

A Gestação e o Nascimento da Ópera

Em 1846, Gounod ficou muito impressionado ao assistir à *Danação de Fausto* de Berlioz. Em 1850, ele assistiu à peça teatral *Faust et Marguerite*, de Michel Carré, baseada em Goethe.

Em 1856, Gounod conheceu Jules Barbier, que tinha acabado de escrever um libreto do *Faust*. Não era uma adaptação de Goethe, mas sim da peça de Carré. Por exigência da lei francesa, Carré deveria autorizar a transformação de sua peça em libreto de ópera. Barbier acabou convidando Carré para participar do libreto, mas como a peça teatral tinha tido um sucesso, digamos, menos que moderado, Carré não se animou muito. Em todo caso, ele escreveu o texto da *Canção do Bezerro de Ouro*, do segundo ato, e transportou, quase sem alteração, de sua peça original, a *Balada do Rei de Thulé* para o terceiro ato da ópera. Esse é o motivo pelo qual Carré, apesar de não ter escrito quase nada, figura oficialmente como co-libretista de Jules Barbier.

Com o libreto pronto, Barbier foi até Meyerbeer, que recuou horrorizado. Meyerbeer, que era alemão, não queria conspurcar a sagrada obra de Goethe. Gounod foi a segunda opção. Aceitou imediatamente, morria de vontade de compor *Faust*, sendo muito estimulado por Léon Carvalho, empresário do Théâtre Lyrique.

A ópera ficou pronta em 1857, mas então Carvalho não quis montá-la, pois o Teatro Saint-Martin havia anunciado uma montagem do *Faust* de Goethe, com musica funcional de um certo Ennery, e a concorrência poderia ser prejudicial. Como prêmio de consolação, o empresário encomendou de Gounod uma ópera cômica, *Le Médecin malgré lui* (O Médico à Força), com libreto dos mesmos Barbier e Carré.

Faust só estreou dois anos depois, no Théâtre Lyrique em 19 de março de 1859, com uma série de cortes na partitura feitos por Carvalho. Teve 57 récitas, mas só voltaria a ser encenada em Paris três anos depois.

A Trajetória de Faust

A crítica, como de costume, ficou dividida: Pietro Scudo, um italiano que escrevia para a *Revue des Deux Mondes*, disse que "Gounod seguiu aqueles péssimos compositores da Alemanha moderna, os Liszt, os Schumann, sem esquecer Mendelssohn por certas partes equivocadas de seu estilo".

Por outro lado, Saint-Saëns e Bizet, alunos de Gounod, ficaram muito entusiasmados, enquanto Berlioz publicou uma profunda análise musical da partitura, e com muita visão, assinalou os trechos destinados a ficar famosos, como o quarteto do jardim e a cena da igreja. Nessa cena, Marguerite, desesperada, vai a igreja pedir proteção a Deus, porque não se considera pecadora, mas Mefistófeles, escondido atrás de uma coluna, invoca o coro infernal para impedi-la de rezar. É uma cena impressionante, com dois coros – o dos religiosos e o dos demônios –, introduzida por música de órgão. É o compositor de música religiosa. Alguns dos temas utilizados nessa cena pertencem na verdade ao "Dies Irae" de um *Réquiem* que Gounod compôs em 1842. Nos ensaios, a produção tinha medo que essa cena, pondo o demônio dentro da igreja, seria proibida pela censura, mas Gounod convidou o mosenhor de Ségur, o Núncio Apostólico, que era cego, para ouvir o ensaio. O monsenhor ficou tão emocionado com a música que não colocou nenhum impedimento.

A repercussão da estréia do *Faust* levou o editor musical Antoine de Choudens a comprar os direitos da partitura do *Faust* por dez mil francos, dois terços para Gounod, um terço para os libretistas. Publicada, *Faust* foi representada praticamente em todos os teatros de ópera franceses. E começou a ser notada fora da França.

Originalmente, *Faust* era uma *ópera-comique*, com diálogos falados, mas em 1860, para uma montagem em Estrasburgo, Gounod transformou esses diálogos nos recitativos orquestrados, que nós hoje conhecemos, e se transformou em *ópera-lyrique*. No futuro, com acréscimo de balé, iria finalmente se tornar uma *grand-opéra*.

Em 1861, *Faust* estreou na Alemanha, na cidade de Darmstadt, na presença do rei Ludwig da Baviera. Um dos poucos espectadores que não gostou foi Wagner, que disse "nunca ter visto um trabalho tão bobo, desagradável, nauseante, vulgar e venalmente afetado". Parece que ele não estava realmente de bom humor naquele dia, mas a verdade é que a ópera se tornou um grande sucesso na Alemanha, a ponto de um crítico ter chegado à brilhante conclusão que "Gounod deveria seguramente ter ascendência belga, pois do contrário ele jamais poderia ter composto uma música tão teutônica na sua essência". Uma curiosidade é que na Alemanha e na Áustria, para não ofender os cultores de Goethe, autor tido como sagrado naquelas regiões, o nome da ópera teve de ser trocado, e sempre foi apresentada como *Marguerite* ou como *Margarete*. Esse era o costume até bem poucos anos.

Mas o *Faust* ficou mundialmente famoso a partir da sua estréia no Scala de Milão em 1862, a partir da tradução para o italiano de Achille de Lauzières, o mesmo do *Don Carlo* de Verdi. Foi aí, como ópera italiana, que o *Faust* rodou o resto da Europa, inclusive Inglaterra, como vimos no começo do programa, e atravessou o mar até a América.

Em 1868, o empresário Léon Carvalho faliu, e vendeu os direitos de representação do *Faust* para o Opéra de Paris, que agendou a encenação para 1869, dez anos, portanto, depois da estréia. Tradição daquele teatro, a ópera precisava de um balé – produção *grand-opéra* – para ser inserido no quinto ato, em meio ao festim da *Noite Diabólica dos Walpurgis*, que tinha sido removida e foi restaurada. Gounod, que atravessava uma de suas fases religiosas, não quis compor e indicou Saint-Saëns para fazê-lo em seu lugar. Saint-Saëns foi à casa de Gounod, esperou que ele acabasse de jogar cartas com um abade, e conseguiu convencê-lo a escrever, ele próprio, o balé que faltava.

Na estréia, no Ópera – 3 de março de 1869 –, Marguerite foi o grande soprano sueco Christine Nilsson, que logo se tornou especialista no papel, a ponto de ser convidada, em 1883 para cantá-lo – em italiano – na noite de inauguração do novo teatro nova-iorquino, o Metropolitan Opera House. Na década de 1890, o *Faust* foi tão representado no Metropolitan que um crítico chamado Henderson se referia sempre ao teatro como *Faustspielhaus*.

Para quem gosta de dados numéricos, registra-se que, em 1935, só em Paris, *Faust* atingiu a marca das duas mil representações.

Os Personagens Principais e suas Vozes

O *Faust* de Gounod abandonou totalmente a discussão filosófica, o embate entre o bem e o mal que é tão forte na obra original de Goethe. O libreto de Barbier é basicamente uma história de amor, baseada no episódio de Marguerite, apenas uma pequena parte do imenso drama de Goethe. Ao contrário do *Mefistofele* de Arrigo Boito, em que a música se subordina completamente ao drama e à discussão metafísica – o que trouxe sérios problemas de encenação, fazendo a ópera ficar muito comprida, demorar para ficar pronta – o *Faust* de Gounod usa a história como mero pretexto para uma das mais belas partituras conhecidas. O operista corre solto, é como se ele tivesse musicado um conto de fadas, e o personagem principal, por quem a gente se apaixona, é Marguerite.

Vamos dar uma olhada nos dois personagens masculinos. O *Faust* da ópera, que é um tenor lírico puro, é muito menos complexo e muito mais humano do que o de Goethe. No seu recitativo inicial o velho estudioso se queixa, na verdade, do tédio da sua vida. Passou a vida inteira estudando, não teve tempo de se divertir, de namorar, e agora é muito tarde. Na verdade, ele só pensa naquilo. Sua grande meta é obter companhia feminina. Ele gostaria de ser novamente jovem para, dessa vez, aproveitar a vida. Não há, como se vê, nenhuma preocupação metafísica, como em Goethe ou em Boito.

De todas as óperas sobre o assunto, essa é que tem o demônio mais simpático. Após ser invocado por *Faust*, ele aparece imediatamente, e seu texto – situação que vai se repetir em muitos lugares na ópera – é impregnado de uma fina ironia. A voz ideal é a de um baixo-barítono ou de um baixo cantante, com a voz flexível. O cantor da primeira montagem no Opéra de Paris, Faure, era simplesmente um barítono que dispunha de graves extensos. O Mefistófele que aparece a Faust parece que saiu do inferno para tirar umas férias, vem muito bem humorado e não assusta ninguém. Chega muito bem vestido, todo orgulhoso com seu aspecto, que ele mesmo descreve: "Tenho uma espada do lado, uma bela pluma no chapéu, uma bolsa cheia de ouro, uma capa esplêndida sobre os ombros, em suma, um verdadeiro nobre!". Pergunta o que Faust quer em troca de sua alma, glória, riqueza. Faust responde que ele quer um tesouro que engloba todos os outros: a juventude, com prazeres, jovens amantes, orgias. Nada de filosofia. Como Faust hesita em assinar, o Demônio lhe proporciona uma visão da linda Marguerite. Pronto. Faust concorda imediatamente, Mefistófeles lhe dá uma poção que o faz rejuvenescer e ambos saem à cata de aventuras.

Assim como Faust é um tenor lírico puro, Marguerite é um soprano lírico puro. Seria temeroso afirmar, sem uma pesquisa profunda, que tenha sido Gounod a criar esses tipos de vozes na ópera francesa, mas foi ele, sem dúvida, que definiu perfeitamente os contornos dessas categorias vocais, e justamente no *Faust*, enquanto lá na Itália Verdi estava criando o tenor *lírico-spinto*. O ano de 1859, ano do *Faust*, é também o ano de *Un Ballo in Maschera*.

Marguerite é um soprano lírico, cuja voz é um pouco mais grave, mais escura, que a do soprano *leggero*. Embora possa ter um pouco de coloratura, a beleza de seu canto vem principalmente do jogo do *chiaroscuro*, ou seja, escurecer uma vogal, clarear a seguinte, e obter deste contraste um efeito de grande beleza. É voz própria para a cantilena, para o *cantabile* ou melancólico, ou de uma alegria suave que dá então vazão a expansões de um delicado lirismo, que é justamente de onde a sua denominação se origina. Usando dessas características, Gounod constrói vocalmente sua personagem, mostrando ao longo da ópera a mudança dos estados de espírito da jovem através do canto. Na famosa "Balada do Rei de Thulé", Marguerite canta melancolicamente; é uma jovem calma, e solitária, que ainda não amou. A seguir, ele acha a caixa de jóias e se enche de uma alegria quase infantil ao enfeitar-se e cantar a "Ária das Jóias". São dois estados de espírito diferentes.

Quando o quarto ato começa, Marguerite está infeliz porque, como seu amante Faust a abandonou, ela se tornou o motivo de escárnio de todas as amigas e vizinhas, que nem falam mais com ela. Marguerite expressa toda a sua tristeza numa ária chamada "Il ne revient pas" ("Ele não Volta Mais"), também típica de soprano lírico. Vejam como Gounod vai nos mostrando ao longo da ópera todas as possibilidades dessa voz. Já a vimos melancólica, feliz, soará apaixonada no dueto de amor do terceiro ato, que comentaremos daqui há pouco, e agora está muito triste.

Mais Trechos Musicais Importantes

A introdução orquestral, o prelúdio da ópera, é um auto-retrato musical do autor, profundamente culto e profundamente imerso no romantismo do seu tempo.

A introdução é dividida em duas partes, e cada uma delas mostra ao ouvinte um dos aspectos da personalidade de Gounod, que já mencionamos: a primeira é uma profunda reflexão, em tom menor, austera, com ecos solenes de Bach. É o Gounod religioso. A segunda secção é romântica, *cantabile*, sentimental, com uma melodia que o ouvinte reconhece imediatamente, é o tema da ária de barítono do segundo ato, que começa pelas palavras "Avant de quitter ces lieux". É uma oração, uma *prière* que Valentin faz no segundo ato, pedindo proteção divina para sua irmã Marguerite, que vai ficar sozinha enquanto ele estiver na guerra. Até aí, dirá o ouvinte, nada de mais, há uma série de óperas, *Nabucco*, *Carmen*, *La Forza del Destino*, que colocam em sua abertura os temas favoritos da ópera. A curiosidade é que aqui a coisa é ao contrário, pois a ária foi escrita depois, a partir da música que já existia na abertura. A história é assim: quando a ópera estreou em Londres, em 1863, como já mencionamos, foi levada para dois teatros: além do Covent Garden, foi apresentada no Her Majesty's Theatre, em ambos com o libreto em italiano. No ano seguinte, 1864, o famoso barítono inglês Charles Santley, que já havia cantado na estréia do Her Majesty pediu a Gounod uma ária, pois seu papel era quase comprimário, não fazia jus a um cantor de sua categoria, e ele ia participar da nova montagem do Her Majesty's Theatre, desta vez em inglês. Gounod atendeu o pedido, usando a melodia da segunda parte da introdução, para a qual o crítico inglês Chorley escreveu a letra que começava pelas palavras "Even bravest heart may swell", que depois foi traduzida por um certo Pradère para o francês, tornando-se "Avant de quitter ces lieux". Na virada do século XIX para o XX, o que é engraçado, a maioria das pessoas conhecia esse trecho por sua versão italiana, "Dio possente, dio d'amor".

Além de compositor inspirado, Gounod era muito hábil como orquestrador. Há uma série de sutilezas, de momentos deliciosos na partitura. Um exemplo de um pequeno detalhe que nos dá a dimensão da segurança de Gounod acontece no segundo ato, durante a quermesse na taverna. Mefistófeles, simpaticíssimo, torna-se o centro das atenções dos freqüentadores, e como não gostou do vinho servido, resolve oferecer a todos um pouco do vinho de sua própria cave. Ele bate com sua espada numa tabuleta que tem a efígie de Baco com um barril desenhado, e o vinho começa a jorrar imediatamente. O fluxo do líquido, caindo lá de cima é descrito por um *portamento discendente* nos violinos, que entra logo depois da voz do baixo.

Apesar dos cinco atos, é incrível como essa ópera passa depressa, como o libreto é ágil. Não se perde tempo. Faust, agora jovem, readquiriu a faculdade de se apaixonar. Ele se aproxima de Marguerite, e imediatamente percebe que a ama e se declara. Não é mais o Faust lascivo, de antes do pacto, agora ele está liricamente, romanticamente, apaixonado por ela, é uma sensação nova, de transporte, que ele desconhece. Ao amar, ele fica feliz. E essa felicidade,

Gounod expressa numa valsa com coro, que todos os presentes à quermesse dançam. Ainda bem que nem Barbier nem Gounod tinham pruridos de alta fidelidade histórica, pois a história de *Faust* se passa no século XVI, e a valsa só iria surgir dois séculos depois. Uma última observação: não sei se durou tanto tempo quanto na Inglaterra, mas desde 1864, sua primeira apresentação em St. Petersburgo, *Faust* apareceu em muitas temporadas seguidas. Tchaikóvski fez sua estréia como maestro numa récita de *Faust*, e é sempre interessante reparar, o quando ouvimos o final do segundo ato desta ópera francesa, o quanto a valsa do *Ievgueni Onieguin* ficou devendo a Gounod.

A Música do Terceiro Ato

O terceiro ato é aquele que apresenta maior concentração de músicas bonitas e de trechos conhecidos por metro quadrado de partitura. Exige tanto dos cantores como se fosse – e até poderia ser – uma ópera independente. Começa com uma ária para o *mezzo-soprano* "Faites-lui mes aveux", onde o jovem Siebel, apaixonado por Marguerite, lava suas mãos com água benta para remover o encantamento do Demônio, o que faz com que as flores que ele toca murchem. A seguir, vem o trecho mais famoso da ópera "croce e delizia" dos tenores corajosos, a cavatina de Faust "Salut demeure chaste et pure", que Gounod colocou aí simplesmente para o tenor poder brilhar. A finalidade da ária é essa. Em termos teatrais não acrescenta nada, não tem a mínima finalidade dramática, se a gente a retirasse, a ação não sofreria nada com isso, mas o público perderia muito em deleite. Faust, acompanhado de Mefistófeles, que traz uma caixa cheia de jóias, vem empreender a sedução de Marguerite. Faust, liricamente apaixonado, manda o Demônio sair e canta "Salve moradia, casta e pura, onde se adivinha a presença de uma alma inocente e divina". Alguns autores – o que é engraçado – classificam solenemente essa passagem, em falta de nome melhor, como "ária de saudação". Na verdade é um trecho de extrema sensibilidade, um *larghetto* de concepção quase mozartiana, belíssima, coroada com um difícil dó *di petto*. Seguem-se as duas árias de Marguerite, "Balada do Rei de Thulé" e a "Ária das Jóias", às quais já nos referimos.

Logo em seguida, Faust e Mefistófeles vêm visitar Marguerite e uma vizinha dela, Marta. É a famosa cena do jardim, um quarteto. Aqui há uma piadinha do libretista: o Demônio traz à Marta a notícia da morte de seu marido na guerra dizendo "Madame, seu marido morreu e lhe manda lembranças", lógico, porque Mefistófeles está vindo do inferno. Isso se destinava a divertir um pouco a platéia, ainda mais, porque logo depois, Marta tendo ficado viúva, não perde tempo e lança seus encantos sobre o Demônio, que tem de se esforçar para se livrar dela. Quando finalmente ele consegue se desvencilhar, Mefistófeles vira-se para a platéia e diz: "Esta velha implacável, queria, por bem ou por mal, casar-se com o Diabo". E é nesse ponto que o Demônio começa realmente a trabalhar. Ele invoca a noite para que, entre suas sombras, Faust possa seduzir a inocente Marguerite. Mas essa invocação nada tem de diabólica, é uma passagem de grande lirismo para a voz do baixo. Eu me lembro de uma montagem em que Mefistófeles, embaixo de uma árvore, abria os braços, e o forro interno de sua capa, negro, era pontilhado de estrelas. Então o cenário começava a escurecer e as luzes – estrelas – do cenário ao fundo iam se acendendo até confundir-se com a capa. O ponto alto deste ato é o dueto de amor que Gounod reservou para o final. Terno e delicado, sua grande beleza reside na sublime simplicidade harmônica, e nos mostra como era claro o pensamento musical do autor e como sua técnica era elevada.

Ilustrações para os intervalos da ópera Faust,
transmitida ao vivo pela Rádio Cultura FM *de*
São Paulo do Metropolitan Opera House,
em 29 de março de 2003

LA JUIVE

Os ouvintes da Cultura FM estão prestes a ouvir uma verdadeira raridade. *La Juive* é praticamente desconhecida – música e argumento – da grande maioria do público contemporâneo, e só é lembrada hoje pelo fato de ter sido a última ópera cantada por Enrico Caruso em sua vida, na noite de natal de 1920. Caruso, já doente, morreria cerca de oito meses depois. Foi a terceira produção de *La Juive* no MET, estreou em 1919 e Caruso cantou doze récitas, fazendo o papel do judeu religioso Eleazar. As fotos da sua caracterização perfeita são muito conhecidas, assim como a gravação que ele fez da ária do quarto ato, "Rachel quand du seigneur". É o único trecho da ópera que sobrevive, graças justamente a essa gravação, que a partir daí passou a ser incluída em recitais e discos de vários tenores posteriores como Giovanni Martinelli, Beniamino Gigli, Mario Del Monaco e Placido Domingo, entre tantos outros.

Vamos situar *La Juive* cronologicamente. Estreou no Opéra de Paris em 23 de fevereiro de 1835. É, portanto, apenas um mês mais nova do que *I Puritani*, a última ópera de Bellini, e apenas sete meses mais velha que a *Lucia di Lammermoor* de Donizetti. Verdi e Wagner ainda não surgiram no horizonte. Rossini mora em Paris, mas parou de compor óperas há seis anos. O *Guilherme Tell* é de 1829. A maioria das óperas famosas do repertório atual não havia sido sequer composta.

É interessante notar que muito poucas óperas anteriores a *La Juive* são regularmente executadas nos dias de hoje. Entre as centenas de composições do século XVIII e início do XIX, talvez eu esteja me esquecendo de alguma, mas praticamente ficaram no gosto do grande público as três óperas italianas de Mozart e a *Flauta Mágica*, *Il Barbiere di Siviglia*, *La Cenerentola* e *L'Italiana in Algeri* de Rossini, *L'Elisir d'amore* de Donizetti e a *Norma* de Bellini.

Quanto à ópera francesa, a primeira habitualmente encenada em nossos dias é *Faust*, de 1859, quase vinte e cinco anos mais nova do que *La Juive*. É como se tivessem passado uma esponja em todo o período anterior da produção operística na França. É um período muito pouco conhecido, e o motivo principal é a mudança do gosto do público, que gradativamente foi abandonando sua predileção pela *grand-opéra*, um estilo do qual *La Juive* é um dos primeiros exemplares e que durou até mais ou menos até 1877, com *Le Roi de Lahore* de Massenet, a última obra-prima do gênero. O maior compositor deste estilo é Meyerbeer, hoje também praticamente abandonado.

História da Grand-Opéra

O apogeu do *grand-opéra* se dá entre 1830-1850. Em 1830, uma revolução liberal coloca no trono da França Luis Filipe, o chamado rei cidadão ou rei burguês. É uma monarquia constitucional, apoiada pelos liberais e pelos altos financistas e banqueiros. Substituindo a aristocracia, a burguesia enriquecida principalmente com a especulação financeira passa a ser o novo público da ópera, e o *grand-opéra*, espetáculo suntuoso, reflete o gosto desse novo tipo de público, ávido por luxo.

O principal codificador do *grand-opéra*, que estabeleceu suas regras, foi o libretista e dramaturgo Eugène Scribe, o autor do texto de *La Juive*. Sua obra é impressionante, ocupa 78 volumes. Escreveu mais ou menos 260 peças de teatro e cerca de 114 libretos. Seu apelido era "usina de libretos", tamanha era a sua velocidade de produção.

Nós podemos afirmar que é no libreto da ópera *La Muette de Portici* (A Muda de Portici), com música de Daniel Auber, de 1828, que Scribe chega ao modelo definitivo da estrutura do *grand-opéra*, confirmado logo depois com a encenação de *Robert Le Diable*, de 1831, com música de Meyerbeer. Tanto Scribe como outros libretistas irão repetir este exato modelo em dezenas de outras óperas, e seus efeitos se farão sentir até o *Don Carlo* de Verdi , e no *Tannhäuser* de Wagner.

São sempre cinco atos, cada um deles com um final espetacular. Faz parte da receita também que o primeiro e o último ato sempre comecem e terminem com grandes cenas em que o coral se mistura com as vozes dos solistas.

Obrigatoriamente, os cenários, luxuosos, mudavam a cada ato, e às vezes havia troca de cenário dentro do mesmo ato. Obrigatória, também, era a presença de pelo menos um grande balé, que deveria ser forçosamente encaixado na história. Em suma, não apenas ópera, mas um grandioso – e dispendioso – espetáculo teatral, com um número interminável de figurantes, com uma séria preocupação com a fidelidade histórica, expressa principalmente por meio dos trajes luxuosos e de ricos adereços. Efeitos especiais – foi nesse período que a iluminação à gás substituiu as antiquadas velas, permitindo jogar melhor com sombras e luz –, há vulcões, tempestades, cenas de batalha, com complexa maquinaria de palco. Era comum a existência – como efetivamente acontece em *La Juive* – de cortejos, desfiles, grandes cerimônias, execuções públicas, o que tornava a ópera muito, muito longa. *La Juive* integral, sem cortes, leva pouco mais de cinco horas.

Um cronista da época escreveu acerca da montagem de *La Juive*:

> Uma cenografia pomposa e resplandecente, onde a magia das telas do fundo se mistura à realidade dos primeiros planos. Couraças brilhantes, de aço e de cobre, trajes de seda com brasões, bispos, cardeais, monges, todos com hábitos de várias cores, e um imenso povo, distribuído com arte para criar efeitos com suas roupas.

Também a música era usada para sublinhar os efeitos especiais, e os compositores andaram fazendo experiências com novos sons. Em *Juive*, por exemplo, Halévy repete um procedimento, ao que parece, inventado por Auber em sua ópera *Le Maçon*, de 1825. Logo no primeiro ato, ouvimos os sons de martelos batendo em bigornas, na oficina de joalheria de Eleazar, que está trabalhando no feriado. Esse expediente, esse som de bigorna seria utilizado posteriormente, ao que eu me lembre, pelo menos três vezes: no *Benvenuto Cellini* de Berlioz, no famosíssimo coro dos ferreiros do *Il Trovatore* de Verdi e também na cena do preparo da espada no *Siegfried* wagneriano.

Pequeno Resumo

Em *La Juive*, a judia do título é Rachel, filha do velho e rico joalheiro Eleazar. Ela secretamente se tornou amante do jovem pintor judeu Samuel, que freqüenta sua casa. Mas Samuel, na verdade, não é judeu. Seu verdadeiro nome é Leopold, ele é o sobrinho do imperador Sigismundo e, pior ainda, casado com a princesa Eudoxia. A ligação entre eles acaba vindo à tona. Como as relações carnais entre judeus e cristãos são proibidas por lei, Rachel, Leopold e o próprio Eleazar são condenados à morte. O testemunho de Rachel acaba inocentando Leopold, e ela assume a culpa toda para si.

O cardeal Brogni, que banira Eleazar de Roma muitos anos antes, propõe uma solução para salvar pai e filha. Se abjurarem a fé judaica e se tornarem cristãos, serão perdoados. Eleazar se recusa, e diz ao cardeal que há muitos anos, antes de Brogni se tornar membro da Igreja, quando Roma foi invadida, e a família do cardeal assassinada, sua filha recém-nascida, dada como morta, foi salva e criada por um judeu que só ele, Eleazar, sabe quem é. Consultada pelo pai, Rachel também se recusa a abandonar sua fé. Pai e filha são levados para a execução. Brogni, desesperado, pergunta a Eleazar se sua filha ainda vive. Sim, responde Eleazar: é Rachel, que acaba de ser atirada ao caldeirão de óleo fervente. Eleazar se joga também no caldeirão, e a ópera termina.

Características do Grand-Opéra e dos Libretos de Scribe

Em seu livro dedicado à ópera na França, Lauro Machado Coelho cita uma obra importante, de autoria de Karin Pendle, chamado *Eugène Scribe e a Ópera Francesa do Século XIX*, que enumera direitinho os componentes que não podem faltar a uma *grand-opéra* bem feita, conforme a codificação de Scribe. São quatro pontos:

1 – Uma intriga com ação retardada que se baseia num fato acontecido antes que o pano se erga, e cujas conseqüências ajudam o drama a atingir o clímax através de uma bem calculada progressão de sucessos e fracassos contrastantes no destino das personagens;

2 – Um equívoco central, ou segredo revelado à platéia, mas não a todas as personagens da peça, e que tem um efeito crucial sobre a ação;

3 – A preparação da platéia para o que vai acontecer, através de um escrupuloso tratamento dos detalhes da ação e da motivação dos personagens;

4 – A exploração sistemática de todos os efeitos de suspense que cada ato lhe oferece.

La Juive, como veremos, tem todos esses ingredientes muitíssimo bem-dosados. Há cinco momentos de revelação, destinados a causar um *frisson*, um impacto na platéia da ocasião. No segundo ato, Leopold revela sua condição de cristão, não-judeu, duas vezes: primeiro a Rachel, que fica desesperada, e em seguida a Eleazar. Depois, há o momento em que Rachel descobre que seu amante é, na verdade, o herói Leopold, marido da princesa Eudóxia, que conduz ao magnífico sexteto final do terceiro ato; no quarto ato, Eleazar conta ao cardeal Brogni que sua filha vive; e no final da ópera, no quinto ato, a revelação final: antes de morrer, Eleazar conta a Brogni que Rachel, que acabou de ser executada, não era sua filha, mas sim a filha do próprio cardeal. Se algum dos ouvintes se lembrou do final de *Il Trovatore* de Verdi, acertou. Esse é um dos clichês teatrais do romantismo.

Os libretos de Scribe têm uma série de características particulares que provêm da literatura de sua época. Sentimento religioso, misticismo, paixões intensas, às vezes violentas. Há um abandono do interesse de argumentos passados na Grécia e em Roma, muito usados no barroco e no classicismo. No lugar da antiguidade entram agora a Idade Média e a Renascença, com uma grande preocupação com a cor local, mostrando a influência do romance histórico de Walter Scott, de Victor Hugo e de Alexandre Dumas pai.

Habitualmente, os libretistas baseiam o texto da ópera em uma peça de teatro. No caso de *La Juive* é diferente: Scribe escreveu o libreto sem utilizar nenhuma fonte direta, inventou a história sozinho, embora, como acabamos de ver, tenha recorrido a clichês, como o final *alla Trovatore*. Estudiosos tendem a identificar Rachel, com seu sacrifício pelo cavaleiro cristão a quem ama, com a jovem judia Rebecca do *Ivanhoé* de Walter Scott. As cenas em que Eleazar comercia suas jóias poderiam ter sido inspiradas por Shylock, do *Mercador de Veneza* de Shakespeare.

Porque em Constanza, na Suiça – História do Concílio

Alguém pode perguntar por que Scribe foi ambientar sua história justamente na Suíça, às margens do Lago Constanza. Isso tem a ver com uma das regras do *grand-opéra*, que é situar a narrativa num momento histórico perfeitamente definido e conhecido, embora, às vezes, com alguma "alteraçãozinha" no fato histórico para melhorar o argumento da ópera. No caso de *La Juive*, é um momento de grande intolerância religiosa, o famoso Concílio de Constança, que durou de 1414 a 1418, terminou com o chamado cisma ocidental da Igreja Católica.

Nos primeiros anos do século xv, temos dois papas ao mesmo tempo: em Roma Gregório xii, e em Avignon, na França, Bento xiii. Para resolver a situação, os cardeais convocaram um concílio em Pisa, em 1409. Como nenhum dos dois papas compareceu, os cardeais elegeram um terceiro papa, Alessandro v, que logo morreu e foi substituído por João xxiii, que passou a história como antipapa. É por isso que em 1958, quando o cardeal Roncalli foi eleito, adotou o nome de João com mesmo número, xxiii, pois o antipapa de 1409 não valia para efeito de contagem.

Chegamos então a 1414 com três papas: Gregório, Bento e João. Insatisfeito com esse estado de coisas, Sigismundo, rei da Boêmia e da Hungria e imperador do Sacro Império Romano, forçou João xxiii a convocar o Concílio de Constança, onde a ópera se passa. O imperador se autoproclamou presidente do Concílio, ao qual vieram cerca de cinco mil pessoas, a nata da igreja, aristocracia e cultura européias da ocasião. João xxiii, acusado de uma série de crimes fugiu, Gregório e Bento abdicaram, e em 1417 foi eleito um novo papa, Martinho v, pondo fim ao cisma. O Concílio também condenou à morte e executou numa fogueira o reformador religioso da Boêmia, Jan Huss. O Concílio o convidou a defender-se da acusação de heresia, garantindo-lhe imunidade, que depois não foi respeitada. Huss acabou se transformando num mártir, e os seus seguidores, os hussitas, se organizaram num exército para vingar sua morte. Esse é o errinho histórico de Scribe na nossa ópera, pois Leopold é recebido em Constança como herói, justamente por ter derrotado militarmente o levante dos hussitas, que ainda não tinha acontecido.

Na ópera, Rachel e seu pai são, na verdade, vítimas inocentes dessa intolerância generalizada que o Concílio gerou na população, combinado com o anti-semitismo latente da época.

Da Estréia, do Sucesso, da Crítica

A estréia em fevereiro de 1835, no Ópera de Paris, teve um sucesso extraordinário, espetacular.

Mais do que o argumento – eu não diria que o público ficou particularmente comovido com o anti-semitismo e a intolerância retratados – os espectadores amaram a riqueza, a suntuosidade do espetáculo, com grandes cantores e balé de alta qualidade. A música, que hoje, aos nossos ouvidos, não parece nada excepcional, embora contenha grandes momentos, mas alternados com coisas absolutamente banais, foi muito bem acolhida, inclusive recebendo uma resenha positiva de Berlioz.

Nesse ponto, é importante a gente lembrar o nome de Louis Véron. Véron foi o empresário do Opéra de Paris entre 1831 e 1836. Quando Luis Filipe assumiu o poder, assustou-se com o tamanho do prejuízo do teatro, e decidiu que o Estado não iria mais manter o Opéra, privatizou-o e Véron assumiu o risco. Devia ser muito competente, pois acabou com a farta distribuição gratuita de ingressos, coisa que nem Napoleão Bonaparte havia conseguido, e conseguiu não apenas reverter o déficit, mas também ficar legitimamente rico ao final de sua gestão. Pensava tudo grande: seu coral tinha uma enormidade de cantores, e mantinha sessenta maquinistas efetivos para os efeitos especiais. Os cenários passaram a ter efeitos panorâmicos, tridimensionais, criados pelo arquiteto Pierre Cicéri e por Jacques Daguerre, o pioneiro da fotografia. Foi, então, a direção de Véron que criou meios para que o conceito de *grand-opéra* pudesse se materializar com todo seu esplendor. A ele, Meyerbeer e Halévy devem grande parte de sua fama.

La Juive foi uma das últimas realizações de Véron, uma produção caríssima, mas que obteve retorno imediato de bilheteria. Afinal foram 45 récitas só na primeira temporada.

O custo alto da produção decorreu da decisão de se usar em cena objetos e trajes os mais autênticos possíveis. Eu encontrei um resumo das diretrizes de palco para a grande procissão e desfile que abre o primeiro ato que diz o seguinte:

> As tropas imperiais passam marchando pelo portal da catedral. Príncipes da igreja precedem o imperador. O cardeal Brogni senta-se sob um magnífico dossel. Quando surgem o imperador e seus oficiais, todos a cavalo, os sinos da catedral e das outras igrejas da cidade tocam festivamente enquanto se ouve o som dos canhões.

Um jornal da época não poupou elogios a essa cena:

> Nessa prodigiosa ressurreição de um século distante, nada se perdeu. Os trajes dos guerreiros, dos civis e dos eclesiásticos não foram imitados, mas reproduzidos em seus mínimos detalhes. Nada de armaduras de *papier-maché*, porém de metal verdadeiro. Víamos homens de ferro, homens de prata, homens de ouro! O imperador parecia, da cabeça aos pés, um lingote brilhante. Os cavalos, assim como seus cavaleiros, estavam historicamente equipados. Se não se tomar cuidado, o Opéra pode se tornar uma potência militar capaz de atirar seus exércitos pela Europa causando um sério desequilíbrio político.

O sucesso da ópera, enorme a princípio, foi depois decrescendo. Ficou cerca de um século no repertório, depois praticamente sumiu. Em junho de 1840, completou sua centésima apresentação no Opéra. E até 1893, contavam-se 550 récitas. Entre essa data e 1934, última montagem no Opéra, apenas houve mais doze apresentações. O interesse foi diminuindo. O próprio Metropolitan apresentou *La Juive* pela última vez em 1936. Foi um fenômeno que, como nós já dissemos, aconteceu também com outras *grand-opéras* como *Robert Le Diable, O Profeta, A Africana, Os Huguenotes*, rarissimamente encenadas hoje em dia, inclusive por causa do custo da montagem.

Análise dos Personagens

Eleazar é, de longe, o grande papel da ópera. É um personagem complexo, multifacetado. Profundamente religioso, não importa quantas desgraças lhe aconteçam, sua fé no Deus de Israel é inabalável. Por sua fé, viu seus filhos serem queimados vivos na fogueira (está no libreto, ele diz isso ao prefeito logo no início da ópera). Por sua fé, também, ele foi banido de Roma pelo futuro cardeal Brogni. O relacionamento de Eleazar com o mundo cristão é meramente comercial. Sua habilidade como joalheiro o fez enriquecer. Entretanto ele não é aceito pelos cristãos nessa época de preconceito. Ele próprio se considera um *outsider*, vive sempre em perigo, afastado, odiando surdamente os cristãos, a quem, com razão, culpa por seus males. Mas, ao mesmo tempo, é um pai amoroso e um homem de caráter, que não hesitou em salvar a vida de uma recém-nascida não judia, a filha do cardeal, criando-a como se fosse sua e educando-a na fé hebraica, que ele considera a única verdadeira. Em alguns aspectos, ele é um, digamos, parente afastado do bufão Triboulet, da peça *Le Roi s'amuse*, de Victor Hugo, que serviu de base para o *Rigoletto* verdiano.

Halévy, também nascido em uma família judaica, embora não fosse ortodoxo praticante, conseguiu imprimir a certas passagens da música de Eleazar uma religiosidade muito forte, e o interessante é que o fez sem utilizar temas hebraicos. Sua música é toda francesa. Uma das passagens mais profundas é o momento em que Eleazar celebra o

Pessach, a Páscoa, que é a festa religiosa mais importante do rito judaico.

É a chamada "Ária da Páscoa", na verdade uma oração, que começa pelas palavras "Dieu, que ma voix tremblante", ("Deus, que minha trêmula voz possa subir aos céus").

A personagem de Rachel, numa época da ópera em que a heroína-padrão é Lucia di Lamermoor ou Elvira de *I Puritani*, representa um certo avanço em direção à modernidade. Sensível, inteligente, não abre mão de seus princípios e, ao final, é a grande sacrificada. O pai, cético, não nutre esperanças em relação ao mundo exterior, mas Rachel, que até então era animada por um grande amor, percebe que foi enganada e não hesita em denunciar a si própria e a Leopold. Sua esperança acabou. No fim, abdica de tudo: do amor e da vida, como uma antecipação da longínqua Madama Butterfly. A comparação é interessante, porque ao mesmo tempo Leopold, que consegue sair ileso, abandonando a esposa à própria sorte e Rachel à morte, nos lembra um bisavô do tenente Pinkerton. Há ainda um outro aspecto, do qual o libretista revestiu Rachel, que é o exotismo, associado à pseudo-origem judaica da personagem. A jovem sensual, de um povo estranho, um tanto desconhecido, vagamente vindo do Oriente. Selika na *L'Africaine*, Lakmé e a própria cigana Carmen, no futuro, remeterão a este arquétipo comum na ópera francesa.

A primeira intérprete de Rachel foi o famoso soprano francês Marie Cornélie Falcon, cujo nome acabou virando sinônimo de um certo tipo de soprano dramático francês. Ao estrear *La Juive*, contava cinco anos de carreira, tinha feito um sucesso extraordinário em 1832 como Alice na estréia de *Robert Le Diable* de Meyerbeer. O sucesso como Rachel tornou-a muito importante, e ela confirmou seu valor como a primeira intérprete de Valentine em *Les Huguenots* de Meyerbeer. Numa época em que o canto de coloratura dominava, Falcon se distinguia apenas pelas inflexões, pelo colorido da voz, pela acentuação, sem canto de agilidade, que não era seu território. Isto fica claro na ária "Il va venir", do segundo ato, que acontece quando Rachel, ansiosa, espera pela chegada de Leopold, e que foi escrita especialmente por Halévy para a voz de Falcon.

A princesa Eudóxia, essa sim um soprano de coloratura, é a frágil heroína que o romantismo associou a este tipo de voz, e estabelece um contraste interessante com a voz mais pesada e com a personalidade inquieta de Rachel. Cristã, aristocrata, consciente de sua posição, é uma criatura feliz que canta como um passarinho e não está muito preparada para o sofrimento que chega. Enfim, uma personagem sem os questionamentos íntimos de Rachel.

Sua ária no terceiro ato, quando ela fala a Leopold de seu amor, nos conta tudo isso. É o trecho "Mon Doux Seigneur et Maitre" ("Meu Doce Senhor e Mestre"), conhecido como *Bolero*, e pode muito bem ter servido de modelo a Giuseppe Verdi para o trecho de mesmo nome de *I Vespri Siciliani*.

O cardeal Brogni pertence àquela linhagem de sacerdotes da ópera descendentes do pontífice máximo de *La Vestale* de Cherubini e do *Moisés* de Rossini. Compassivo e austero – nós vimos que ele já salvou a vida de Rachel e Eleazar no primeiro ato –, antecipação do padre Guardiano da *Forza del Destino*, Brogni é, entretanto, intransigente na defesa da sua fé, tanto quanto Eleazar. É um confronto entre dois monolitos. Quando, em meio à grande festa, em honra de Léopold, o vencedor dos hussitas, Rachel, desesperada, torna público o pecado de ambos, Brogni não hesita em amaldiçoar terrivelmente Leopold, Rachel e seu pai, na ária "Vous qui du Dieu Vivant outragez la Puissance" ("Vós, Cuja Presença Ofende o Poder do Deus Vivo").

O Balé do Terceiro Ato

Como já dissemos, um dos fatores obrigatórios da *grand-opéra* é a existência de um balé durante o espetáculo, sempre muito esperado pelo público. Mesmo quando o argumento não precisasse ou não tivesse muito a ver com dança, cabia ao libretista dar um jeito para criar um momento próprio para que o balé acontecesse. Não era muito difícil, pois a *grand-opéra* estava sempre cheia de festas e celebrações. Era importante também que o balé nunca estivesse no primeiro ato, sempre no segundo ou no terceiro. Isso não se prende a nenhuma imposição de forma ou estilo. Tem uma explicação bem mais prosaica. Acontece que os jovens e ricos cavalheiros de lazer, antes de ir ao teatro, costumavam jantar no Jockey Club, e só chegavam lá pelo segundo ato, apenas para assistir à performance das bailarinas. Parece que fazia parte do status social da época ter como protegida, como amante, uma bailarina do Ópera de Paris.

O balé de *La Juive* acontece no terceiro ato, durante a festa em honra a Leopold, antes da denúncia de Rachel. Sua historinha é a seguinte:

Um grupo de cavaleiros andantes cristãos chega ao castelo encantado. Um deles toca uma trompa. Aparece um anão, e logo depois um cavaleiro sarraceno. Os cristãos juram tomar o castelo. Combatem os mouros e os vencem, e as damas que estavam prisioneiras no castelo encantado saem dançando alegremente.

Para o Último Intervalo

O quarto ato concentra alguns dos melhores momentos da ópera. Nele se pode notar como a orquestração de *La Juive* é bem feita. O ouvinte atento já deve ter percebido nos atos anteriores algo que se repete agora, a ênfase que Halévy dá aos instrumentos de sopro, combinados ou a solo. Uma passagem muito interessante, que começa com um pequeno solo de clarinete, é o dueto "Ah! Que ma voix plaintive", que acontece quando Eudóxia vai à cela de Rachel, na prisão, implorar que esta mude seu testemunho para salvar a vida de Leopold. Esse é o primeiro dos grandes descendentes do dueto da *Norma* de Bellini, em que duas mulheres apaixonadas pelo mesmo homem se confrontam vocalmente, uma linha que se estenderá até a *Aida* de Verdi, a *Fosca* de Carlos Gomes, a *Gioconda* de Ponchielli, muitos anos depois.

Como dissemos, a ária de Eleazar, "Rachel quand du Seigneur", é a mais famosa da ópera, é a parte central da grande cena de Eleazar do quarto ato, precedido de um recitativo e seguida por uma cabaleta. Teatralmente, é muito efetiva. É o único momento de dúvida de Eleazar, em que ele pensa em abandonar sua fé para salvar a vida de Rachel. Mas o grito dos cristãos, do coro externo, exigindo a morte dos judeus na fogueira, faz com que ele volte à sua crença e, apesar de todo o amor que sente pela filha, resolve caminhar com ela, como dois mártires para o sacrifício.

Foi o criador do papel, o tenor Adolphe Nourrit, que insistiu com os autores para que a ária fosse inserida nesse ponto e, segundo reza a tradição, foi ele mesmo o autor da letra. Nourrit foi um cantor muito elegante, um dos últimos tenores bel-cantistas, primeiro intérprete de Arnoldo em *Guilherme Tell* de Rossini e de Masaniello em *Muette de Portici* de Auber, criador do protagonista em *Robert le Diable*, Raoul em *Huguenots* entre outras.

Vocal e melodicamente a ária não representa nenhuma grande invenção, é uma espécie de cantilena com uma tessitura sem muitas dificuldades. A orquestração, porém, é extremamente caprichada. Sua introdução orquestral, que deixou Berlioz muito impressionado pelo colorido, é feita pela combinação de dois cornes ingleses. Ao longo da ária, além do *pizzicato* dos violinos feito com a mão esquerda, Halévy estava experimentando e descobrindo novos efeitos nos metais. Essa predileção pelo uso dos sopros ao longo de toda a ópera se explica: o sistema de válvulas, que permite o cromatismo nas trompas e nos trompetes tinha acabado de ser inventado, e não só na cena de Eleazar, mas nos atos anteriores, a gente ouve essa nova utilização das válvulas, abrindo caminho para

Meyerbeer, Berlioz e o próprio Verdi. Essa ária ficou tão famosa, que virou até nome de personagem de romance: Em seu *A Busca do Tempo Perdido*, Marcel Proust fez com que o personagem Saint-Loup rebatizasse sua amante de "Rachel quand du seigneur".

Dados Biográficos de Halévy

Hoje praticamente esquecido do grande público, Halévy foi tão importante no meio musical parisiense no século passado que uma das ruas que circundam o edifício do Ópera de Paris leva seu nome, honra que ele divide com Meyerbeer e Scribe.

Jacques-François Fromental Halévy nasceu em Paris em 1799, numa família judaica cujas raízes provém da Espanha de antes da Inquisição. A família era culta e bem situada financeiramente.

Halévy compôs 39 óperas, das quais três ficaram incompletas. *La Juive* é a primeira de suas onze colaborações com Eugène Scribe.

Aos dez anos, Halévy ingressou no Conservatório de Paris. Três anos depois, passou a freqüentar a classe de Luigi Cherubini, e teve com esse seu professor uma relação de profunda amizade que durou a vida toda. A partitura de *La Juive* é dedicada a Cherubini.

Halévy foi um freqüentador assíduo da ópera italiana, venceu o cobiçado *Prix de Rome* em 1819. No tempo que passou na Villa Médici em Roma (onde iam residir os ganhadores do prêmio), aprendeu a falar e a escrever italiano perfeitamente.

Em 1831, foi contratado pelo Opéra como chefe de canto, no início da gestão de Louis Véron. Em 1833, assumiu também, por recomendação de Cherubini, a cátedra de contraponto e fuga do conservatório. Entre seus alunos, Gounod, Ambroise Thomas, Saint-Säens e Georges Bizet, que se tornaria seu genro.

1835 foi um grande ano. Além do sucesso espetacular de *La Juive* em fevereiro, ele triunfou também com uma *opéra-comique*, *L'Eclair*. Naquele ano, aos 35 anos, recebeu do governo francês o título de Cavaleiro da Legião de Honra.

Halévy teve uma vida social bastante ativa e muitas honrarias públicas. Faleceu aos 62 anos em Nice. Seu sobrinho Ludovic Halévy foi um libretista famoso que colaborou nos textos de várias operetas de Offenbach e também no libreto de *Carmen* de Bizet.

Ilustrações para os intervalos da ópera La Juive,
transmitida ao vivo pela Rádio Cultura FM
de São Paulo do Metropolitan Opera House,
em 13 de dezembro de 2003

L'ITALIANA IN ALGERI

A Composição da Ópera

Rossini já era um compositor veterano quando completou 21 anos, em fevereiro de 1813 – nasceu no dia 29 – e era razoavelmente respeitado em Veneza, onde havia estreado cinco de suas nove óperas. Essas cinco óperas eram *burlette*, farsas cômicas em um ato, escritas para um pequeno teatro dedicado à ópera bufa chamado San Mosè, cuja importância em Veneza era relativa.

Mas a qualidade da música de Rossini chamou a atenção, e a grande chance veio com a encomenda de uma ópera séria para o Teatro La Fenice, que era de "primeira linha", tão importante naquela época quanto o Scala de Milão. A ópera foi *Tancredi*, com a qual Rossini passou da categoria de apenas bom compositor para a de grande compositor internacional. Com o sucesso de *Tancredi*, que estreou em fevereiro, um outro teatro importante de Veneza, o San Benedetto, contratou Rossini para compor uma nova ópera bufa, marcando sua estréia para maio daquele mesmo ano, 1813.

Como havia pouco tempo disponível, o teatro resolveu optar por um libreto já existente, *L'Italiana in Algeri*, que o poeta Angelo Anelli havia escrito uns anos antes para um compositor importante da época, Luigi Mosca.

A *Italiana* de Mosca tinha estreado no Scala de Milão cinco anos antes, em 1808, bem recebido, teve 35 récitas. Anelli escreveu seu libreto baseado na lenda de Roxelane, uma lindíssima escrava do famoso governante turco do século XVI, Suleiman o Magnífico. Também se baseou na história real de uma jovem aristocrata de Milão, Antonietta Frapolli Suini, que em 1805 foi raptada de um navio por corsários argelinos, e após passar por vários haréns, acabou voltando para a Itália num barco veneziano pouco tempo depois.

L'Italiana de Rossini estreou em 22 de maio de 1813. Nesse meio tempo, ele tinha viajado para supervisionar o *Tancredi* em Ferrara, mas voltara a Veneza a tempo de completar a nova ópera.

Um jornal de Veneza, o *Giornale Dipartimentale dell'Adriatico*, afirmou num artigo que *L'Italiana* fora composta e orquestrada em apenas 27 dias, embora Rossini, que além de ter muito orgulho da sua velocidade de composição sabia cuidar – e cuidava – muito bem do seu *marketing* pessoal, tinha afirmado para o correspondente de um jornal alemão que tinha levado apenas dezoito dias.

Rossini praticamente não mexeu no libreto, só fez um acréscimo importante que foi o famoso final do primeiro ato, o septeto onomatopaico que será comentado depois.

L'Italiana estreou com cantores de primeiríssima linha. No papel-título, o contralto Maria Marcolini, a grande paixão de Rossini na ocasião. Mustafá era Fillipo Galli e Lindoro, o tenor Serafino Gentili. A ópera foi muitíssimo bem recebida pelo público, que atirava, das galerias, folhas com poesias elogiando Rossini, e pela crítica, que escreveu: "*L'Italiana* certamente encontrará o seu lugar entre as melhores obras do gênio e da arte". Rossini, felicíssimo com a recepção, afirmou com seu humor característico: "Pensei que quando os venezianos ouvissem minha ópera, eles pensariam que eu havia enlouquecido. Mas eles se mostraram ainda mais loucos do que eu!".

Desenvolvimento

L'Italiana in Algeri é a primeira grande obra-prima cômica de Rossini, em qualidade e em extensão. Já não é uma farsa ou *burletta*, mas uma ópera, preparando o caminho de *Il Turco in Italia*, *Il Barbiere di Siviglia* e *La Cenerentola*. A ópera é bonita do começo ao fim, não tem partes fracas, é dinâmica, e a música é alegre sem esquecer de ser sublime quando necessário.

Dentro de *L'Italiana* já se pode ver Rossini adotar muitos dos procedimentos que vão, a partir mais ou menos de 1815, da fase napolitana, constituir o chamado *Codice Rossini*, o Código Rossini. Eu queria deixar claro para o ouvinte que Rossini jamais propôs uma teoria, ou buscou fundar uma escola. Ele jamais ouviu durante a vida essa expressão associada a seu nome. Foi experimentando aos poucos, tateando, a partir da herança de Mozart e de outros compositores classicistas, até instintivamente chegar a uma fórmula de fazer ópera que funcionou tão bem a ponto de todos os compositores italianos, depois de Rossini, terem usado e abusado dela até mais ou menos 1860-1865. O *Codice* deu a receita correta tanto para um certo conteúdo dramático, tanto na ópera séria como na bufa, e também, eu diria, principalmente na estrutura formal, na seqüência dos números. Assim, logo depois da abertura, um coro descreve o ambiente ou os acontecimentos, e entra aí o primeiro personagem principal, na maioria das vezes um personagem masculino que canta sua ária, muitas vezes com cabaleta, onde ele se autodescreve para o público.

Depois acontece algum diálogo, ou algum contraste com o coral, para aparecer o segundo personagem, que repete o mesmo procedimento.

Dois bons exemplos são o *Barbeiro de Sevilha* do próprio Rossini e a *Norma* de Bellini, onde, um por vez, desfilam todos os personagens. Aqui na *Italiana* é igual. O primeiro a entrar é o Bey Mustafá, que de cara já nos avisa que não agüenta mais sua mulher. Depois é a vez de Lindoro, o escravo italiano do Bey. Lindoro é um típico *tenore di grazia*, e o papel é clássico: ele é o jovem amoroso – voz clara – na ópera bufa. É um descendente, por exemplo, do Ferrando do *Così fan tutte* de Mozart. Lindoro é o namorado de Isabella, que ele deixou na Itália. Vive triste não porque é escravo – porque essa escravidão de ópera bufa faz dele mais um hóspede, embora forçado, do palácio –, ele vive triste de saudade, *languendo*. Então: ele entra em cena triste, para a sua ária inicial de auto-apresentação, que se chama "Languir per uma bella". Vejam como Rossini era genial: usando uma trompa *obbligato* ele cria uma atmosfera de melancolia romântica que nos informa o que vai na alma do Lindoro mesmo antes dele começar a cantar. Hoje, se canta esta ária em ré. Originalmente foi escrita em mi bemol, meio tom acima. A explicação que eu encontrei para isso é que o tom mais alto era melhor para a trompa que, naqueles anos, ainda não tinha válvulas.

A segunda parte do solo de Lindoro, que corresponderia mais ou menos a uma espécie de cabaleta, nos mostra com que classe Rossini podia manejar as emoções através da música. Nessa parte final, o andamento fica mais rápido, a música mais brilhante, porque a tristeza abandona Lindoro, ele canta *Contenta quest'alma*, é invadido pela esperança, e pela alegria de pensar em Isabella o tempo todo.

Eu queria agora examinar com os ouvintes a entrada de Isabella, a personagem-título, a jovem italiana determinada que em vez de ficar chorando em casa, tratou de tomar um navio para procurar seu noivo Lindoro, o amor de sua vida, aprisionado pelos piratas turcos da Argélia.

Como ela é a personagem mais importante da ópera, é a última que entra, com direito inclusive a troca de cenário.

A cena é uma praia cheia de rochas, onde o navio que transportava Isabella encalhou e foi cercado pelos piratas. Numa imagem tipicamente italiana, representando, como alguém já comentou, a eterna feminilidade, Isabella entra, ou melhor, surge do mar, como a Vênus de Botticelli, lindíssima, causando murmúrios de admiração entre os piratas. Não podemos esquecer que Rossini estava apaixonadíssimo pela Maria Marcolini, a criadora do papel.

Muita gente comenta que Rossini freqüentemente levava elementos da ópera cômica para suas óperas sérias, e com razão. Mas o que se esquece de comentar, é que Rossini, quando o teatro permitiu ou exigiu, adotou elementos da ópera séria dentro da ópera bufa, fugindo assim do modelo chamado "clássico".

Se prestarmos atenção, veremos que a Isabella não tem nada de cômico. É como eu disse, uma jovem mulher decidida, honesta consigo mesma, sem nenhuma dúvida quanto ao seu amor, seus sentimentos. É extremamente corajosa e enfrentou o grande perigo da viagem para salvar o homem que ama. É por isso que quando a crítica especializada de Nova York, há algumas semanas atrás, antes da estréia, levantou dúvidas quanto à escolha de Olga Borodina para o papel de Isabella – porque afinal de contas ela sempre cantou Dalilas, Ébolis e Marinas –, e não teria verve para a comédia, eu não me preocupei nem um pouco. Para criar uma boa Isabella, se a cantora entender o espírito do personagem, pode resolver o papel apenas com um pouco de fina ironia no lugar de comédia. E a sua ária de entrada nos mostra exatamente isso: ao entrar leva um grande susto por ver-se cercada pelos piratas, mas disfarça o medo, não deixa que ninguém perceba. Inicialmente se queixa do destino, a ária começa pelas palavras "Cruda sorte, amor tirano" ("Sorte cruel, amor tirano"). Mas passados alguns segundos, ela já se recompôs, e seu primeiro pensamento é para Lindoro, sob cuja inspiração ela espera encontrar uma solução para contornar o perigo que a ameaça. Após um comentário dos piratas, a solução se forma muito clara em seu cérebro. A ária – a parte inicial da cena – é feita de um canto introspectivo, estático, de meditação. A frase final é a ponte para a cabaleta "Già so per pratica", em que o andamento se acelera e Isabella passa da meditação para ação. E é a música, mais uma vez, que nos explica isso, o vulcão de idéias de Isabella. Ela já sabe como agir. Vai combinar beleza e malícia, usar suas artes femininas para manipular a todos e conseguir salvar o seu Lindoro. Pois, afinal, quem tem tais atributos nada tem a temer dos homens.

Finale Primo

Nas óperas do período clássico, obrigatoriamente nas óperas bufas, mandava a tradição e a expectativa do público que o primeiro ato terminasse com um *concertato*, com todos ou quase todos os personagens no palco, na maioria das vezes com o coro. Bons exemplos são *Il Matrimonio Secreto* de Cimarosa, *Così fan tutte* e, o *dramma giocoso, Don Giovanni* de Mozart. A tradição se manteve com Rossini, *Il Barbiere di Siviglia, La Cenerentola* e continuou depois dele no romantismo, basta ver *L'Elisir D'Amore* de Donizetti e *Un Giorno di Regno*, a ópera bufa de Verdi.

Em *L'Italiana in Algeri*, Rossini respeitou a tradição. Como já foi dito anteriormente, foi aí, no fim do primeiro ato, que Rossini alterou ou pediu para alterar o libreto, construindo um dos grandes momentos da história da ópera italiana.

O final do primeiro ato é um típico *concertato di stupefazione*, aquele momento da ópera em que um evento inesperado deixa todos os personagens estupefatos, de boca aberta, sem ação. Para conseguir o efeito desejado o autor usou um de seus expedientes favoritos, o famoso *crescendo rossiniano*, em que a intensidade sonora vai aumentando, vai crescendo paralelamente a uma rápida progressão harmônica e melódica. O efeito é grandioso, a impressão é que o som não pode ser contido. O ouvinte irá se lembrar que Rossini utilizou depois este mesmo modelo no final do primeiro ato do *Barbiere*, e também no segundo ato da *Cenerentola*, no *concertato* do "Nodo Avillupato".

Aqui na *Italiana* há uma grande novidade. Com sete cantores solistas – Lindoro é um tenor, Taddeo geralmente um barítono, Mustafá e Haly dois baixos, Isabella originalmente um contralto, hoje um *mezzo*, Elvira soprano e Zulma um *mezzo*, além do coro – Rossini percebeu que não adiantava um libreto elaborado, porque ninguém iria compreender uma só palavra com todo o mundo falando ao mesmo tempo. E, aí, vem o vislumbre do gênio: Rossini, simplesmente, faz um texto onomatopaico (para quem esqueceu, onomatopéia, segundo o dicionário, é a "palavra cuja pronúncia imita o som natural da coisa significada"). Então, com todos estupefatos, as três mulheres cantam "din-din-din", imitando o sino que elas parecem escutar dentro de suas cabeças, Lindoro e Haly fazem "tac-tac-tac", imitando um martelo que percute as suas cabeças; Mustafá diz que sua cabeça vai explodir como canhão e canta "bum-bum-bum"; o pobre Taddeo, que se sente como uma gralha depenada, entoa "cra-cra-cra". Além de ficar muito engraçado, Rossini criou aqui um exemplo comparativo perfeito das seis classificações vocais das vozes para o canto.

Turquerie

Ao examinarmos diversas manifestações culturais européias do século XVIII, até início do século XIX, encontramos uma série de referências à Turquia, na literatura, nas artes, na mobília, numa onda que os franceses denominaram de *turquerie*. Na música, como reflexo, houve tentativas de reproduzir sons e escalas considerados "turcos". Imediatamente nos vem à memória o trecho de Mozart conhecido como "Marcha Turca", que é na verdade o "rondò alla turca", último movimento da *Sonata n. 11*. Em *As Ruínas de Atenas*, Beethoven inseriu também uma *marcha turca*.

Esse fascínio pelas coisas turcas nasceu, na verdade, de uma grande ameaça, de um grande perigo que a Europa sofreu ao ser invadida e dominada pelas forças otomanas. No século XVI o império turco era a maior potência naval do Mediterrâneo. A Argélia, onde se passa a nossa ópera, fica no litoral norte da África, de frente para o Mediterrâneo.

Em 1571, as forças européias derrotaram finalmente a frota turca na famosa batalha de Lepanto, mas os turcos continuaram aguerridos, e em 1683, sob o comando do Paxá Mustafá, nome do personagem da nossa ópera de hoje, que era um grão-visir, eles conquistaram a Hungria. A seguir, assediaram Viena e quase conquistaram a cidade. Foi por pouco. Os turcos começaram a cavar um túnel por baixo das muralhas, e só trabalhavam à noite, para não dar na vista. Quem notou, ou ouviu uma movimentação estranha para aquela hora foram os padeiros vienenses, que começavam suas atividades nesse mesmo horário. Os padeiros ouviram as picaretas, deram o alarme, e o exército austríaco atacou os turcos de surpresa e os derrotou. Os padeiros de Viena foram homenageados pelo imperador Leopoldo I e, para caçoar dos turcos, inventaram um pãozinho em forma de meia-lua, que batizaram de *halbmond* (meia-lua), imitando o emblema turco. Esse pãozinho logo depois foi adotado e nacionalizado pelos franceses, que o chamam até hoje de crescente, *croissant*, e que não podem viver sem ele. Os argentinos mantêm o nome original, e o chamam de *medialuna*. A paz definitiva entre os impérios austríaco e otomano só aconteceu em 1718, com o tratado de paz de Passarovitz. O grande susto da invasão, da dominação muçulmana na Europa, desapareceu, mas deixou na cultura essas marcas a que nos referimos.

Também nas óperas – a ópera é sempre um reflexo do que acontece na sociedade – houve um grande fascínio pelos argumentos de ambientação turca, muitas vezes misturada com os árabes, que os europeus não distinguiam muito bem porque estes também eram muçulmanos e súditos do império otomano, gerando uma certa confusão que se estende até os nossos dias.

Vamos lembrar de algumas dessas óperas em ambiente turco: tanto Vivaldi como Haendel escreveram uma ópera chamada *Bajazet*, também conhecida, em ambos os casos, como *Tamerlano*. Temos também *Solimano*, de Hasse, *O Reencontro Imprevisto* de Gluck, cujo libreto foi traduzido e adaptado e virou o *Encontro Imprevisto* de Haydn, há *Zaide* e *O Rapto do Serralho* de Mozart, o *singspiel* em um ato em *Abu Hassan* de Weber, além, é claro, das rossinianas *Italiana in Algeri*, *Il Turco in Itália* e *Maometto Secondo*, depois transformada no *Assédio de Corinto*. Os temas turcos chegaram até o romantismo: Bellini escreveu uma *Zaira*, baseado em Voltaire.

Ópera de Resgate

L'Italiana foi composta, portanto, dentro de uma ambientação conhecida, não estranha ao público. Mas, além disso, seu argumento faz parte de uma corrente, de uma tendência que estava muito na moda naqueles anos nos libretos de ópera de vários paises europeus: é a chamada ópera de resgate. Em linhas gerais, um personagem é aprisionado e outro personagem, movido ou pelo amor ou pela lealdade, passa a ópera inteira tentando salvá-lo e é bem-sucedido no final. Sem falar nas óperas barrocas em que feiticeiras, com suas artes mágicas, mantinham o herói prisioneiro em seus jardins ou castelos, o período do classicismo tem um grande número de óperas de resgate.

Uma delas, citada há pouco, é *O Reencontro Imprevisto* de Gluck, de 1764, onde o jovem Ali procura a princesa persa Razia, que foi raptada por piratas e está no harém do sultão. Esta ópera é considerada a precursora do *Rapto do Serralho* de Mozart, de 1782, na qual Belmonte vai da Espanha à Turquia salvar sua Kostanze, capturada por piratas e aprisionada no harém de Selim Paxá. Como se vê, antes de *L'Italiana*, essa duas óperas já tratavam do tema de resgate num ambiente turco.

Na França, o interesse pela ópera de resgate parece começar com *Ricardo Coração de Leão*, composta por Grétry em 1784. O trovador Blondel vai cantando sua canção por todos os castelos da Europa até encontrar aquele que mantém o rei Ricardo aprisionado. Nesse mesmo ano, o próprio Grétry escreveu uma outra ópera de resgate de ambientação turca, com a heroína sendo libertada de um harém, chamada *A Caravana do Cairo*.

Mas a ópera de resgate vai se firmar definitivamente no gosto do público, tornar-se realmente um gênero, em estilo, a partir de um fato político emblemático, ocorrido nos primórdios da Revolução Francesa, que é a libertação dos prisioneiros com a queda da Bastilha em 14 de julho de 1789. O primeiro grande sucesso depois dessa data, que consolida esse gênero, é a *Lodoïska* de Cherubini, estreada em 1791. Passa-se na Polônia com o conde Floresky salvando sua querida Lodoïska das garras do tirano Durlinsky, que prendeu a moça em seu castelo. Em todas essas óperas, como podemos ver, é o rapaz quem salva a moça prisioneira. Em *L'Italiana*, é justamente o contrário, é a moça quem vem salvar seu amado, como aliás acontece noutro caso muito famoso que é o *Fidelio* de Beethoven, uma das mais importantes óperas de resgate da história.

Só para constar, ainda no século XX, o tema foi abordado: em 1921, Mascagni estreou *Il Piccolo Marat*, passada em plena Revolução Francesa, onde o príncipe Fleury trata de libertar da prisão sua mãe condenada à guilhotina.

A Trajetória da Ópera

Após a estréia muito bem-sucedida em Veneza, nos dois anos seguintes, *L'Italiana* foi montada em Trieste, em Florença e chegou finalmente ao Scala de Milão, sempre com a Marcolini no papel-título. Então, entrou no repertório dos maiores teatros do mundo. Começou a desaparecer de cena, junto com todas as outras óperas de Rossini, com exceção do *Barbeiro*, mais ou menos em 1870. Esse recesso rossiniano durou mais ou menos até os primeiros vinte anos do século XX.

L'Italiana foi redescoberta pelo Metropolitan de Nova York em 1919, numa montagem com o grande contralto Gabriella Besanzoni. Mas a ópera voltou definitivamente ao repertório graças a uma linda cantora nascida em Barcelona chamada Conchita Supervia, cujo nome se tornou sinônimo de cantora rossiniana justamente a partir da montagem de *L'Italiana* em Turim no ano de 1925, regida pelo maestro Vittorio Gui. Foi a primeira de uma série de apresentações internacionais de Supervia como Isabella, que consolidou sua fama pessoal e trouxe a ópera de volta. Conchita Supervia morreu cedo, em 1936, mas, a partir dela, Isabella virou cavalo de batalha das chamadas "especialistas rossinianas" como Giulietta Simionatto, Teresa Berganza, Lucia Valentini-Terrani e a americana Marilyn Horne, com cuja lembrança Olga Borodina tem de competir hoje. Se não me engano, foi Horne que estreou essa produção de hoje, assinada por Jean-Pierre Ponnelle, em 1973.

Outras Passagens Famosas

Uma das passagens mais engraçadas da ópera é o quinteto do *atchim*, do espirro. Mustafá quer tomar café a sós com Isabella e combinou com Taddeo que quando ele fingir um espirro, Taddeo deve sair do recinto e levar todos com ele. Mas Taddeo, que também quer conquistar Isabella, finge não ouvir o espirro.

Tanto na época de Rossini quanto de Mozart, todo personagem, por mais comprimário que fosse, tinha direito ao menos a uma ária. Estas árias menos importantes não interferiam na ação, e acabaram recebendo o apelido de *aria del sorbetto*, porque durante elas, o público italiano aproveitava para ir lá fora tomar sorvete. Essas árias eram consideradas tão sem importância que, muitas vezes, nem era o compositor da ópera que as escrevia, delegando-a a algum auxiliar. *L'Italiana* contém uma dessas árias, que não se sabe ao certo se é de Rossini ou não, dedicada a elogiar as mulheres italianas, e é tão mozartiana que faz com que o pirata Haly não pareça tão mau assim. Pela introdução podemos pensar que ele é um primo do Papageno da *Flauta Mágica*.

Um outro ponto alto da comédia nessa ópera é quando Lindoro e Taddeo conferem a Mustafá o título de *Pappataci*, que a gente poderia traduzir como comer e calar. Segundo os italianos explicam ao turco, na Itália este título só é dado aos grandes amantes, que são homens de grande fleuma, muito controlados, cujo dever para com a Ordem dos *Pappataci* é apenas comer, beber e dormir, não importando o que aconteça. A ironia é muito apropriada e muito atual, já que ainda hoje há muita gente comprando títulos e comendas.

Finalmente, um pouco de política. Embora anos depois, já na idade madura, o compositor fosse, ou pelo menos alegasse ser, completamente neutro em termos políticos, na época da composição da *Italiana*, Rossini não foi indiferente aos ventos patrióticos que sopravam naquele ambiente napoleônico. Os carbonários haviam se estabelecido há pouco tempo em solo italiano. O *Risorgimento*, a idéia da unificação nacional começava a fermentar fortemente. Além disso, o pai de Rossini, Giuseppe, conhecido como *Vivazza*, havia sido preso várias vezes por suas idéias libertárias, de apoio aos ideais da Revolução Francesa e de Napoleão, e estas lembranças não estavam tão longe assim para um Rossini que na época só tinha 21 anos.

A cena em que Isabella exorta os escravos italianos, pouco antes de fugir com o navio, a agir com patriotismo e mostrar a sua coragem "de italiano", chegou em certos lugares a sofrer com a censura. Mas, uma coisa que os censores não perceberam foi que no coro dos italianos que precede a grande ária de Isabella, na hora que eles cantam "Quanto valgan gl'italiani" (quanto valem os italianos), Rossini colocou uma pequena variação da primeira frase da Marselhesa, do "Allons enfants de la patrie" repetida duas vezes com o violino bem agudo, em destaque. Como foi insistido antes, fica claro mais uma vez que a personagem de Isabella nada tem de bufa. A ária "Pensa alla Patria", na qual ela encoraja os italianos a escapar com profundos sentimentos patrióticos, e diz, literalmente, a Lindoro "Pátria, Dever e Honra; aprenda a mostrar-te italiano e que uma mulher te ensine a ser forte! Veja renascer em toda a Itália os exemplos de audácia e valor", é digna de figurar, letra e música, em qualquer drama *risorgimentale*. Nessa passagem não há nenhuma comédia. Isabella e Rossini estavam falando muito sério, e isso não escapou aos censores. Em Nápoles, este trecho foi simplesmente cortado e, em Roma, a solução dos censores foi substituir a frase "Pensa alla Patria" por um pífio "Pensa alla sposa".

Ilustrações para os intervalos da ópera
L'Italiana in Algeri, *transmitida ao vivo pela*
Rádio Cultura FM *de São Paulo*
do Metropolitan Opera House
em 28 de fevereiro de 2004

PARTE VIII

AS MISSAS

Perfil de Franz Joseph Haydn. Desenho de William Daniel, baseado em obra de George Dance.

A *MISSA IN TEMPORE BELLI* DE HAYDN

Em 1790, o príncipe Nicolaus Esterházy e sua esposa faleceram. O título passou a seu filho Anton que, ao contrário do pai, não estava nem um pouco interessado em música. Assim, desfez a orquestra e o coro que tinham sido a menina dos olhos do pai, e aproveitou para despedir Haydn após trinta anos servindo a família como maestro e compositor em seu palácio. Mas Haydn não pareceu ficar muito triste com a possibilidade de merecidas férias, chegando inclusive a recusar a oferta do rei de Nápoles, um vantajoso emprego de compositor residente, e voltou a morar em Viena.

Mas logo um amigo seu, o violinista Johann Peter Salomon, o convenceu a viajar a Londres para participar de uma série de concertos. Foi nas duas longas viagens que fez à Inglaterra entre 1791 e 1795, e graças à calorosa recepção do público e das autoridades inglesas e à excelente retribuição financeira recebida, que Haydn se deu conta da sua grande importância como compositor no cenário mundial.

Quando voltou definitivamente a Viena em 1795, foi novamente procurado pela família Esterházy. Anton havia morrido, e o novo príncipe, que como o avô se chamava Nicolaus, encomendou de Haydn uma série de seis missas em honra de sua esposa Maria Hermenegild de Liechtenstein, que ele compôs entre 1796 e 1802: *Missa in Tempore Belli, Missa Sancti Bernardi von Offida* ou *Helligmasse, Missa in Angustiis, Theresien-Messe, Schopfungmesse* e *Harmoniemesse.*

Em 1796, a situação política da Europa começava a alterar-se, preanunciando grandes mudanças. O império austríaco se auto-atribuíra o papel de grande baluarte da monarquia e da religião ameaçadas pelas perigosas idéias revolucionárias vindas da França, a cujo governo não havia perdoado pela morte de Maria Antonieta. A coalizão liderada pela Áustria ameaçava constantemente as fronteiras francesas. Como reação, o Diretório que dirigia a França preparou um plano estratégico para infligir ao inimigo um golpe decisivo, atacando a Áustria em duas frentes simultaneamente. A frente do sul, na Itália setentrional, foi confiada a um pequenino general corso quase desconhecido chamado Napoleão Bonaparte, que logo em seguida ficaria muito famoso, graças justamente a essa campanha. Napoleão impôs aos austríacos uma série de derrotas, levando suas tropas a cem quilômetros de Viena.

Foi dentro desse conturbado contexto que Haydn compôs a *Missa in Tempore Belli* (Missa em Tempo de Guerra) executada pela primeira vez em Viena naquele ano. Apesar de pertencer ao estilo do período clássico, a *Missa* não rompe com a antiga tradição da música litúrgica austríaca dos mestres anteriores, que pouco se alterou com o tempo, mas lhe dá continuidade. Embora sua tonalidade básica, dó maior, reflita a boa disposição e a vivacidade características de Haydn, a utilização que ele faz em alguns trechos de fanfarras com trompetes e solos de tímpanos tipicamente militares expressam sua preocupação com a guerra e refletem um certo desespero que apenas a prece final pela paz irá aliviar.

A *Missa* deve ter funcionado junto aos santos de plantão, pois Napoleão concordou com o vergonhoso armistício pedido pela Áustria e retirou suas tropas, sem entrar em Viena, após a assinatura do Tratado de Paz de Campoformio em 1797.

Em 23 de janeiro de 1973, a *Missa* voltou a ser usada contra a guerra. Era o dia da posse do segundo mandato de Richard Nixon, que seria comemorada com um concerto oficial no Kennedy Center. No mesmo horário, na Catedral Nacional de Washington, o maestro Leonard Bernstein, inspiradíssimo, dava início a seu *Concert for Peace*, protestando contra Nixon e a guerra do Vietnã. O ponto alto do Concerto pela Paz foi a *Missa in Tempore Belli* de Joseph Haydn.

Publicado no programa do Festival de Inverno de Campos de Jordão de 2004

A *MISSA SOLEMNIS* DE BEETHOVEN

Na sala de estar, atrás de uma porta trancada, ouvimos o mestre cantando partes da fuga do Credo – cantando, uivando, triturando [...] a porta abriu-se, e lá estava Beethoven, de pé diante de nós, com o rosto calculadamente contorcido para nos inspirar medo. Ele parecia estar em combate mortal contra toda a hoste dos contapontistas, seus eternos inimigos.

Assim o violinista Anton Schindler, um dos mais íntimos amigos e primeiro biógrafo de Ludwig Van Beethoven, descreveu uma visita feita ao compositor durante o processo de criação da *Missa Solemnis*. Segundo Schindler, que esteve sempre muito próximo a Beethoven durante aquele período, a personalidade do autor alterou-se completamente a partir do momento em que iniciou a composição da missa. Schindler descreveu seu estado como *Erdenentruckheit*, que podemos traduzir como esquecimento completo de tudo o que é terreno. Beethoven, já completamente surdo, parecia transportado para um outro mundo. Embora não fosse religioso na estrita acepção da palavra – não freqüentava a igreja com regularidade –, as cartas de Beethoven deixam transparecer uma profunda crença na onipotência de uma entidade superior inteligente e bondosa.

Apesar de já ter composto uma missa em 1807 – a *N. 1 em Dó Maior, opus 86* – foi por volta de 1818 que o compositor passou a demonstrar um grande interesse por aquilo que ele chamava de "verdadeira música de igreja", referindo-se ao estilo dos antigos mestres de música religiosa como Palestrina. Em suas desordenadas anotações, escreveu lembretes que testemunham seus estudos de música coral dos monges e da busca de uma prosódia perfeita em hinos e salmos, além da procura das melhores traduções possíveis para os versos cantados. Com crescente entusiasmo, passou a visitar estudiosos e assimilar idéias, enquanto pesquisava fontes literárias nas bibliotecas, refletindo sobre a ética musical encerrada nos antigos tratados. Todo esse processo resultou numa expansão do contexto puramente musical para um âmbito mais filosófico. Fascinado pelo texto da Missa Católica, abandonou gradativamente as interpretações convencionais, desenvolvendo uma leitura toda particular de seu conteúdo. Faltava agora expressar suas convicções, firmemente amadurecidas, em uma obra musical. Isto aconteceria com a composição da *Missa Solemnis.*

"Meu objetivo principal", escreveria Beethoven após terminá-la, "foi despertar e instilar permanentemente os sentimentos religiosos não apenas nos intérpretes, mas também nos ouvintes".

A ocasião para que esse novo envolvimento emocional do compositor com o pensamento religioso se materializasse na partitura da *Missa* não tardou a surgir. O arquiduque Rodolfo, irmão do imperador da Áustria, protetor de Beethoven e durante quinze anos seu aluno, foi eleito cardeal em 24 de abril de 1819. Em 4 de junho do mesmo ano, ele foi elevado ao posto de arcebispo da cidade de Olmütz, na Moravia, cargo que deveria assumir, segundo os trâmites da Igreja, em 9 de março de 1820. Beethoven viu aí a oportunidade perfeita de, por meio de uma nova composição, exprimir o agradecimento e admiração que sentia pelo arquiduque, e dispôs-se a compor a missa com que sonhava para abrilhantar a cerimônia de posse. Na carta que mandou a seu protetor, escrevia:

> O dia em que uma missa cantada composta por mim for executada durante as cerimônias de consagração de Vossa Alteza Imperial, será o mais glorioso dos dias de minha vida; e Deus me iluminará afim de que meus pobres talentos possam contribuir para a glorificação desse dia solene.

Interrompendo a composição das *Variações Diabelli* em que estivera trabalhando, Beethoven começou a compor a *Missa*, rigorosamente na ordem do texto, em fins de abril de 1819, assim que Rodolfo se tornou cardeal. O autor provavelmente sabia que não demoraria muito para que o irmão do imperador se tornasse arcebispo em alguma diocese, e como já havia tomado sua decisão, resolveu não perder tempo.

Infelizmente, a enorme estatura – física e intelectual – dessa obra, uma das mais perfeitas e mais complexas da autoria de Beethoven, impediu-o de completá-la no prazo previsto. Era uma tarefa gigantesca, que necessitava de tempo para amadurecer. Quatro anos iriam se passar até que ele pusesse o ponto final na partitura.

Em março de 1820, mês em que Rodolfo foi consagrado, Beethoven havia terminado apenas duas das cinco partes da *Missa*, o "Kyrie" e a "Gloria", e composto grande parte do "Credo". Em abril, o autor interrompeu a *Missa* para compor a *Sonata em Mi Maior opus 109*, e completou o "Credo" só em julho, escrevendo sua fuga final, que é o centro de gravidade de toda a partitura.

Entre novembro de 1820 e julho de 1821, Beethoven trabalhou no *Sanctus* e no *Agnus Dei*, sem, entretanto, completá-los, pois parou novamente para dedicar-se à composição de suas duas últimas sonatas, os *Opus 110* e *111*. Retomando a *Missa* em abril de 1822, terminou-a finalmente em agosto. Voltou a revisá-la em abril de 1823, estabelecendo a versão definitiva desse trabalho que, em uma carta ao editor Peters de Leipzig, ele descreveu como "a maior obra que eu já compus até hoje". Foi a primeira vez, em toda a sua vida, que Beethoven utilizou aquele adjetivo ao oferecer uma partitura a uma casa editora.

Enquanto isso, necessitando de dinheiro, Beethoven escreveu a várias cortes européias oferecendo cópias manuscritas da *Missa*. A casa real da Rússia foi a única que se propôs a pagar o alto preço pedido pelo compositor, que acabou vendendo dois manuscritos, uma para o próprio czar Alexandre I e a outra para o príncipe Nicolai Galitzin, diretor da Sociedade Filarmônica de Concertos de São Petersburgo. Galitzin foi o responsável pela estréia mundial da obra. Ele escreveu a Beethoven:

> Estou empenhado em programar uma apresentação de sua Missa que seja digna do autor, e que será uma ocasião festiva para todos aqueles que a desejem ouvir.[...] Estou convencido de que São Petersburgo é o único lugar em que todos os importantes meios adicionais para uma correta interpretação da Missa podem ser encontrados [...] teremos tantos ensaios quanto se fizerem necessários para executar a obra com a perfeição que ela merece.

A *Missa Solemnis*, cuja denominação oficial nas compilações é *Missa n. 2 em Ré Maior, opus 123*, estreou em 18 de abril de 1824 na casa de um amigo de Púschkin chamado Engelhardt. Situada na Perspectiva Nevsky, uma das mais importantes avenidas de São Petersburgo, a Casa Engelhardt era a sede da Sociedade Filarmônica, e em suas dependências muitas obras hoje famosas haviam tido sua estréia absoluta. Após a *première*, Galitzin escreveu pontualmente a Beethoven: "A apresentação da *Missa* foi brilhante. Podemos afirmar que seu gênio está além do nosso século. Nossos descendentes o venerarão e abençoarão sua memória mais do que nossos contemporâneos o fazem hoje".

O prognóstico do príncipe russo mostrou-se acertado. Essa foi a única apresentação completa da *Missa Solemnis* durante a vida de Beethoven. A primeira apresentação em Viena foi parcial – apenas o "Kyrie", o "Credo" e o "Agnus Dei" –, em 7 de maio de 1824 no Teatro Kärntnertor. Foi a parte inicial de um concerto que apresentou, depois do intervalo, a estréia mundial da famosa *Nona Sinfonia opus 125*. Os cantores foram os mesmos nas duas peças, e é muito conhecido o fato de que Beethoven estava tão absolutamente surdo que o soprano Caroline Unger precisou virá-lo para o público para receber os calorosos aplausos ao fim da sinfonia. Menos conhecido é o fato que, tanto Unger quanto o contralto Henriette Sontag cantaram a *Missa* sob grandes protestos, pois consideravam suas partes solo extremamente difíceis.

Ainda hoje, a *Missa* é considerada uma obra de execução muito difícil, devido às suas grandes proporções. Sua longa duração, além da grande quantidade de músicos exigidos, não permitiu aos estudiosos beethovenianos concluir até hoje se era intenção do autor, ao concluir a obra – apesar da proposta original –, que ela se destinasse preferencialmente às salas de concerto, em vez de ser apresentada nas igrejas como as missas cantadas de outros compositores.

De qualquer maneira, a religiosidade sublime inerente à partitura fala diretamente ao âmago do ouvinte, quaisquer que sejam as paredes do edifício que o circunda. Sua linguagem não é apenas católica: a profundidade de sua música superou as divisões e tornou-a universal.

Publicado no programa do Festival de Inverno de Campos de Jordão de 2004

PETITE MESSE SOLENNELLE

Um comentário freqüente que se faz sobre a *Pequena Missa Solene* é que ela não é pequena, pois dura mais de uma hora, e tampouco solene, porque não sendo nem sisuda, nem imponente, assemelha-se mais a uma cantata com algumas passagens parecidas com trechos de ópera do que a uma missa majestosa.

Apesar de Rossini não ter abandonado, nessa sua última composição de grandes proporções, o bom humor e a ironia que foram seus companheiros fiéis durante toda a vida, o título escolhido nada tem de jocoso, e devemos vir em socorro do autor. *Messe Solennelle* vem do latim *missa solemnis*, e indica que se trata de uma missa cantada e não de uma *missa lecta*; quer dizer também que em sua composição foi observada a ordem ritual das partes. O adjetivo *petite*, pequena, não se refere à duração, mas ao tamanho da formação instrumental necessária à execução da *Missa*: dois pianos, um harmonium. Quanto às vozes, o próprio

Rossini anotou no prefácio de sua partitura manuscrita: "Doze cantores dos três sexos: homens, mulheres e castrati, serão suficientes para a apresentação, a saber, oito para o coro, quatro para os solistas, um total de doze querubins".

Em sua forma original, a *Missa* não havia sido concebida para grandes espaços. Foi composta para a consagração da capela particular que o conde Michel-Frédéric Pillet-Will construiu em sua residência parisiense para a esposa, a condessa Louise, a quem Rossini dedicou a obra. A estréia, a 14 de março de 1864, fez-se diante de um pequeno e seleto grupo de convidados, entre os quais se sentavam os compositores Ambroise Thomas, Daniel Auber, que havia ensaiado o coro, Giacomo Meyerbeer, cujos olhos se encheram de lágrimas durante a execução, e Michele Carafa, amigo íntimo de Rossini. O coro foi cuidadosamente escolhido entre os melhores alunos do Conservatório de Paris, e os solistas eram algumas das melhores vozes do mundo lírico da ocasião: as irmãs Marchisio, o contralto Bárbara e o soprano Carlotta, grandes intérpretes rossinianas, para cujas vozes o autor escreveu especialmente as partes femininas da missa; o tenor Italo Gardoni, escolhido por Verdi para a estréia de *I Masnadieri*; o baixo belga Louis Agniez, que havia estreado em Paris ao cantar Assur na *Semiramide* com o nome de Luigi Agnesi. Ao lado de um dos pianos, o próprio Rossini marcava o tempo e virava as páginas da partitura.

Embora tivesse abandonado a composição de óperas em 1829, após o *Guillaume Tell*, Rossini jamais perdeu contato com a música e com o mundo musical, compondo peças esporádicas, como a coletânea de pequenas canções para voz e piano que ele denominou de *Péchés de vieillesse*, pecados da velhice. À *Petite Messe*, referiu-se como o último de seus pecados. Ao escrevê-la, aos 71 anos, o mestre tinha à sua disposição, além da técnica que dominava tão bem, uma grande experiência acumulada que lhe permitiu produzir um trabalho rico em nuanças cromáticas, com ousadas harmonias e modulações inesperadas, oscilando entre tons maiores e menores. Cultura, habilidade e inspiração combinaram-se para a criação de uma obra cuidadosamente projetada.

Uma das características da *Petite Messe* é a acentuada variedade estilística que se manifesta ao longo de suas quatorze secções. Alguns bons exemplos são o *ostinato* assimétrico do "Kyrie" inicial, que acompanha as vozes sem, entretanto, sustentá-las, e seu contraponto eclesiástico realizado pela entrada do coro; a meditação contemplativa do *Christe eleison*, que o coro interpreta *a cappella*, numa homenagem consciente aos motetes do insuperável Palestrina; os finais *Cum Sancto Spiritu*, do "Gloria", e *Et vitam venturi*, do "Credo", fugas duplas nas quais o Rossini artesanal evoca com muita vitalidade o *stile antico*, tão familiar aos compositores italianos; o contraste, no *Agnus Dei*, entre a dramática declamação do contralto e a suave, pacífica entrada do coro, com a frase "Dona nobis pacem" cantada *sottovoce* com *legato.*

Bem-humorado, o autor indicou na partitura o andamento que ele considerava ideal para o "Credo": *allegro cristiano.* E, parisiense por adoção, não hesitou em expressar sua ironia em francês, filtrada com muita elegância, numa espécie de confissão particular anotada na última página da partitura autógrafa:

> "Bon Dieu – La voilà terminée, cette pauvre petite Messe. – Est-ce bien de la musique sacrée que je viens de faire ou bien de la sacrée musique? J'étais né pour l'opera buffa, tu le sais bien! Peu de science, un peu de coeur, tout est là. Sois donc benî, et accorde-moi le paradis."[1].

Apesar de a *Missa* ter sido apresentada apenas três vezes durante o período em que Rossini viveu, sua repercussão na imprensa parisiense foi enorme, e ele recebeu vários

1. Bom Deus, eis finalmente terminada esta pobre e pequena Missa. Terei feito música sacra ou música maldita? Eu nasci para a ópera buffa, como tu certamente sabes. Um pouco de conhecimento, um pouco de coração, está tudo lá. Sê, portanto, bendito, e garante-me o Paraíso

pedidos para preparar uma nova versão para orquestra, apropriada para a execução em uma grande basílica. Embora já adoentado, acabou relutantemente por preparar essa segunda versão, pois tinha medo que, no futuro, outro compositor fosse chamado a fazê-lo em seu lugar.

Mas Rossini não chegou a ver sua *Petite Messe* ser cantada em nenhuma igreja. Apesar de seu grande desejo de que isso acontecesse, recusava-se a permitir que as vozes femininas fossem substituídas por meninos do coro, que freqüentemente desafinavam. Desde o papa Clemente VIII, que aplicou ao pé da letra a recomendação de São Paulo de Tarso – "as mulheres estejam caladas nas igrejas" – as vozes femininas foram proibidas de cantar nos serviços religiosos. Rossini chegou a escrever ao papa Pio IX, pedindo a revogação desse antigo princípio, mas nada conseguiu. E a estréia da *Messe Solennelle,* como foi chamada esta nova versão com orquestra, acabou sendo feita no Théâtre Italien de Paris, em 1867.

A ironia rossiniana parece ter sobrevivido a seu criador. As últimas gravações feitas pelo legendário tenor Enrico Caruso, na derradeira sessão de 16 de setembro de 1920, foram duas passagens da *Petite Messe Solennelle*, as árias "Domine Deus" e "Crucifixus", nessa ordem. Assim, o último registro da voz do maior tenor de ópera do mundo é uma ária religiosa para soprano. Rossini sem dúvida teria sorrido, muito divertido.

Publicado no programa da Sala São Paulo,
em junho de 2003

UM RÉQUIEM PARA MANZONI

Ambientada na Lombardia do século XVII, então ocupada pela Espanha, *I Promessi Sposi* – ou *Os Noivos*, em português – é a mais conhecida das obras da literatura italiana depois da *Divina Comédia*.

O "romance dos humildes" conta as desventuras dos jovens camponeses italianos Renzo e Lucia, cujo casamento é impedido pela luxúria de um fidalgo espanhol que representa o poder absolutista.

Publicado pela primeira vez em 1827, o livro retrata com extrema fidelidade os eventos marcantes do período focalizado, e tornou-se o modelo adotado pela corrente literária do romance histórico italiano. A importância de *I Promessi Sposi* é, entretanto, muito mais ampla. Depois de uma série de revisões - a versão definitiva é de 1842 –, a obra teve o condão de consolidar o idioma italiano a partir do dialeto toscano, superando nesse processo a discrepância entre a língua escrita e falada. A forma lingüística resultante foi, nas mãos dos escritores românticos italianos subseqüentes, a ferramenta fundamental para a criação de uma literatura nacional de caráter popular. Esse foi o objetivo maior da vida de seu autor, Alessandro Manzoni, uma das mais importantes vozes a apoiar o movimento de unificação da Itália, sonho de toda uma geração, que passou à história sob o nome de *Risorgimento.*

Poeta, romancista e dramaturgo, o milanês Manzoni combinava seu ardente patriotismo com um catolicismo que, embora devoto, era impregnado de conceitos iluministas, aberto às idéias de liberdade, justiça e democracia. Homem de atitudes e gestos serenos, sua estatura moral tornou-se, com o passar dos anos, paradigma de virtude e comportamento.

Embora tivesse tido muito pouco contato pessoal com Manzoni, Giuseppe Verdi o venerava como Pai da Pátria. Por isso mesmo, o compositor de *La Traviata* ficou estarrecido ao receber um telegrama de sua amiga Clarina Maffei informando-o do falecimento do poeta, ocorrido a 22 de maio de 1873. Algum tempo antes, ao sair da missa, Manzoni tropeçara nas escadarias da Igreja de San Fedele em Milão, ferindo-se gravemente. A idade cobrou seu preço – ele tinha 88 anos – e o velho bardo não resistiu aos ferimentos.

Verdi, como de costume em situações como essa, recolheu-se a sua própria desolação, isolando-se do mundo. "Não irei a Milão amanhã" – escreveu Verdi a seu editor Giulio Ricordi – "pois não suportaria assistir ao funeral. Irei dentro de pouco tempo visitar seu túmulo, sozinho e sem ser visto, e talvez, após refletir e ter refeito minhas forças, propor alguma maneira de honrar sua memória".

Numa carta a Clarina, Verdi expressou a intensidade da perda: "Eu não estive presente, mas poucos, naquela manhã, estiveram mais tristes e comovidos do que eu, embora distante. Agora tudo acabou! E com ele, termina a mais pura, a mais santa, a mais alta de nossas glórias".

Dez dias depois, com a típica discrição que o caracterizava, Verdi veio a Milão visitar a tumba de Manzoni.

Seus amigos Ricordi e Clarina o acompanharam. Verdi permaneceu por muito tempo ao lado da sepultura, sem pronunciar uma palavra. Ao sair do cemitério, havia se decidido a compor a *Messa da Requiem* em homenagem a Alessandro Manzoni.

No dia seguinte, em seu apartamento no *Grand Hotel* de Milão, Verdi escreveu a Ricordi sobre seu projeto. A *Missa* seria uma obra de grandes proporções, com estréia programada para o primeiro aniversário da morte de Manzoni. Nessa mesma carta, tendo em vista o tamanho da massa orquestral e coral – além dos quatro solistas – Verdi pedia a seu editor que consultasse o prefeito de Milão acerca da possibilidade do município cobrir os cachês dos músicos, enquanto ele próprio pagaria as cópias das partituras e conduziria a orquestra e o coro na estréia.

O prefeito concordou, e a data foi fixada para 22 de maio de 1874, exatamente um ano depois da morte do homenageado. O local escolhido foi a Igreja de San Marco de Milão.

Aos sessenta anos de idade, Verdi iniciava o longo outono de sua carreira. Às glórias passadas, somava-se o eco dos aplausos da recente *Aida*, e, após a composição do *Réquiem*, o futuro lhe reservava ainda os encontros com *Otello* e *Falstaff*. Embora agora compusesse menos e com menor velocidade, Verdi continuava muito ativo, viajando com freqüência para supervisionar produções de suas óperas.

Em junho de 1873, o casal Verdi foi passar o verão em Paris, onde o compositor iniciou a partitura da *Missa*, nela trabalhando diariamente durante os três meses em que lá permaneceu. Em setembro, de volta à tranqüilidade de seus campos em Santa Ágata, Verdi dedicou-se à obra durante todo o outono e inverno. Completou a composição no início de março de 1874, mas mesmo antes de terminá-la, como de costume, já estava cuidando minuciosamente de todos os detalhes da estréia, com a mesma concentração que, há mais de trinta anos, dedicava às produções de suas óperas.

Verdi era uma velha raposa do teatro. Embora se tratasse de uma composição de caráter religioso, o autor sabia muito bem como o sucesso inicial de uma nova composição poderia assegurar a durabilidade de sua trajetória. Utilizando-se das forças do Teatro Alla Scala, reuniu uma orquestra de cem instrumentos, dez a mais do que tinha utilizado na estréia milanesa de *Aida*. O coro era igual: 120 cantores. Imaginem o efeito sonoro obtido por esse conjunto na Igreja de San Marco.

O compositor insistiu bastante na escolha dos cantores solistas, selecionando-os entre os melhores da cena lírica italiana do momento. Ao lado do importante baixo Ormondo Maini, o tenor contratado foi Giuseppe Capponi, que havia ganho o afeto de Verdi ao interpretar Radames na recente e bem-sucedida produção da *Aida* em Parma dirigida pelo próprio autor. As vozes femininas – hoje mitológicas – foram exatamente as mesmas da estréia de *Aida* no Teatro Alla Scala: o soprano Teresa Stoltz e o meio-soprano Maria Waldmann. A contratação de Waldmann representou um problema que apenas a teimosia e a tenacidade características de Verdi conseguiram resolver. O empresário Luigi Ronzi, com quem Verdi não se dava lá muito bem, tinha um contrato assinado com o meio-soprano para uma série de apresentações em Florença, e não se dispunha a abrir mão de seu direito. Sugeriu a Verdi que adiasse a data da *Missa*, o que deixou o compositor furioso. Mas Verdi não se deu por vencido. Jogou todo o peso de seu nome pedindo ao prefeito de Milão que intercedesse junto a seu colega, o prefeito de Florença. Evidentemente, os dois políticos acharam de bom alvitre atender ao autor e evitar quaisquer desdobramentos. Waldmann foi liberada em tempo para os ensaios.

Mais precavido ainda do que de costume, Verdi só entregou as partes musicais dos solistas no momento em que eles chegaram para os primeiros ensaios de piano. Assim, pode explicar com detalhes suas intenções e evitar que os cantores introduzissem distorções. Verdi ensaiou pessoalmente cada um dos solistas à exaustão.

A estréia, com toda a carga de emoção causada pela junção dos nomes de Manzoni e Verdi ao sabor daquela música magnífica, foi presenciada por altos dignitários italianos e estrangeiros que vieram especialmente para a ocasião. Três dias depois, Verdi retomou a batuta e conduziu a *Messa de Requiem* no Teatro Alla Scala. O maestro Franco Faccio conduziu mais duas apresentações na mesma sala, antes que a última composição de Giuseppe Verdi começasse sua fulgurante volta ao mundo.

Muito se discutiu – embora hoje a polêmica pareça sem sentido – se a música criada por Verdi para a *Missa* tinha caráter religioso ou operístico. Enquanto alguns se apaixonavam imediatamente pelo *Réquiem,* outros consideravam sua música exageradamente teatral. O maestro e compositor alemão Hans Von Bülow, que estava em Milão naquela temporada, chegou a chamá-la de "a última ópera de Verdi, em vestes eclesiásticas". Como era antiverdiano convicto, não precisou assistir à *Missa* para não gostar dela. Perdendo uma ótima oportunidade de ficar calado, fez publicar, na véspera da estréia, um aviso dizendo que não estaria presente, porque Verdi, "corruptor onipotente do gosto artístico italiano iria tentar, com sua ambição, varrer o remanescente da imortalidade de Rossini".

Tendo lido a crítica de Bülow, Brahms examinou com cuidado a última partitura verdiana. Definiu-a como trabalho de um gênio, afirmando que "desta vez, Von Bülow fez de bobo a si mesmo".

Em defesa de Verdi, Filippo Filippi, crítico do jornal *Perseveranza*, escreveu um artigo no qual interpretava com clareza a religiosidade implícita na *Missa*: "O fator distintivo que colocará o *Réquiem* de Verdi em um lugar à parte na história da arte é seu caráter totalmente individual, sobretudo por ter feito uma produção não mais mística, mas humana, dramática, que vai direto ao coração, que se acomoda tão bem às volutas escuras e misteriosas do templo como ao ambiente fulgurante do teatro. Se no *Réquiem* de Mozart domina o patético, no de Cherubini a religiosidade severa, no de Berlioz a terribilidade, existe, no de Verdi, a dor e a emoção".

Dezoito anos depois da estréia, Von Bülow ouviu a *Missa* e chorou de emoção. Quando parou de chorar, escreveu uma carta contrita ao compositor italiano implorando seu perdão. A resposta de Verdi não poderia ter sido mais característica: "Se suas opiniões de antes são diferentes das de hoje, você fez muito bem em manifestá-las. E de resto, quem sabe...talvez você tivesse razão!" E encerrou o assunto.

Publicado no programa da Sala São Paulo,
em março de 2006

PARTE IX

OUTROS CANTARES

O tenor napolitano Enrico Caruso fotografado como Eleazar na ópera La Juive *de Halévy, nos bastidores do Metropolitan Opera House, durante um intervalo de sua derradeira apresentação, na noite de 24 de dezembro de 1920. Foto: Herman Mishkin.*

MÚSICA EM TEMPO DE GUERRA

Entre 1939 e 1942 o compositor Benjamin Britten e o tenor Peter Pears, que seria seu fiel amigo e companheiro íntimo por toda a vida, moraram nos Estados Unidos. Lá surgiu a primeira das óperas de Britten, *Paul Bunyan.*

Agora, em plena Segunda Guerra Mundial, os dois estavam de volta à Inglaterra. Ao chegar, encontraram-se com o jovem e virtuoso trompista Dennis Brain, que pediu ao compositor uma nova obra dedicada a seu instrumento. Britten, inspirado pelos trabalhos de Henry Purcell, voltava a seu país imbuído do desejo de musicar poesias inglesas. Por que então não juntar as duas idéias, compondo uma peça em que a trompa de Brain pudesse se misturar à voz de Pears? Assim nasceu a *Serenata para Tenor, Trompa e Cordas opus 31*, que Britten, um pacifista, compôs durante a guerra e estreou em Londres com Pears e Brain em 15 de outubro de 1943, numa época em que os nazistas faziam chover bombas na capital inglesa.

Britten teve extrema sensibilidade na escolha dos poemas, cujo fio condutor é o universo noturno, evocando o sono e os sonhos. Edward Sackville-West, a quem o compositor dedicou a partitura, assim a descreveu: "O assunto é a Noite e sua ilusões: as sombras alongando-se, a distante clarinada ao pôr-do-sol, o pálio barroco do céu estrelado, os pesados anjos do sono; mas também o manto do mal – o verme no coração da rosa, o sentimento do pecado no coração do homem".

A *Serenata* é dividida em oito partes. A primeira ("Prologue") e a última ("Epilogue") repetem um solo de trompa de catorze compassos, em que o instrumento parece cantar tristemente. Entre elas, dialogando com a trompa, a voz do tenor evoca o mundo da noite e seus mistérios nas seis seções restantes com textos de vários poetas: *Pastoral*, de Charles Cotton; *Nocturne*, com versos de Lord Alfred Tennyson; *Elegy*, poesia de William Blake; *Dirge*, um lamento fúnebre de autor anônimo do século XV; *Hymn* com palavras de Ben Jonson e *Sonnet*, da pena de John Keats.

A obscuridade noturna em que a composição se ambienta tem seu eixo central na *Elegy*, onde Blake se refere ao *worm in the rose* – o verme no coração da rosa, citado anteriormente por Sackville-West –, e no lamento anônimo *Dirge* (*Lyke Wake Dirge*) em forma de pesadelo.

Publicado no programa do Festival de Inverno de Campos de Jordão de 2004

BACHIANAS BRASILEIRAS 5 E 7

Segundo a lenda, foi a pedido da cantora lírica Bidú Sayão que seu velho amigo Heitor Villa-Lobos transcreveu para a voz de soprano a ária da *Bachianas Brasileiras n. 5*, originalmente escrita para violino solo. Verdade ou não, foi Bidú a quem Villa-Lobos escolheu para a primeira gravação absoluta daquela sua composição, que aconteceu no Liederkranz de Nova York em 26 de janeiro de 1945. Bidú adorava contar a história de como nasceu esse disco, o grande responsável pela sua enorme popularidade junto ao público norte-americano.

Já estavam todos reunidos no estúdio: o conjunto de oito violoncelos e contrabaixo liderados por Leonard Rose, primeiro celista da Filarmônica de Nova York, Bidú Sayão e o próprio Villa-Lobos, que deveria reger todo o grupo, a fim de deixar registrada para a posteridade a maneira como achava que sua música deveria ser executada. O engenheiro de som da Columbia, muito preocupado, pediu aos presentes que fizessem um teste preliminar, gravando a peça para ajuste do equipamento e do nível de captação. Todos se preparavam para uma árdua e demorada sessão de gravação, com várias tomadas, até que o maestro ficasse finalmente satisfeito. Feito o primeiro teste, o engenheiro fez com que o compositor ouvisse a prova, preparando-se para anotar as críticas e retomar o trabalho. Mas não foi o que aconteceu. Villa-Lobos deu um largo sorriso, disse algo como "está excelente", empunhou o charuto, cumprimentou a todos e saiu para passear pelo inverno nova-iorquino. A produção do disco, que foi durante dois anos o 78 rotações de música erudita mais vendido nos Estados Unidos, não tinha levado nem dez minutos de trabalho para ficar pronta.

Villa-Lobos compôs o ciclo das nove Bachianas brasileiras entre 1930 e 1945, explorando semelhanças entre o estilo de Bach, que venerava desde criança, e algumas características de nossa música folclórica por ele identificadas, desde suas primeiras viagens por diferentes regiões do Brasil. Quando Bidú gravou o disco, a *Bachianas n. 5* não tinha ainda ganho seu formato definitivo. Constava apenas da *Aria*, composta em 1938 segundo o modelo da ária da terceira suíte de Bach. Villa-Lobos denominou-a *Cantilena*, com a seção inicial vocalizada e a segunda com versos de Ruth Valadares Correia. Poucos meses depois da gravação, Villa-Lobos escreveu a segunda parte da *n. 5*, a "Dansa" (sic) que ele chamou de "Martelo", sobre um poema de Manuel Bandeira.

Ao contrário da *n. 5*, que foi concebida para poucos instrumentos e só depois ganhou uma versão orquestral, a *Bachianas n. 7* já nasceu grandiosa, pensada para uma grande orquestra, como se confirmasse o princípio que norteou Villa-Lobos na composição do ciclo, de compor no estilo "em que Bach teria trabalhado se tivesse vivido no Brasil do século xx". Isto é confirmado pela maneira como Villa denominou cada um dos quatro movimentos que formam a obra, atribuindo-lhes, além de um nome formal, "bachiano", epítetos bem brasileiros: *Prelúdio*

(Ponteio), Giga (Quadrilha Caipira), Tocata (Desafio) e *Fuga (Conversa).*

A *n. 7* foi composta em 1942, dedicada ao ministro da Educação do governo Vargas, Gustavo Capanema. Em 1960, no Theatro Municipal do Rio de Janeiro, o famoso coreógrafo dinamarquês Harald Lander utilizou sua partitura para criar o balé *Iara.*

Publicado no programa do Festival de Inverno de Campos de Jordão de 2004

O *LIED* ALEMÃO

Ao cantar, a voz não é auto-suficiente. Ela não consegue, sem ajuda, dar conta de toda a tarefa da interpretação. À sua expressão como um todo, deve ser somada a representação dos refinados sombreamentos do poema, com cuidado para que a melodia nada sofra nesse processo.

ROBERT SCHUMANN

A tradução literal da palavra alemã *lied* é canção. Seu significado, porém, é mais profundo do que sua tradução. Mais do que um simples cantar, o *lied* é uma experiência espiritual que leva a alma humana a mergulhar em sua própria sensibilidade interior. É uma manifestação de arte elevada onde o poema, unido ao piano através da voz, exprime um profundo sentimento. Cantor, pianista, compositor e poeta tornam-se um só indivíduo. Através do texto iluminado pela música, intérpretes e ouvintes alcançam um mundo íntimo repleto de romantismo.

Historicamente, as raízes do *lied* estão no século xv, quando autores como Oswald von Wolkenstein compuseram os primeiros tipos de canções, que podiam se divididas em duas ou três partes. O próximo passo importante é a edição, em 1460, de um conjunto dos primeiros exemplos de canto alemão polifônico, o *Lochamer Liederbuch*, que continha um tipo bastante específico de canção alemã, o *Tenorlied,* baseada numa linha vocal sustentada pelo *cantus firmus* (a voz do tenor). Nos princípios do século xvi, autores como Isaac e seu aluno Seinfl passaram a dividir a canção em quatro partes. O *Tenorlied* começou a sair da moda ao redor de 1550, quando esse gênero tipicamente alemão foi sendo substituído por composições influenciadas pelas formas que vinham da Itália, a *villanella,* a *frottola,* a *canzona* e o *madrigale.* Orlando de Lassus, que havia trabalhado na corte de Mântua, foi um dos autores que, embora tivesse aplicado o modelo musical italiano a textos germânicos que em sua maioria eram oriundos de antigas canções folclóricas, não conseguiu realizar uma verdadeira fusão entre o estilo refinado de forma e estrutura italianas e a maneira caracteristicamente alemã de expressar os sentimentos. Essa meta seria alcançada por Leonard Lechner e principalmente pelas sessenta canções de Hans Leo Hassler.

No século xvii surge uma nova modalidade, o *generalbasslied* ou *continuolied*, pertencente ao universo barroco e destinado a um público erudito, mais elitista. Seu compositor mais importante foi Adam Krieger, que publicou em 1667 sua coleção de *Arien.*

Na segunda metade do século xviii, o entorno cultural favorece a criação de um novo gênero de *lieder* estróficas de melodias muito simples, que se assemelham a singelas canções folclóricas com harmonia não rebuscada e acompanhamento independente. Seu centro de produção é Berlim. Por volta de 1770, compositores como Reichardt e Zelter, membros da chamada segunda escola de *lieder* berlinense, passam a usar um estilo musical mais complexo e buscam combiná-lo com poesia de alta qualidade, da lavra de poetas como Goethe e Schiller, cujas obras constituem o cerne do movimento literário que passou à história com o nome de *Sturm und Drang* (Tempestade e Ímpeto). Esse movimento, surgido na Alemanha como uma reação fortemente romântica ao neoclassicismo, durou entre 1770 e 1790, mas influenciou profundamente os compositores de *lieder* românticos do século XIX, que musicaram com freqüência os poemas de vários de seus autores.

Embora se atribua, com razão, a Beethoven o título de criador do *lied* romântico, é com Schubert, a partir da canção escrita em 1814 sobre os versos do poema *Gretchen am Spinnrade* de Goethe, que se firma o conceito da geração de elevados sentimentos líricos por meio do amálgama perfeito entre voz, piano e poesia, cuja forma ele foi modelando através das mais de seiscentos *lieder* que compôs. O *lied* romântico alemão não é música pensada para o teatro. Intimista, esta forma se desenvolverá nos saraus, em torno do instrumento mais representativo do romantismo, o piano. Por todo o século XIX, prosperará o costume das reuniões periódicas em lares burgueses para ouvir piano, recitar poesia, e principalmente praticar-se a arte do *lied*, a soma de todas as outras.

Dos três compositores de nosso recital, o mais velho é Felix Mendelssohn, que nasceu em Hamburgo em 1809 e faleceu em Leipzig em 1847. Menino prodígio, a natureza foi generosa com ele: compunha música com a mesma facilidade com que falava, e abordou praticamente todos os gêneros musicais. Curiosamente, seu ciclo de canções sem palavras, *Lieder ohne Worte* – uma coleção de delicadas miniaturas que são verdadeiras poesias declamadas pelo piano – são mais conhecidas do que as 106 canções com texto que ele compôs entre 1827 e seu último ano de vida, e nas quais buscou atingir a perfeição da forma, com uma coda ou variação do último verso.

Embora fosse apenas um ano mais novo do que Mendelssohn, Robert Schumann (Zwickau, 1810 – Endenich, 1856) o encarava como um ídolo. Em 1835, quando Mendelssohn assumiu o posto de diretor da orquestra do *Gewandhaus* de Leipzig, Schumann residia na cidade e já estava apaixonado por Clara Wieck, a filha de seu professor. É muito provável que o exemplo do feliz casamento de Mendelssohn em 1837 com Cécile Jeanrenaud tenha estimulado Schumann a lutar por sua Clara, cujo pai não concordava com o namoro dos dois. Casaram-se em 1840, ano em que Schumann, romanticamente feliz, abandonou praticamente todos os outros gêneros e compôs 140 das 260 *lieder* de sua carreira, nas quais se mesclam os princípios da equivalência verbal e da independência musical, conferindo ao piano uma participação muito maior. A sensibilidade das composições de Schumann faz dele, na história do *lied*, o sucessor natural de Schubert.

Como acontece tantas vezes quando dois compositores geniais se freqüentam e trocam experiências intelectuais, é difícil dizer quem iniciou certo processo e quem o continuou. Nesse período, tanto Mendelssohn quanto Schumann dão um passo adiante e compõem duetos vocais dentro do espírito do *lied*. É uma proposta nada fácil, pois a combinação de duas vozes dividindo o mesmo texto tem implicações dramáticas que poderiam, ao menor descuido, resvalar para o caminho da ópera.

Schumann terminou seus dias, em 1856, em um asilo para doentes mentais, constantemente velado pela esposa e pelo jovem compositor Johannes Brahms (Hamburgo, 1833 – Viena, 1897), cuja paixão platônica por Clara Schumann era tão intensa que ele jamais se casou. Sua música representou, na Alemanha, a única alternativa romântica para aqueles que não quiseram trilhar a estrada dos wagnerianos. Os estudiosos do universo dos *lieder* o consideram o supremo tradicionalista, pois a maioria de suas duzentas canções, quando não tem estruturas ternárias, são cuidadosamente estróficas, remetendo-se ao século anterior. Seus acompanhamentos, embora complexos, são raramente independentes. A intensidade da nostalgia com que Brahms impregna seus *lieder* não foi igualada por nenhum outro compositor.

Publicado no programa da Sala São Paulo, em julho de 2004

A QUINTA SINFONIA DE TCHAIKÓVSKI

Em 1876, Piotr Ilich Tchaikóvski começou a corresponder-se com madame Nadedja von Meck, uma viúva milionária que admirava profundamente a qualidade de sua música. Estabelecendo como única condição – parece libreto de ópera, mas foi o que realmente aconteceu – que os dois jamais se conhecessem pessoalmente, madame von Meck passou a enviar ao compositor um polpudo subsídio anual, permitindo-lhe desfrutar de uma tranqüilidade financeira até então desconhecida. Tchaikóvski respeitou o trato. Durante os quatorze anos em que Nadedja manteve o mecenato, eles se comunicaram apenas através de cartas.

Este foi um período extremamente fértil da carreira de Tchaikóvski, onde ele produziu algumas de suas obras mais famosas, como a ópera *Eugene Onegin,* os balés *O Lago dos Cisnes* e *A Bela Adormecida*, além de peças orquestrais como o *Concerto para Violino em Ré Maior,* a *Marcha Eslava*, o *Capricho Italiano*, e as *Variações Rococó*. Compôs também três sinfonias: a *N. 4, em Fá Menor* (1877), a *Sinfonia Manfred em Si Menor* (1886) e a *N. 5, em Mi Menor*, na qual começou a trabalhar em maio de 1888.

Tchaikóvski tinha acabado de se mudar para uma nova casa nos arredores de Moscou. Estava encantado com seu jardim, no qual ia compondo a sinfonia e de cujas flores cuidava nos momentos de descanso. Conforme escreveu à sua protetora, "o início da composição fora difícil, mas agora a inspiração parece ter chegado, embora eu a tivesse de espremer de meu cérebro vagaroso". A *Sinfonia N. 5* ficou pronta em 26 de agosto de 1888, e o autor regeu sua primeira apresentação na noite de 17 de novembro, em São Petersburgo.

Ao trabalhar em sua quarta sinfonia, Tchaikóvski redigiu uma série detalhada de anotações sobre as idéias que buscava expressar; mas agora, onze anos depois, fez apenas anotações elementares sobre o significado que ele pretendia dar à *n. 5*. De qualquer forma, assim como na anterior, o tema subjacente à quinta sinfonia é o destino. Isto é confirmado, além da vasta correspondência com von Meck, pela anotação que ele fez em seu caderno: "Completa resignação perante o destino". A quinta sinfonia busca expressar o conflito entre liberdade e predestinação, que no caso de Tchaikóvski representa a gigantesca luta travada por ele contra o próprio homossexualismo. Em outra nota, ao descrever o primeiro movimento ele escreve "dúvidas... repreensões contra xxx". Este "xxx", assim como o críptico "z" que aparece com freqüência nas mesmas páginas, tem sido interpretado pelos estudiosos como referência ao homossexualismo que ele não ousava admitir.

O tema do destino, ouvido inicialmente nos clarinetes como uma marcha lenta na introdução em mi menor, surgirá várias vezes ao longo da sinfonia. Tchaikóvski tomou-o emprestado de uma passagem da ópera *Uma Vida pelo Tzar*, de Glinka, que acompanha as palavras "não mergulhes na aflição".

Publicado no programa do Festival de Inverno de Campos de Jordão de 2004

UMA AULA DE ÓPERA ATÉ MESMO PARA OS ALEMÃES

Nos círculos que se formam, no saguão dos teatros de São Paulo, durante o intervalo dos espetáculos líricos, os freqüentadores habituais aproveitam para praticar seu esporte favorito: participar de intermináveis e exaltadas discussões sobre ópera. Muitos dos membros dessa exótica espécie – na qual alegremente me incluo – adoram discorrer sobre Verdi, Puccini, Bellini, Rossini, Donizetti e outros tantos autores peninsulares, citando, de memória datas, fatos e passagens musicais. A ópera italiana é território seguro, bastante familiar à nossa comunidade lírica.

Mas quando o tema da conversa resvala para a ópera alemã, a coisa muda de figura. O número dos contendores sofre baixa imediata, e não poucas vezes um inflamado debate acaba se transformando em morno monólogo. Mesmo os mais antigos aficcionados do circuito lírico paulistano sabem muito pouco do assunto. É claro que

Wagner, principalmente com sua tetralogia, mais respeitada e temida do que conhecida, e eventualmente Richard Strauss, mediante seu Cavaleiro da Rosa, são os pontos de referência. Mas raros são os que ouviram falar em Weber ou Humperdinck, e pouquíssimos saberiam dizer se Korngold e Krenek são posteriores a Goldmark e Cornelius.

Além disso, sobre o Mozart operista paira uma dúvida cruel, que os compêndios existentes elegantemente evitam responder, para não se comprometer: devemos ou não considerá-lo um compositor germânico, já que suas óperas mais representadas entre nós são cantadas em italiano? Por não saber – ainda – responder corretamente a estas e outras questões afins, é que devemos festejar a chegada às livrarias, numa publicação da editora Perspectiva, de *A Ópera Alemã*, terceiro volume da série *A História da Ópera*, esse ambicioso projeto do pacato pesquisador e jornalista mineiro Lauro Machado Coelho, há muitos anos refugiado no caos paulistano, onde, além de conduzir cursos sobre ópera, exercita também a ingrata missão de crítico musical.

Com o mesmo critério e cuidado que pautaram suas obras anteriores, Machado Coelho conseguiu escrever simplesmente o mais completo dos livros sobre o assunto até hoje editado. Até onde eu possa me lembrar, nem mesmo os estudiosos alemães examinaram, em uma só obra, toda a história da ópera de seu país com tamanha abrangência e, ao mesmo tempo, com tanta riqueza de detalhes. Dentre os 135 compositores abordados, 40 deles pertencem ao século XX.

O autor estabelece sua premissa com clareza logo no início do prefácio:

> O primeiro volume desta coleção chamava-se *A Ópera na França*. Este porém, intitula-se A *Ópera Alemã*, pois seu objeto de estudo abrange as manifestações do gênero tanto nos Estados germânicos – só unificados em 1871 – quanto nos territórios que integravam o Império Austro-Húngaro. Por isso, o leitor encontrará aqui, ao lado dos alemães, compositores austríacos, húngaros,

tchecos, suíços e até mesmo italianos que fizeram carreira em terras alemãs, abrigados sob o amplo guarda-chuva da língua, da cultura, das circunstâncias políticas, da evolução histórica.

Dono de uma linguagem direta, compreensível pela maioria dos mortais comuns que fala português, Lauro Machado Coelho evita propositadamente o dialeto tecnológico-esotérico que somos obrigados a suportar em tantos outros autores contemporâneos, que escrevem apenas para os iniciados. A *Ópera Alemã* é um livro que pode ser lido por qualquer pessoa simplesmente à cata de informação, mesmo que jamais tenha assistido a uma ópera em sua vida. No decorrer do livro todo, principalmente nas dezenas de descrições dos argumentos das óperas abordadas, a linguagem é quase coloquial. É como se o autor estivesse sentado em uma poltrona conversando com o leitor. O resultado é um livro de grande erudição que consegue a façanha de não ser pedante nem pretensioso.

Ao longo de todas as páginas, o autor jamais toma a ópera como um evento isolado. Pelo contrário, procura integrá-la o mais possível na cultura conjuntural e situá-la no momento histórico em que a composição acontece. O livro é construído em quatro grandes blocos arranjados cronologicamente, cada um deles precedido por uma análise histórica e geopolítica do período a ser considerado.

A primeira parte, "Das Origens a Weber", após nos ensinar que a primeira ópera composta por um alemão surge em 1627, escrita por Heinrich Schütz, percorre minuciosamente os autores dos séculos XVIII e XIX. Há um capítulo inteiro dedicado a todas as óperas de Mozart, e outro sobre o teatro musical de Haydn. Além disso, no capítulo denominado "Leonore ou Fidelio?" podemos acompanhar a fascinante história da gênese da única ópera beethoveniana.

O segundo bloco, "O Romantismo", aborda o período da ópera alemã que começa em Weber e termina em Wagner – que, aliás, assim como Mozart e R. Strauss, será merecedor de um livro exclusivo dentro da série. Ao longo do século XIX, além dos autores de óperas de temas cômicos e/ou sentimentais – Lortzing, Von Flotow – compositores mais conhecidos por seu trabalho na música sinfônica – Schubert, Mendelssohn e Schumann – são examinados enquanto operistas, pondo fim à falsa idéia, comum a tantos amantes de ópera, de que antes de Wagner, enquanto os italianos só faziam música vocal, os alemães produziam apenas música sinfônica.

"Do Século XIX para o Século XX", a terceira parte, embora seja cronologicamente a mais curta de todas, abrange um período muito interessante e rico, descrevendo a propagação da influência das idéias e da música de Wagner nos operistas que o sucederam, e que constituíram aquele grupo de compositores que a literatura especializada apelida de "wagneritas". São analisadas também as três correntes fundamentais que surgem, nesse período, da busca de uma renovação para a ópera alemã: a Komische Oper, descendente da ópera bufa clássica; a Märchenoper (ópera conto de fadas), que vai buscar seus argumentos nas narrativas de tradição oral; e a Volksoper (ópera popular), que sofre grande influência do Verismo italiano.

Mas é o último bloco, o mais ousado de todos, que nos reserva grandes surpresas. Em "O Século 20", Machado Coelho detecta com precisão as inquietações culturais de uma nação imersa numa sucessão de crises políticas, e seu impacto sobre a criação operística. Tendências diversas como o expressionismo, o neo-romantismo, a nova objetividade e o neoclassicismo são dissecadas, assim como a obra de autores que trabalharam durante o período da República de Weimar, e daqueles que foram perseguidos pela violência nazista.

O arco da narrativa se estende desde a passagem do século, com Richard Strauss, até o segundo pós-guerra, examinando a vida e a produção de Gottfried von Einem, que não rompeu com o sistema tonal, estreou sua óperas principais na década de 1950, e faleceu em 1996. Nesse intervalo, insere-se um dos melhores capítulos do livro: o dedicado a Siegfried Wagner, filho mais velho do grande Richard e neto de Liszt. Ao contrário do que afirmam outros autores menos informados, Machado Coelho demonstra como, apesar das influências, Siegfried consegue, em suas catorze óperas, desvincular-se do estilo do pai e criar o seu próprio. Citando o próprio Siegfried: "Meus pais deram-me o nome de Siegfried, mas nunca parti uma bigorna ao meio, nunca matei um dragão ou atravessei um mar de chamas...".

Dignos de nota são também os capítulos dedicados a Ferruccio Busoni, cujo sucesso como pianista virtuoso acabou ocultando o compositor, e a Erich Korngold, o último dos "meninos-prodígio" vienenses.

Embora seja um pesquisador rigoroso, Lauro Machado permanece antes de tudo um jornalista, capaz de rechear seu texto com algumas anotações muito saborosas e interessantes. Assim, entre outras coisas, ficamos sabendo, no decorrer da leitura, que a amante de Haydn, 28 anos mais nova do que ele, era um *mezzo-soprano* de qualidade limitada, para quem o mestre tinha de reescrever suas partituras, de modo a contornar as dificuldades técnicas de canto; que o custo de construção do Palácio Esterháza, inaugurado em 1766, foi equivalente a quatro milhões de dólares atuais; que o chamado estilo Biedermeier teve seu nome criado a partir da combinação dos nomes de dois personagens de caricaturas publicadas nos jornais; e que o legendário bardo gaélico Ossian, que entusiasmou Goethe a ponto de ser citado em seu Werther, jamais existiu de verdade e foi inventado em 1760 por um poeta escocês chamado James Macpherson.

É esse equilíbrio entre a pesquisa séria e a crônica jornalística que torna *A Ópera Alemã* um livro extremamente fácil de ser lido. Experimentem, pois vale a pena.

Resenha do livro A Ópera Alemã, *de Lauro Machado Coelho, publicada no jornal* O Estado de S. Paulo, *em 12 de novembro de 2000*

NOTAS SOBRE ENRICO CARUSO

Se é verdadeiro afirmar que a fama de Caruso deve muito à indústria de discos, não é mentira, por outro lado, dizer que a indústria da gravação deve *tudo* a Caruso, cuja voz mostrou-se admiravelmente fonogênica já desde as primeiras gravações.

Em fins do século XIX, a empresa United States Gramophone Company, a avó da RCA Victor, fabricava uma máquina chamada gramofone, com um motor à manivela que reproduzia discos planos, também fabricados pela companhia. Os concorrentes fabricavam fonógrafos, que reproduziam cilindros que eram colocados de pé para tocar. Como não dependia de eletricidade, o gramofone podia ser utilizado em qualquer parte do mundo.

Em 1898, a companhia resolveu abrir uma sucursal em Londres para incrementar os negócios e contratou como gerente um cavalheiro chamado Fred Gaisberg. Sua função principal era encontrar artistas cujas vozes gravadas ajudassem a melhorar a venda dos gramofones. Em 1902, passando por Milão, Fred e seu irmão Will aproveitaram para ir ao Teatro Alla Scala assistir à nova ópera de Franchetti, *Germania*, com o barítono Mario Sammarco, o soprano Amélia Pinto e um jovem tenor de 29 anos, que vinha fazendo algum sucesso, chamado Enrico Caruso.

Ao ouvir Caruso, Fred Gaisberg ficou como que pregado na cadeira. Era aquela voz ideal com a qual ele vinha sonhando para seus discos. Macia, pastosa, e sem zonas metálicas, a voz de Caruso tinha a potência suficiente para gravar bem, mas com um domínio técnico tal que lhe permitia controlar os agudos de maneira a não rebentar os primitivos diafragmas das primeiras máquinas de gravação. Caruso concordou em gravar. Os irmãos Gaisberg improvisaram um estúdio de gravação num quarto do Grand Hotel de Milão; e no dia 11 de abril de 1902, Caruso chegou logo depois do meio-dia, gravou dez árias de ópera, recebeu cem libras esterlinas (pouco menos de quinhentos dólares de época) e saiu correndo para almoçar, sem saber que naquele momento havia sido o protagonista fundamental de uma grande mudança industrial; gramofone e disco haviam deixado de ser um brinquedo, uma curiosidade, para se transformar num empreendimento viável e altamente lucrativo.

Os discos foram lançados com pressa em Londres no mês seguinte, maio de 1902, para coincidir com a estréia de Caruso no Covent Garden. Pela primeira vez, em vez de cem ou cento e cinqüenta discos, venderam-se milhares de cópias. Estima-se que aqueles discos, que a companhia pagou a Caruso cem libras, trouxeram um lucro líquido de 25 mil libras (algo ao redor de 75 mil dólares do início do século, antes das duas guerras). O tenor napolitano mal poderia imaginar, naquele momento de sua vida, que no futuro chegaria a receber da Victor cerca de dois milhões de dólares apenas como *royalties* relativos aos discos que ele viria a gravar nos Estados Unidos entre 1904 e 1920.

Para entendermos bem a importância de Caruso como tenor, vamos dar uma olhada no que acontecia na Itália nos últimos anos do século XIX. Nesta época, os tenores de maior sucesso, de uma geração anterior ou da mesma idade de Caruso são na sua maioria oriundos da fileira dos tenores ditos *di grazia*, de estilo de canto sutil, amaneirado, descendentes artísticos diretos do famoso Rubini, o tenor favorito de Bellini.

A característica fundamental deste tipo de tenor, que foi comum durante todo o século XIX é o *tremolo* da voz, ou *vibrato* excessivo, base para realização de coloraturas e outros ornamentos canoros, que podemos ouvir nos discos que cantores como Fernando de Lúcia, Fernando Valero e Alessandro Bonci registraram nos primeiros anos do século XX. Mesmo Francesco Tamagno, pertencente ao grupo dos tenores *di forza*, que como o próprio nome diz, tem um estilo de canto mais robusto, apresenta em suas gravações este *vibrato* exagerado.

Nestes anos de virada do século, apesar de Verdi e Donizetti serem executados com regularidade, o que domina a cena lírica é a música de Puccini, Giordano, Leoncavallo, Cilea, Franchetti e Mascagni: é a nova corrente da ópera italiana, o verismo. Os cantores tradicionais tentam se adaptar ao verismo, mas interpretam esta nova escola um pouco à maneira antiga, com floreios e liberdades.

Aí surge o fato novo: Enrico Caruso. Uma voz completamente diferente de tudo aquilo que se havia ouvido até então. Sem *tremolo*, um canto direto, franco, masculino. Nessa época, como atestam os primeiros discos, Caruso é ainda um tenor *lirico-spinto*, mas a região média da voz já tem uma qualidade baritonal, uma cor escura que irá se acentuar com o passar dos anos. É o meio ideal para veicular o erotismo e a sensualidade que o verismo expõe ao palco lírico. Estas paixões carnais dos personagens são expressas pelos autores da música verista através de notas centrais, de cor escura, grafadas no meio da pauta, muito diferente das primeiras óperas românticas com partituras superagudas.

Instintivamente, sem perceber direito o que estava acontecendo, Caruso inventa um novo jeito de cantar ópera, porque agora o tenor não é mais o herói romântico que expressa seu amor platônico cantando "A te, o cara" em *I Puritani* de Bellini; ele se transformou no camponês ardente de desejo que canta a "Siciliana" da *Cavalleria Rusticana* de Mascagni; não é mais o jovem nobre desiludido com o amor que canta "Quando le sere al placido" na *Luisa Miller* verdiana, mas o palhaço ofendido, machucado, que chora no lamento "Vesti la Giubba" de *I Pagliacci* de Leoncavallo. É uma mudança fundamental: Caruso abandona o estilo de canto do século XIX, mas mantém a tradição italiana. Não é uma ruptura, e sim uma evolução.

Aí reside seu gênio: ele soube, intuitivamente, trazer a paixão do verismo para dentro de um canto essencialmente clássico. Quando ouvimos um disco de Caruso pela primeira vez, aquilo que nos envolve e fascina imediatamente não é a beleza da voz – isto vem com o tempo – mas a beleza do seu canto, graças a uma relação perfeita que ele consegue entre *portamento* e *legato*, e o uso sapientíssimo do *tempo rubato*. Dinâmica e colorido se completam gerando sons mágicos.

A importância de Caruso é enorme. Como comentou Pavarotti, ele é a base, o alicerce sobre o qual se apóia o edifício do tenorismo do século XX. Com Caruso, tudo mudou. Ele criou um novo tipo de tenor e os ecos de sua escola se escutam até os dias de hoje nas interpretações dos grandes tenores contemporâneos.

Além disso – ou mesmo por isso –, decorridos mais de oitenta anos de sua morte, Caruso continua um campeão na vendagem de discos.

Publicado no site da Agência de Notícias
Carta Maior, *em 22 de setembro de 2002*

ÍNDICE REMISSIVO

SERGIO CASOY

O engenheiro Sergio Casoy é estudioso e pesquisador de música lírica há mais de trinta anos. Colaborador da Rádio Cultura FM de São Paulo desde 1990, tornou-se conhecido por sua participação constante nos programas da emissora, ao transmitir óperas ao vivo diretamente do Metropolitan Opera House de Nova York. Ao longo dos anos, produziu e apresentou, na rádio, várias séries de programas dedicados ao canto lírico. Atualmente, comanda o programa semanal *La Canzone Italiana.*

Além de produzir e apresentar regularmente concertos de canto lírico nas principais salas de concerto paulistanas, o autor vem publicando, desde 2001, ensaios nos programas oficiais de ópera do Theatro Municipal de São Paulo. Escreve também para os festivais de Manaus, Belém e Campos do Jordão. Tem atuado, ainda, como tradutor de libretos de ópera do italiano para o português, para as legendas dos espetáculos encenados na Sala

São Paulo e nos Theatros Municipais de São Paulo e do Rio de Janeiro.

Ministrou vários cursos e conferências a convite das Secretarias de Cultura do Estado e Município de São Paulo. Tem intensa atividade como palestrante, falando sempre sobre ópera para variados tipos de público que vão desde os membros do Instituto de Psiquiatria do Hospital das Clínicas da Faculdade de Medicina da Universidade de São Paulo até aspirantes a oficiais da Polícia Militar, passando por alunos do curso primário e do segundo grau e grupos de terceira idade.

Em 2005, assumiu, na qualidade de professor conferencista, a disciplina de História da Ópera do curso de graduação da Escola de Música, na Escola de Comunicações e Artes da Universidade de São Paulo.

MÚSICA NA PERSPECTIVA

Balanço da Bossa e Outras Bossas – Augusto de Campos (D003)
A Música Hoje – Pierre Boulez (D055)
O Jazz, do Rag ao Rock – J. E. Berendt (D109)
Conversas com Igor Stravinski – Igor Stravinski e Robert Craft (D176)
A Música Hoje 2 – Pierre Boulez (D217)
Jazz ao Vivo – Carlos Calado (D227)
O Jazz como Espetáculo – Carlos Calado (D236)
Artigos Musicais – Livio Tragtenberg (D239)
Caymmi: Uma Utopia de Lugar – Antonio Risério (D253)
Indústria Cultural: A Agonia de um Conceito – Paulo Puterman (D264)
Darius Milhaud: Em Pauta – Claude Rostand (D268)
A Paixão Segundo a Ópera – Jorge Coli (D289)
Óperas e Outros Cantares – Sergio Casoy (D305)
Filosofia da Nova Música – Theodor W. Adorno (E026)
O Canto dos Afetos: Um Dizer Humanista – Ibaney Chasin (E206)
Sinfonia Titã: Semântica e Retórica – Henrique Lian (E223)
Para Compreender as Músicas de Hoje – H. Barraud (SM01)
Beethoven - Proprietário de um Cérebro – Willy Corrêa de Oliveira (SM02)

Schoenberg – René Leibowitz (SM03)
Apontamentos de Aprendiz – Pierre Boulez (SM04)
Música de Invenção – Augusto de Campos (SM05)
Música de Cena – Livio Tragtenberg (SM06)
A Música Clássica da Índia – Alberto Marsicano (SM07)
Shostakóvitch: Vida, Música, Tempo – Lauro Machado Coelho (SM08)
A Ópera na França – Lauro Machado Coelho (HO)
A Ópera Barroca Italiana – Lauro Machado Coelho (HO)
A Ópera Alemã – Lauro Machado Coelho (HO)
A Ópera na Rússia – Lauro Machado Coelho (HO)
A Ópera Romântica Italiana – Lauro Machado Coelho (HO)
A Ópera Italiana Após 1870 – Lauro Machado Coelho (HO)
A Ópera Clássica Italiana – Lauro Machado Coelho (HO)
A Ópera Tcheca – Lauro Machado Coelho (HO)
A Ópera nos Estados Unidos – Lauro Machado Coelho (HO)
Rítmica – José Eduardo Gramani (LSC)

Impressão e Acabamento
Bartira
G r á f i c a
(011) 4123-0255